Ich danke meinem Lehrer Saint Germain,

der mich jenseits von Zeit und Raum

in allen Höhen und Tiefen begleitet hat.

INHALT

Es gab noch eine Baustelle in meinem Leben, die ich auch lieber verdrängen wollte. Ich hatte eine sehr glückliche Kindheit in einem Pfarrhaus mit vielen Geschwistern erlebt. Seit ich nun selbst ein Kind hatte, konnte ich besonders schätzen, was meine Eltern und insbesondere meine Mutter für uns getan hatten. Ich fühlte mich wohl im Kreis meiner Verwandten und liebte meine Familie, die mich immer großzügig unterstützt hatte. Allerdings grassierte auf der mütterlichen Seite meiner Familie chronische Alkoholsucht mit allen typischen Begleiterscheinungen von Verzweiflung, Hilflosigkeit, Streit, Co-Alkoholismus und enttäuschten Hoffnungen. Ich quälte mich mit Sorgen um meine Verwandten, aber das Schlimmste war, dass ich, wenn ich mich unglücklich und einsam fühlte, einen unwiderstehlichen Drang verspürte, zur Flasche zu greifen.

Dabei reagierte ich äußerst empfindlich auf Alkohol. Wir fuhren regelmäßig zum Familienurlaub in die Niederlande und freuten uns, dort andere Gäste, die wir schon kannten, wiederzusehen. Weil Ferien waren, war ich nicht besonders vorsichtig mit dem Rotwein. Ich brauchte höchstens zwei Gläser, damit ich mich am nächsten Morgen an nichts mehr erinnerte. Mein Mann erzählte mir dann, dass ich einen anderen Mann aus der Clique massiv angebaggert hätte, und mir war das furchtbar peinlich. Die anderen verloren kein Wort über diesen Zwischenfall. Aber ich hatte das Gefühl, mir selbst fremd zu werden, denn den Mann, den ich angemacht hatte, mochte ich nicht einmal. Mir war nur aufgefallen, dass er von seiner Frau permanent schlecht gemacht und untergebuttert wurde. Also hatte ich mir instinktiv doch den Richtigen ausgesucht, denn er schien anschließend das Kinn sichtlich höher zu tragen. Mein Mann war enttäuscht von mir und hatte nur klare Worte zu meinen Entgleisungen übrig. Er fand es ganz einfach unerträglich.

Einige Tage später passierte ein tragischer Unfall in der Nähe unseres Hotels. Die Kinder konnten dort unter Aufsicht im

Wald reiten und ein Mädchen stürzte vom Pferd und wurde schwer verletzt. Der Unfall hing wie eine dunkle Wolke über uns. In dieser Nacht trank ich wieder ein Glas Rotwein zu viel und konnte mich am darauffolgenden Tag an nichts mehr erinnern. Weil ich nach Rechtfertigungen für mein Verhalten suchte, rückte allerdings das schreckliche Geschehen des Unfalls verstärkt in mein Bewusstsein. Als ich auch in der Gruppe über meine Gefühle sprach, brach das Eis und alle konnten ihrem Entsetzen, ihrer Trauer und ihrem Mitgefühl Ausdruck geben. Ich konnte selbst erkennen, dass meine Rauschanfälle sogar einen tieferen Sinn zu haben schienen, aber ich litt trotzdem, vor allem unter meinem Kontrollverlust.

Eigentlich zeichneten sich damals schon die Themen ab, die mich über Jahre beschäftigen sollten: Trauma und familiensystemische Verstrickungen, toxische und segensreiche Beziehungen, Selbstwert, Kreativität und Heilung.

Zunächst einmal wusste ich aber einfach nicht weiter und begab mich auf die Suche nach Erlösung. Phasenweise hatte ich panische Angst, dem Alkohol zu verfallen. Außerdem bewegte mich sicherlich ein unbewusster Wunsch, anderen Menschen zu helfen. Ich fand auch sehr schnell eine Perspektive, indem ich anfing, an einer Heilpraktiker-Schule Homöopathie zu studieren. Die Homöopathie faszinierte mich von Anfang an und vermittelte mir eine ganzheitliche und energetische Sichtweise auf den Körper. Mir eröffnete sich die neue Welt der Energieheilung.

Trotzdem überfiel mich von Zeit zu Zeit eine tiefe Depression, aus der ich oft gar nicht so schnell einen Ausweg fand. Es äußerte sich so, dass ich abends, wenn mein Mann sich in sein Arbeitszimmer zurückgezogen hatte, oft allein im dunklen Zimmer saß und weinte. Wir hatten ein kleines »Fernsehzimmer«, in das ich mich dann verkroch. Selbst wenn der Fernseher lief, interessierte er mich nicht. Ich fühlte mich nur leer, ausgebrannt, unglücklich und verzweifelt. Ich konnte keinen Sinn mehr in meinem Leben entdecken. Schon damals fiel es mir schwer, jemandem meine »Not« zu erklären, denn ich wusste, dass mich niemand verstehen würde. Es gab in meinem Leben doch keine gravierenden Probleme und eigentlich hatte ich es doch gut. Manchmal am Wochenende goss ich mir im Fernsehzimmer auch noch die zwei Gläser Wein hinter die Binde, die mich ausknockten. Das machte es aber nur noch schlimmer, denn ich war dann nicht nur traurig, sondern verachtete mich auch noch selbst.

Im Rückblick möchte ich diese Phase als spirituelle Depression bezeichnen, denn ich spürte schon damals deutlich, dass die innere Leere und Verzweiflung von mir forderten, in meinem Leben Bilanz zu ziehen und Veränderungen vorzunehmen. Ich spürte, dass die Depression mehr ein Weckruf meiner Seele als eine echte Krankheit war. Instinktiv wusste ich, dass ich Heilung für meine Depression nur in mir selbst finden konnte, dass also eine bewusste innere Einkehr nötig war. Deshalb kam ich auch gar nicht auf die Idee, einen Therapeuten aufzusuchen und mir Tabletten verschreiben zu lassen. Inzwischen ist Depression zu einer Volkskrankheit geworden. Durch meine eigene Erfahrung bin ich überzeugt, dass das Phänomen »spirituelle Depression« sehr oft auftritt und durch die Energieveränderungen, die gerade auf der Erde stattfinden, eher noch zunehmen wird.

Die dunkle Stimmung, in die ich zeitweise geriet, führte mich automatisch nach innen und zu mir selbst. Ich fühlte mich zu schlecht, um etwas zu unternehmen oder mich abzulenken. Dabei war ich immer noch in der Lage, alle meine Pflichten angemessen zu erfüllen. Dass man seinen Alltag noch bewältigen kann, auch wenn es einem schwerfällt, ist ein wesentliches Kriterium, um eine spirituelle Depression von einer depressiven Erkrankung abzugrenzen. Ich funktionierte also noch in meinem Beruf und meinem Alltag, aber wenn ich allein war und Zeit für mich hatte, zog ich mich sofort in eine äußerst düstere Stimmung zurück. Manchmal empfand ich es so, als sei die gedrückte Stimmung ein Schutzwall, den ich um mich aufbauen konnte, um getrost allein zu sein und mich mit mir selbst zu beschäftigen.

Ich spürte immer deutlicher, wie wenig Sinn ich in meinem Beruf sah. Demgegenüber faszinierte mich die Welt der ganzheitlichen Heilkunde und die damit verbundene Selbsterfahrung immer mehr. Neben der Homöopathie-Ausbildung nahm ich daher auch noch ein Heilpraktiker-Studium auf. Meinen Fokus auf Heilung, inneres Wachstum und persönliche Veränderung zu richten empfand ich als sehr hilfreich, während es in meinem Beruf als Lehrerin immer nur um Bewertung, letztlich auch Abwertung zu gehen schien, wenn etwas nicht funktionierte. Ich begann tatsächlich immer mehr die Entwicklungspotenziale meiner Schüler zu sehen und spürte leider auch, dass für Heilungs- und Veränderungsprozesse in der Institution Schule praktisch kein Platz war. Wenn ich ehrlich zu mir selbst war, musste ich mir eingestehen, dass ich wohl nach Bestehen meiner Heilpraktiker-Prüfung den Beruf wechseln würde. Ich tat das dann auch, indem ich mein Beamtenverhältnis kündigte und eine Praxis eröffnete.

~ Erleuchtung

Als mich die Leidenschaftslosigkeit, Apathie und Leere meiner spirituellen Depression noch ziemlich beherrschte und ich eines Nachts im Bett lag, hatte ich zwischen Wachen und Traum plötzlich eine Erscheinung. Ein lichtvolles weibliches Wesen stand an meinem Bett und sprach mich an. Die Erscheinung war so lebensecht, dass ich furchtbar erschrak. Gleichzeitig war das Wesen, das sich da in der Nacht an mich wandte, in so strahlendes Licht gehüllt, dass es mich blendete. Ich wusste sofort, dass es sich nicht um eine menschliche Gestalt handelte.

Ich fragte: »Wer bist du?«

Sie sagte: »Ich bin Celestine.«

AMRA

Christine Woydt

SPIRITUELLE HERAUSFORDERUNGEN MEISTERN

Aufwachen durch Aktivierung von Kundalini & Lichtkörper

AMRA

Besuchen Sie unseren Shop:
www.AmraVerlag.de

Ihre 80-Minuten-Gratis-CD erwartet Sie.
Unser Geschenk an Sie … einfach anfordern!

Eine Originalausgabe im AMRA Verlag
Auf der Reitbahn 8, D-63452 Hanau
Hotline: + 49 (0) 61 81 – 18 93 92
Service: Info@AmraVerlag.de

Herausgeber & Lektor	Michael Nagula
Einbandgestaltung	Guter Punkt
Layout & Satz	Birgit Letsch
Covermotiv	Josephine Wall
Druck	CPI books GmbH

ISBN Printausgabe 978-3-95447-489-9
ISBN eBook 978-3-95447-490-5

Ebenfalls von Christine Woydt bei AMRA erhältlich:
Saint Germain. Die Meisterschaft des Seins (Buch)
Saint Germain. Dein Aufstieg in die Meisterschaft (Buch)
Transformation gemeinsam erleben (Channeling-Kongress-DVD)

Die hier vorgestellten Informationen, Ratschläge und Übungen sind rein subjektiv. Sie wurden zwar nach bestem Wissen und Gewissen geprüft, dennoch übernehmen Verfasser und Verlag keinerlei Haftung für Schäden gleich welcher Art, die sich direkt oder indirekt aus dem Gebrauch der Informationen, Tipps, Ratschläge oder Übungen ergeben. Im Zweifelsfall sollte ärztlicher Rat eingeholt werden.

Im Text enthaltene externe Links konnten vom Verlag nur bis zum Zeitpunkt der Buchveröffentlichung eingesehen werden. Auf spätere Veränderungen hat der Verlag keinerlei Einfluss. Eine Haftung des Verlags ist daher ausgeschlossen.

EINLEITUNG

AUFWACHEN

Wir leben in spannenden Zeiten. Viele Menschen wachen auf, suchen in mystischen Erfahrungen nach Quellen der Inspiration, Heilung und Erlösung. Sie erinnern sich, wer sie eigentlich sind, und begegnen ihrer Göttlichkeit. Manche Menschen starten ihren Prozess des inneren Erwachsens mit einer eruptiven Erweckung der Kundalini. Das ist kein einfacher Einstieg, vor allem wenn man noch nicht einmal einen spirituellen Weg angestrebt hat, jedenfalls nicht bewusst. Bei mir war es anders, denn bevor ich intensive Kundalini-Anzeichen erfahren habe, arbeitete ich schon einige Jahre als Medium und spirituelle Lehrerin. Ich erlebte schon als Kind im Rahmen meiner religiösen Erziehung mystische Einheits- und Glückserfahrungen, habe mich dann aber im Laufe meines Studiums von der Religion abgewandt, bis mich eine bewegende Vision erleuchtete. In der veränderungsreichen Lebensphase nach meinem inneren Aufwachen konnte ich vielfältige Bekanntschaft mit spirituellen Herausforderungen machen.

Wie ich aus meiner langjährigen Praxistätigkeit als Heilpraktikerin weiß, fühlen sich nach dem Aufwachen viele Menschen allein mit ihren nicht alltäglichen Erlebnissen, etwa mit hellsichtigen Eingebungen und der Wahrnehmung göttlicher Präsenz. Sie schrecken davor zurück, sich nahestehenden Menschen zu öffnen und von Träumen, Erleuchtungen, Visionen und wundersamen Synchronizitäten zu berichten. Sie fürchten, für verrückt erklärt zu werden. Wenn man den Mut aufbringt, sich zu öffnen, kann es passieren, dass die eigenen Erlebnisse solange analysiert, zerpflückt und zerredet werden, bis man selbst an ihnen zweifelt.

Mein Buch soll dazu beitragen, dass du dich mit deinen außergewöhnlichen Erfahrungen und Erlebnissen weniger allein fühlst und sie sogar als normale Begleiterscheinungen des spirituellen Weges einordnen und verstehen kannst.

Kundalini

Im Nachhinein betrachtet war die Kundalini-Erweckung die logische Folge meiner Hingabe an mystische Selbsterfahrung und spirituelle Praxis. Sie war eine bedeutsame Etappe in meinem Prozess des inneren Erwachens. Ich bin fest davon überzeugt, dass alle Menschen, die sich ernsthaft ihrem spirituellen Weg hingeben, eines Tages der Kundalini begegnen. Anhaltende spirituelle Praxis und Bewusstseinserweiterung erfassen irgendwann nicht nur den Geist und die Seele, sondern auch den Körper und dann kommt die Kundalini ins Spiel. Die Kundalini-Aktivität ist ein körperliches Phänomen, das physische Reinigung und ganzheitliche Heilung initiiert.

In dem Kapitel über die von der Kundalini ausgelösten typischen Begleiterscheinungen, Symptome und Herausforderungen habe ich den von der Kundalini initiierten Verwandlungsprozess aus der Perspektive ganzheitlicher Heilkunde und moderner

Psychologie beschrieben. Um den Prozess des Aufwachens besser zu verstehen und in diesem Buch beschreiben zu können, habe ich außerordentlich von dem intensiven Studium der über die Kundalini erschienenen wissenschaftlichen Büchern profitiert, auf die ich mich im Text auch beziehe. Wenn gewünscht, kann der Leser mit meinen Literaturhinweisen seine Lektüre vertiefen. In erster Linie basiert das Buch auf meinen persönlichen Erfahrungen, die ich jedoch häufig in der einschlägigen Literatur bestätigt fand. Ich konnte dadurch erkennen, dass ich mit meinen außergewöhnlichen Erlebnissen nicht allein dastehe.

Ich glaube, dass die Aktivierung der Kundalini zur Realisation gehört. Spirituelle Lehrer sprechen allerdings oft gar nicht über die Kundalini, weil sie sich damit nicht auskennen oder weil sie niemand ausgrenzen möchten. Die Kundalini scheidet die Geister, denn manche Menschen spitzen die Ohren, wenn davon die Rede ist, während andere sich abwenden.

Ich bin sicher, dass du als Leser dieses Buches dich aus gutem Grund zu dem Thema hingezogen fühltest, selbst wenn du bisher noch keine Kundalini-Erfahrungen hattest.

Die Kundalini verstärkt die Phänomene, mit denen sich viele Menschen in der Phase nach ihrem persönlichen Aufwachen auseinandersetzen. Der innere Prozess, die brennenden Fragen, die Schattenthemen, die vermeidbaren Fallen, die tiefen Einsichten und Erleuchtungen und die glückseligen Erlebnisse nach dem Aufwachen und nach der Kundalini-Erweckung unterscheiden sich nur graduell. Daher kannst du auch, wenn die Kundalini noch nicht in dein Leben getreten ist, von diesem Kapitel profitieren.

Lichtkörper

Mein Buch unterstützt dich dabei, den tieferen Sinn besser zu verstehen, der hinter den Symptomen und Herausforderungen steckt, die mit dem Aufwachen automatisch einhergehen. Du kannst nach der Lektüre deinen Prozess des inneren Aufstiegs bewusster erleben und gestalten.

Die Kundalini bringt seelische und geistige Begleiterscheinungen mit sich, aber vor allem wirkt sie im Körper. Sie bereitet den Lichtkörper vor, welcher der Verkörperung göttlichen Bewusstseins dient. Eine höhere Frequenz der körpereigenen Schwingung stellt sich ein und initiiert Veränderungsprozesse, Transformation und Heilung bei einem selbst und bei anderen Menschen, die einem Träger des Lichtkörpers begegnen. Mein Buch befasst sich auch mit den speziellen Herausforderungen des Lichtkörperprozesses. Es wird für dich leichter, dich den spirituellen Herausforderungen des Aufstiegsprozesses zu stellen und sie vertrauensvoll anzunehmen, wenn du das Ziel kennst. Der Lichtkörper ist ein Geschenk mit außerordentlichen Potenzialen, die dein Leben bereichern werden.

Ich biete dieses Buch als Handreichung für den inneren Aufstieg an und hoffe, dass es meine Leser motiviert, ihre spirituelle Entwicklung mit Hingabe und Begeisterung weiter zu verfolgen. Die im Buch präsentierten Fallgeschichten aus meiner Praxis sind aus Datenschutzgründen anonymisiert. Ich habe die Namen sowie Umstände und Einzelheiten verändert, die auf eine bestimmte Person hinweisen könnten. Manchmal habe ich auch aus einer Reihe ähnlicher Fälle eine beispielhafte Geschichte konstruiert. Es handelt sich also nicht um konkrete Personen, sondern um Episoden, die mir das Leben diktiert hat.

Viel Licht & Liebe!

Christine Woydt

AUFWACHEN

1 IMPULSE ZUM AUFWACHEN

Die ersten Impulse für meine spirituelle Entwicklung liegen wie bei vielen anderen Menschen in meiner Kindheit. Ich bin in einem evangelischen Pfarrhaus in einer Bischofsstadt aufgewachsen und dementsprechend christlich sozialisiert worden. Nicht nur zuhause wurde regelmäßig die Bibel gelesen, sondern auch in meinem Umfeld gehörten die christlichen Rituale zum Alltag. In meiner Studienzeit habe ich mich allerdings mehr für Literatur, Geschichte und Psychologie interessiert als für Religion.

~ Spirituelle Depression

Meine eigene Reise begann, als äußerlich alles in meinem Leben perfekt erschien. Ich war in zweiter Ehe glücklich verheiratet und führte ein wohlsituiertes Leben als berufstätige Mutter. Mein Leben schien in einem ruhigen Fahrwasser gelandet zu sein.

Aber bei genauerem Hinsehen sah doch nicht alles so rosig aus. Wegen der beruflichen Karriere meines Mannes waren wir aus der Großstadt in ein beschauliches Wohngebiet am Rande einer Kleinstadt gezogen. Ich hatte Schwierigkeiten, mich dort einzuleben. Meine Freundinnen fehlten mir und neue Bekanntschaften waren nicht so schnell in Sicht.

Ich hielt mich viel im Garten auf, der an ein Biotop angrenzte. Im Nachhinein hat die Natur wohl meine innere Schamanin wiederbelebt, denn eine unbestimmte Sehnsucht keimte in mir auf, die ich mir nicht zu erklären wusste.

Außerdem fühlte ich mich in einer Sackgasse, was meine Karriere anging. Als ausgebildete Lehrerin war ich zunächst in der außerschulischen Bildung tätig gewesen und hatte dort sehr selbstbestimmt arbeiten können. Wegen des Umzugs unterrichtete ich nun an einem Gymnasium und versuchte, mich dort einzugewöhnen. In der Schule fand ich einfach keine Einsatzmöglichkeiten für meine Kreativität.

Ich träumte in dieser Zeit immer wieder, dass ich suchend durch die Flure der Schule irrte und alle Türen verschlossen waren. Nach drei Jahren wechselte ich meinen Beruf.

Schlimmer empfand ich noch, dass mein Mann sich gerade an seiner neuen Arbeitsstelle einarbeitete und wenig Zeit für unser Privatleben hatte. Nach der Trennung von meinem ersten Mann hatte ich lange allein gelebt. Ich war kein Kind von Traurigkeit und konnte mich nicht über einen Mangel an Männerbekanntschaften beklagen, aber ich hatte einfach nicht den Richtigen gefunden. Meinen Mann hatte ich durch einen Glücksfall kennen gelernt und die Beziehung war perfekt. Als mein Mann für seine neue Stelle so viel arbeitete, kamen bei mir alte Verletzungen an die Oberfläche. Ich reagierte in alten Mustern, fühlte mich vernachlässigt und nicht ausreichend gewürdigt. Instinktiv wusste ich aber, dass es nichts nützen würde, noch einmal wegzurennen und mein Glück woanders zu suchen. Mein Mann, nach dem ich so lange gesucht hatte, war der Richtige. Ich musste mich meinen persönlichen Traumata und einschränkenden Glaubenssätzen stellen.

Mehr wurde nicht gesprochen. Sie blieb eine Weile da und Wellen der Liebe und Glückseligkeit durchströmten mich. Ich verlor jedes Gefühl für Raum und Zeit und mein Körper schien sich aufzulösen. Der wunderbare Zustand schien endlos anzudauern, aber schließlich muss ich wohl eingeschlafen sein.

Am nächsten Morgen erwachte ich tief zufrieden und erfrischt. Ich war von der Erscheinung wie geblendet und schwebte auf Wolken. Am Nachmittag schlenderte ich durch eine Buchhandlung. Auf einmal blieb ich wie angewurzelt stehen und traute meinen Augen kaum: Auf einem gesonderten Präsentationstisch wurde das Buch *Die Prophezeihungen von Celestine* von James Redfield ausgestellt.[1]

Ich kaufte das Buch sofort und es bot mir Einsichten, die für mich damals von unschätzbarem Wert waren. Vor allem unterstützte es mich darin, die energetischen Aspekte der zwischenmenschlichen Kommunikation wahrzunehmen.

Meine Begegnung mit Celestine hatte verschiedene Ebenen, wie es wohl für jedes Erleuchtungserlebnis zutrifft. Einerseits eröffnete es mir den Zugang zu neuen Informationen, die ich zunächst einmal in dem Buch von James Redfield fand. Das Erlebnis zeigte mir auch, dass ich geführt wurde und das Universum auf meine Seelenbedürfnisse antwortete. Außerdem musste ich zu meinem Erstaunen feststellen, dass die Himmelsbotin Celestine, die mir erschienen war, mir wie eine lichtvolle Kopie meiner Selbst vorkam. Sie war genauso blond gelockt und trug eine ähnliche Langhaarfrisur wie ich. Mir war schon damals bewusst, dass ich auch meiner inneren Göttlichkeit begegnet war.

Meine Geschichte beinhaltet einige typische Elemente des Aufwachens. Ich meine mit Aufwachen eine Bewusstseinserweiterung, die die Perspektive auf sich selbst, die anderen Menschen und das Leben verändert. Das Wort Aufwachen vergleicht die durch eine spirituelle Öffnung initiierten Veränderungen mit dem Übergang vom Schlaf ins Wachsein. Tatsächlich begleitet ein Gefühl, dass nichts mehr wie vorher ist, viele Menschen, die vom Aufwachen sprechen.[2] Für mich gehört zum Aufwachen auch die Erfahrung der göttlichen Liebe. Bewusstseinserweiterung und Herzöffnung gehen Hand in Hand. In letzter Zeit wird der Begriff »Aufwachen« auch im politischen Rahmen verwendet und bezieht sich auf Ideologien und Verschwörungserzählungen, die man sich in sozialen Medien angeeignet hat. Der Begriff wird verbunden mit der Abwertung anderer Menschen, denen man sich überlegen fühlt. Davon möchte ich mich ausdrücklich abgrenzen. Spirituelles Aufwachen, wie ich es meine, lässt Toleranz, Respekt und Mitgefühl gegenüber anderen Menschen wachsen.

Mit dem Aufwachen beginnt oft eine einzigartige Reise zu sich selbst, die in der endgültigen Realisation des wahren Selbst mündet, wie sie Aufgestiegenen Meistern und Erleuchteten zugeschrieben wird.[3] Ich sehe einen graduellen Unterschied zwischen dem Aufwachen als spirituelle Initiation und der ultimativen Realisation, dem Erkennen seiner selbst.

Persönliche Herausforderungen sind oft ein Auslöser für das Aufwachen. Man fragt nach »mehr« und möchte die geschlossene Box mentaler Beschränkungen verlassen.

Umbrüche im Leben wie bei Beziehungen, Trennungen, Umzügen, Krankheiten, aber auch Sorgen um nahestehende Menschen lösen das Aufwachen aus. Viele Menschen wachen auf, weil ihre Kinder Probleme haben oder irgendwie aus der Spur geraten. Sie entsprechen nicht der Norm, vielleicht weil sie einfach nur besonders sensibel oder hellsichtig sind.

Oft erwischt einen die Krise in der Mitte des Lebens, wenn man eigentlich erreicht hat, was man anstrebte, und eine gewisse Routine eingekehrt ist. **Sinnfragen** brennen auf den Nägeln, wenn alles gut läuft, aber auch, wenn die Karriere plötzlich stockt. Suchterfahrungen oder andere **Krankheiten** sind nicht selten Auslöser des Aufwachens. Man spürt, dass man nicht alles im Leben kontrollieren kann, nicht einmal sich selbst. Suchtmittel sind der Strohhalm, nach dem man auf der Suche nach Erlösung und Bewusstseinserweiterung greift.

Manchmal beginnt der spirituelle Weg mit einem dramatischen körperlichen, seelischen oder mentalen Zusammenbruch, zum Beispiel mit Panikattacken, Burnout, einem allergischen Schock oder einer psychotischen Krise.

Nicht nur ein persönliches Trauma kann das Aufwachen begünstigen, sondern auch indirekte **Traumata** wie verunsichernde Medienberichte über terroristische Anschläge und unberechenbare Gewalt. Während ich das Buch abschließe, dominiert gerade Corona das öffentliche Bewusstsein, eine globale Herausforderung. Ich sehe darin auch eine kollektive **Nahtoderfahrung**. Alle Menschen auf der Welt sind sogar gleichzeitig der Konfrontation mit schwerer Krankheit und Tod sowie mit gravierenden Veränderungen, Verlusten und Enttäuschungen ausgesetzt. Das hat ähnliche seelische Auswirkungen wie die persönliche Erfahrung der Todesgefahr oder des Sterbens eines geliebten Menschen. Man wird auf Fragen nach dem Lebenssinn zurückgeworfen.

Die persönliche **Bewusstseinserweiterung** zeigt sich oft mehr oder weniger spektakulär, indem auf einmal übersinnliche Wahrnehmungen, Visionen oder vorhersehende Träume auftauchen. Manche Menschen werden von einer spirituellen Öffnung regelrecht überrannt und müssen sich dann zwangsläufig mit ihren hellsichtigen Eingebungen auseinandersetzen. Auch Bücher, Filme oder Serien mit mystischen oder spirituellen Inhalten können den persönlichen Entwicklungsprozess in Gang setzen. Nicht zuletzt kann einen die Begegnung mit jemand inspirieren, der bereits aufgewacht ist. Das Aufwachen des Einzelnen zieht automatisch Kreise in seinem Umfeld.

Wie im Alltag wacht man jeden Tag neu auf und kann auf einer neuen Ebene des Bewusstseins landen.

2 Herausforderung des Aufwachens

Meine spirituelle Entwicklung begann mit einer Lebenskrise. Allerdings kann auch die spirituelle Initiation, wie immer sie sich vollzieht, die Betroffenen in tiefe Erfahrungen der Entfremdung stürzen und die Herausforderung in Gang setzen.

~ Sinnsuche

Jemand besucht vielleicht aus reiner Neugierde ein spirituelles Seminar und kehrt verändert nach Hause zurück. Die mystischen Erlebnisse stellen die eigenen Ansichten, Wertmaßstäbe und Glaubenssysteme auf den Kopf. Du fühlst dich von dir selbst entfremdet und definierst dich ganz neu. Die liebgewonnene menschliche Identität verwandelt sich von Grund auf, so dass du selbst irritiert bist.

Wenn du nach einer außergewöhnlichen mystischen Erfahrung in einem Traum, einer Meditation oder auf einem spirituellen Seminar wieder auf dem Boden der Tatsachen im eigenen Leben landest, kann es sogar sein, dass du die hochfliegenden Erlebnisse am liebsten verleugnen möchtest. Die Anforderungen des Alltags lassen sich mit den neugewonnenen inneren Werten nicht mehr vereinbaren. Daran kann man verzweifeln, wenn man spürt, dass es kein Zurück mehr gibt. Das neue Bewusstsein lässt sich nicht mehr verdrängen.

Manchmal stehen drastische Veränderungen der eigenen Lebenssituation an, vor denen du am liebsten davonlaufen möchtest. Selbst wenn du an deinem alten Selbst festhalten möchtest, ist dir der Rückweg versperrt. Während die Seele sich vor allem nach bewusstseinserweiternden Erfahrungen sehnt, strebt das menschliche Ich nach beruflichem Erfolg und materiellem Wohlstand. Aber die gewohnten Anpassungsprozesse und Kompromisse funktionieren einfach nicht mehr. Die sich daraus ergebene Identitätskrise mündet in einem oft anstrengenden und kräftezehrenden Integrationsprozess, der die ganze Persönlichkeit in Beschlag nimmt.[4]

Wenn die Frage nach dem Sinn des eigenen Lebens immer drängender nach Antworten verlangt, geben viele Menschen nach dem Aufwachen auch ihren Beruf auf, was nicht gerade einen stabilisierenden Effekt hat. Die menschliche Persönlichkeit muss sich neu orientieren und an neue Gegebenheiten anpassen. Die Umbruchphase fordert ihren Preis.

Wenn du die Veränderungen nicht scheust, kannst du aber ein neues Leben gewinnen, dass es dir erlaubt, deine Talente und Fähigkeiten noch gewinnbringender für dich selbst, für andere Menschen und die Welt einzusetzen. Wenn du dein Herz nicht wieder verschließt und deiner inneren Führung folgst, findest du Wege, um deine **Seelenbedürfnisse** zu erfüllen.

~ Beziehungskonflikte

Wenn du der grenzenlosen göttlichen Liebe begegnet bist, fällt es immer schwerer, sinnlose Machtspiele und faule Kompromisse in Beziehungen mitzumachen. Daher kann das Aufwachen auch Trennungen begünstigen. Mit dem Aufwachen öffnest du dein Herz für dich selbst und für andere, Selbstliebe und Empathie expandieren. Daher können sich die bisherigen Lebensgewohnheiten grundlegend verändern. Viele Menschen verzichten plötzlich auf selbstschädigende Verhaltensweisen und gehen achtsamer mit anderen Menschen und Lebewesen um. Freundschaften zerbrechen, wenn man keinen Spaß mehr an Saufgelagen und Grillpartys hat, weil man lieber auf Alkohol verzichtet und sich vegan ernährt. Wenn man, statt die aktuellen Serien zu gucken, lieber spirituelle Bücher liest, kann man auch nicht mehr mitreden. Viele erwachte Menschen haben mir erzählt, dass sie plötzlich kein Interesse mehr an den materialistischen und oberflächlichen Gesprächen mit ihren bisherigen Freunden hatten. Sie haben sich im Zusammensein mit ihren Freunden und Verwandten abgrundtief gelangweilt und auf einmal fremd und einsam gefühlt. Es scheint tatsächlich schwer zu sein, die persönlichen bewusstseinserweiternden Erfahrungen mit anderen zu teilen. Schon Carl Gustav Jung hat festgestellt: »Die Neigung, Dinge geheimzuhalten, ist eine natürliche Folge, wenn eine Erfahrung so speziell ist, daß Sie lieber nicht darüber reden, weil Sie sich dann den größten Mißverständnissen und Mißdeutungen aussetzen würden.«[5]

Auf der anderen Seite fühlen sich ahnungslose Mitmenschen vor den Kopf gestoßen, wenn man sie plötzlich links liegen lässt. Dass extrovertierte Menschen ständig von ihren hochfliegenden spirituellen Erlebnissen und esoterischen Einsichten sprechen, kann auch bewirken, dass Verwandte und Bekannte auf Abstand gehen, weil sie damit nicht behelligt werden möchten.

Manchmal hat man Glück und trifft Freunde, die ähnliche Veränderungen durchleben. Oft stürzt einen das Aufwachen aber nicht nur in eine Identitätskrise, sondern auch in eine Beziehungskrise. Die spirituelle Initiation ist also mit gravierenden Lebensveränderungen und dem Wechsel von Beziehungen und Kontakten verbunden. Zur spirituellen Entwicklung gehören grundsätzlich auch Trennungen, weil man sich nie im gleichen Rhythmus mit seinen Wegbegleitern weiterentwickelt.

Das Erwachen des Einzelnen wird sogar von der Gesellschaft als bedrohlich empfunden, weil er konventionelle Vorstellungen von gelungenem Leben ablehnt.[6] Zum Glück gibt es heutzutage zahlreiche Möglichkeiten, sich mit Gleichgesinnten auch über das Internet zu vernetzen. Du hast die Gelegenheit, im Einklang mit deinen Seelenbedürfnissen deine Kontakte neu zu sortieren. Wenn du den **Synchronizitäten**, die dir das Universum schenkt, vertraust, kann eine aus dem Herzen kommende **Einladung** neue Begegnungen in dein Leben führen.

~ Perspektive

Dir wird nichts anderes übrigbleiben, als dich der nach dem Aufwachen typischen Umbruchphase im Leben zu stellen. Es nützt nichts, Veränderungen auf die lange Bank zu schieben, sondern du kannst dich darauf einlassen, das eigene Leben in allen Bereichen den neuen Einsichten und Ansprüchen anzupassen.

Manchmal kann es auch hilfreich sein, sich in der Zeit der intensiven Veränderungen nach dem Aufwachen therapeutische Unterstützung zu holen. Ich habe in meiner Praxis viele Menschen bei ihrer Visionssuche begleitet, manchmal einfach mit Gesprächen, manchmal auch als Medium, als Vermittler zwischen ihrem Seelenplan und den Erfordernissen der alltäglichen Realität. Meine mediale Beratung diente der Selbstermächtigung der Ratsuchenden. Ich habe stets klargestellt, dass meine Durchgaben, selbst wenn sie von ihrer Seelenessenz inspiriert waren und einer höheren Quelle göttlicher Weisheit entsprangen, lediglich als Anregungen dienen konnten. Relevante Lebensentscheidungen muss jeder selbst treffen und auch dafür die Verantwortung übernehmen.

Ich habe die Erfahrung machen dürfen, dass, wenn aufgrund nicht synchron verlaufender individueller Prozesse des Aufwachens Menschen aus meinem Leben verschwanden und sich unsere Wege trennten, meistens sofort oder spätestens nach einiger Zeit Menschen in mein Leben kamen, die für mich ähnliche Bedürfnisse wie die Verflossenen erfüllten.

Es ist verständlich, dass man sich nach dem Aufwachen vor allem mit Gleichgesinnten vernetzen und austauschen möchte. Ich kann dich daher nur ermuntern, dich auf die Suche nach einer Gruppe zu begeben, die eine spirituelle Praxis ausübt, die dich begeistert. Ich habe in meiner schamanischen Trommelgruppe, in der wir schamanische Reisen und Energieheilung praktiziert haben, immer sehr viel Spaß gehabt. Später habe ich in einer offenen, aber regelmäßig stattfindenden Gruppe gechannelt. Aus diesen Gruppen sind auch sehr viele persönliche Freundschaften hervorgegangen.

Mit zunehmender Herzöffnung habe ich immer größeren Respekt und Toleranz gegenüber allen Menschen entwickelt, so dass ich ihnen, unabhängig von Übereinstimmungen in Ansichten, Lebensweise und Status, Anerkennung und Mitgefühl entgegenbringen konnte. Du kannst, wenn du es wählst, in diese Richtung gehen, indem du deinen Fokus auf Herzöffnung und Mitgefühl richtest.[7]

Über die Jahre sind auch meine geistigen Begleiter wie die Erzengel, Saint Germain, Lady Nada und die Goldenen, die Aufgestiegenen Meister aus allen Epochen und Kulturen der Erde, zu verlässlichen, liebevollen und unterstützenden Freunden geworden, die mir mit Rat und Tat zur Seite stehen und mich oft noch besser als meine Mitmenschen unterhalten.[8]

Wenn du die Veränderungen annimmst und ihnen zustimmst, kannst du in ganz neue Gefilde der Bewusstseinserweiterung und der Herzöffnung vordringen. Du kannst immer mehr Vertrauen in die innere Stimme deiner Göttlichkeit gewinnen. Du landest in einem Leben voller Magie und Inspiration.

3 Heilsame Trance

Dass ich Techniken zur Tranceinduktion erlernt und jahrelang Tranceheilung praktiziert habe, hat meine spirituelle Entwicklung maßgeblich gefördert und sicher zu meiner Kundalini-Erweckung beigetragen oder sie gar initiiert.

~ Kernschamanismus

Ein Aufenthalt in den USA schenkte mir neue Impulse für meinen Beruf und meinen Alltag. Ich besuchte in Pacific Palisades ein Einführungsseminar von Michael Harner.[9] Obwohl ich durch Zufall in diesen Workshop hineinstolperte, veränderte das Seminar mein Leben, denn ich wurde zum ersten Mal in Trancetechniken eingeweiht.

Michael Harner (1929-2018) war ein amerikanischer Anthropologe, der verschiedene schamanische Kulturen erforschte und aus seinen Studien den von ihm vermittelten Kern- oder Basis-Schamanismus[10] entwickelt hat. Bei dieser Methode werden monotone Trommelrhythmen eingesetzt, um sich in einen Trancezustand zu versetzen, der durch Alpha- und Theta-Wellen im Gehirn geprägt ist.

Nach dem Workshop bei Michael Harner habe ich schamanische Reisen und Tranceheilung in meinen Alltag und meine Praxistätigkeit einbezogen. Bei der von Michael Harner gegründeten »Foundation for Shamanic Studies«[11] konnte ich mich auch in Europa fortbilden und habe besonders von einer dreijährigen Ausbildung bei der amerikanischen Psychotherapeutin Sandra Ingerman profitiert, die auch zahlreiche Bücher zur spirituellen Praxis des modernen Schamanismus veröffentlicht hat.[12] Durch die Kurse bei Sandra Ingerman lernte ich vor allem, spirituelle Bewusstseinserweiterung und energetische Heilmethoden in meine alltägliche Heilpraxis zu integrieren.

~ Bewusstseinserweiterung

Ich habe für meine spirituelle Entwicklung außerordentlich von der Initiation in Trancetechniken profitiert, die ich zur persönlichen Entwicklung, zur spirituellen Beratung meiner Klienten und zum energetischen Heilen eingesetzt habe. Bei der klassischen inneren Reise des Kernschamanismus verbinden sich Alpha- und Theta- oder Delta-Bewusstseinszustände.

Hier findest du eine Übersicht über die nach der Frequenz der Gehirnwellen unterschiedenen und inzwischen gut erforschten Bewusstseinszustände des Menschen.[13]

Bewusstseinszustände und Frequenz der Gehirnwellen

Gehirn-wellen	Frequenz (Hertz/Sek.)	Bewusstseinszustand
Gamma	>38	Mystische und transzendente **Gipfelerfahrungen**
Beta	>13 – 38	**Normales Wachbewusstsein**, Fokus richtet sich auf die Außenwelt, gute Konzentration, rationales Denken, bewusste Sinneswahrnehmung, gezielte Handlungen und Bewegungen, auch Hektik und Stress, Normalzustand ab 8 Jahre
Alpha	8 – 13	**Leichte Trance**, entspannter Bewusstseinszustand bei geschlossenen Augen, Tagträumen, Visualisieren, Fantasie, Zugang zum Unterbewusstsein und zu Erinnerungen, automatische Handlungen und Bewegungen, Präsenz der Lösung, Normalzustand bei 5- bis 8-jährigen Kindern
Theta	4 – <8	**Mediale Trance**, Meditation, Hypnose, luzider Zustand, kreativer Flow, Zugang zum kollektiven Unbewussten, Normalzustand bei 2- bis 5-jährigen Kindern
Delta	0,5 – <4	**Tiefe Trance**, Tiefschlaf, kein kritisches Denken und Beurteilen, Intuition, hohes Einfühlungsvermögen, kosmisches Bewusstsein, Normalzustand von Kleinkindern bis zwei Jahre

Bewusstseinserweiternde Trance entspricht dem alltäglichen Dasein im Kindesalter. »Wenn ihr nicht umkehrt und werdet wie die Kinder, werdet ihr nicht in das Himmelreich hineinkommen«, so heißt es schon in der Bibel.[14] Informationen und Erfahrungen des Kleinkindalters prägen unser Bewusstsein deshalb so nachhaltig, weil sie in einem hypnotischen Zustand aufgenommen werden.

Daher können Blockaden, die auf solchen frühkindlichen Prägungen beruhen, auch besonders gut im Trancezustand aufgelöst werden. Diese Vorstellung ist mir in einem Vortrag von Bruce Lipton begegnet und leuchtet mir vollkommen ein.

Forschungen mit spirituellen Heilern haben gezeigt, dass eine Gehirnfrequenz von 8 Hertz heilende Kräfte hervorbringt. Während der Behandlung überträgt sich die heilsame Frequenz vom Behandler auf den Klienten.[15] Ich habe oft erfahren dürfen, dass die Trance und die damit verbundene tiefe mentale Ruhe bei meinen Heilbehandlungen auf meine Patienten abgefärbt hat. Sie sind automatisch in einen entspannten und besonders rezeptiven Bewusstseinszustand geglitten.

Während der Meditation können Alpha-, Theta- und Delta-Frequenzen auftreten. Strukturiertes Denken und Beurteilen findet im Beta-Zustand statt. Die Meditationslehrerin und Forscherin Anna Wise hat die Gehirnwellenaktivität bei erleuchteten spirituellen Lehrern verschiedener Kulturen und besonders kreativen Künstlern untersucht. Das Gehirn der »Meister« ist, wie sie festgestellt hat, von dem simultanen Auftreten der vier Zustande Beta, Alpha, Theta und Delta geprägt. Die Meister können also gleichzeitig im Hier und Jetzt präsent sein und ihr Bewusstsein erweitern.[16] Die Verbindung von innerem und äußerem Fokus macht die Meisterschaft aus. Bei besonders entwickelten spirituellen Lehrern findet sich außerdem noch eine besonders symmetrische Anordnung der Gehirnwellen.[17]

Trance, die die Gehirnfrequenz verändert, fördert spirituelles Erwachen und die Erweckung der Kundalini. Anna Wise weist darauf hin, dass ihre weltweiten Forschungen zur Bewusstseinserweiterung der Menschen gezeigt haben, dass Trancetechniken automatisch auch körperliche und energetische Transformation initiieren und die Kundalini aktivieren können.[18]

Klassische Trance-Induktionen, wie sie in unterschiedlichen mystischen Traditionen praktiziert werden, stellen Fasten, körperliche Anstrengung, ritueller Tanz, Rhythmusinstrumente, monotones Trommeln, Stampfen, Singen, repetitives Rezitieren, Meditation, Kontemplation und Atemübungen dar. Um sich auf das Göttliche einzuschwingen, wird traditionell gesungen, getanzt, gefastet und meditiert. Gedankenloses Beten des Vaterunsers oder des Rosenkranzes führt ebenso in einen Trancezustand. Felicitas Goodman hat zudem entspannende Körperhaltungen im Liegen oder im Sitzen aus unterschiedlichen mystischen Praktiken gesammelt, die Trance begünstigen.[19] Flaches Liegen auf dem Rücken fördert zum Beispiel die Entspannung des Gehirns.

In unserer Kultur verändern viele Menschen ihren Bewusstseinszustand beim Joggen oder Tanzen. Tranceinduzierende Rhythmen und Musikstücke können dich dabei unterstützen, verschiedene Stufen der Entspannung des Gehirns kennenzulernen. Mit der Zeit kannst du dich dann auch ohne technische Hilfsmittel unvermittelt in mentale Ruhe einstimmen.

Während meiner Ausbildung bei der »Foundation for Shamanic Studies«[20] wurde immer wieder betont, dass dort Methoden der Bewusstseinserweiterung ohne religiöse Konzepte und Glaubensinhalte vermittelt werden. Die inneren Reisen dienten der persönlichen Erfahrung von Entspannung, Heilung, Visionen und spirituellen Einsichten. Für mich ließen sich diese Methoden der Bewusstseinserweiterung gut mit meiner christlichen Sozialisation und meiner akademischen Ausbildung verbinden. Bei Kursen in der Schweiz habe ich einige Frauen kennengelernt, die schamanische Heilmethoden problemlos mit ihrem Engagement in der katholischen Dorfkirche verbanden.

~ Tranceheilung

Ich habe mich bewusst entschieden, in meiner Praxis Tranceheilung und nicht Hypnose zu praktizieren, obwohl ich eine Hypnoseausbildung absolviert hatte. Bei der Tranceheilung arbeitet der *Behandler* in Trance, während bei der Hypnose der *Patient* in einen veränderten Bewusstseinszustand versetzt wird. Der Grund war, dass ich die Arbeit im Trancezustand immer außerordentlich genossen habe. Dadurch bin ich auch effektiver.

Dass sich Medien in Trance versetzen, um Informationen und Heilung für sich und andere zu erlangen, ist schon aus prähistorischer Zeit überliefert. Bei der Tranceheilung begibt sich der Behandler bewusst in Trance, um einen erweiterten Bewusstseinszustand zu erreichen. Die Trance fördert die nahtlose Verkörperung höherer Bewusstseinsebenen. Während der Trance werden heilende Frequenzen übertragen. Der erweiterte Bewusstseinszustand dient dazu, ohne persönliche mentale Begrenzungen transformierende Informationen und Heilenergien zu kanalisieren. Der Zustand der Trance erlaubt die »Überschattung« des Mediums durch geistige Helfer und Geistdoktoren. Gute Tranceheiler können die Tiefe der Trance bewusst steuern. Tranceheilung kann zur Selbstheilung, zur Kontaktheilung bei Anwesenheit des Klienten und zur Fernheilung, bei der sich der Patient an einem anderen Ort als der Heiler befindet, eingesetzt werden. Kurse zur Tranceheilung bei Dozenten des Arthur-Findlay-Colleges in Großbritannien, einer renommierten Einrichtung der englischen Medial-Schulung, haben mir noch größere Bewusstheit über Trancetechniken vermittelt und meine Fähigkeiten vertieft.[21] Anders als in Deutschland wird die Arbeit von Tranceheilern in Großbritannien anerkannt und gewürdigt. Sie arbeiten auch in Krankenhäusern mit Ärzten zusammen, zum Beispiel mit Koma-Patienten. Steven Upton, dessen wunderbar einfache und effektive Methode der Tranceheilung ich auch kennenlernen durfte, arbeitet zum Beispiel regelmäßig in Gefängnissen.

Für meine schamanischen Reisen habe ich zunächst monotones Trommeln vom Tonband zur Trance-Induktion eingesetzt, während ich später auch gerne die von Sandra Ingerman weiterentwickelte Methode der Transfiguration[22] und die in der englischen Medial-Schulung praktizierten Techniken der

Selbsthypnose angewandt habe. Nach jahrlanger Übung kann ich inzwischen einfach mit einem Atemzug und einer inneren Entscheidung einen der jeweiligen Situation optimal angemessenen Bewusstseinszustand bei mir herbeifüren. Entgegen der landläufigen Annahme ist eine tiefere Trance des Mediums gar nicht immer hilfreich. In meiner Praxis konnte ich erfahren, dass mich meine geistigen Helfer dabei unterstützten, immer den für den jeweiligen Klienten perfekt passenden Bewusstseinszustand einzunehmen. Manchmal waren auch meine menschliche Erfahrung und Expertise gefragt, um meinem Gegenüber helfen zu können. Dann konnte ich in einer bewussten Trance optimal arbeiten. Manchmal musste mein menschliches Ich wegen seiner mentalen Schranken vollkommen beiseitetreten und ich fiel in eine tiefere Trance.

Dass ich regelmäßig schamanische Reisen und Tranceheilung für mich selbst und meine Klienten praktiziert habe, hat mein Bewusstsein verändert. Ich habe Vertrauen in meine Schöpferkraft und das Universum gewonnen. Meditative Trance ist ein wunderbares Werkzeug, um die eigene Realität zu gestalten und Schöpfer des eigenen Lebens und der Zukunft zu sein. Dr. Joe Dispenza sagt dazu: »Es ist schon lustig: Um unsere Realität (Umwelt) zu beeinflussen, unseren Körper zu heilen und ein zukünftiges Ereignis unserer persönlichen Zukunft zu verändern (Zeit), müssen wir genau diese Außenwelt vollkommen loslassen *(nichts),* ebenso unsere bewusste Wahrnehmung unseres Körpers aufgeben *(niemand)* … und die Zeit vergessen *(Zeitlosigkeit)* – wir müssen also zu reinem Bewusstsein werden.«[23] Mit den Trancetechniken habe ich einen inneren Kompass entwickelt, um zu wissen, was für mich wirklich wichtig ist und mich innerlich reifen lässt. Einschränkende mentale Grenzen konnte ich überwinden und selbst viel Heilung erfahren.

Mit der Zeit hatte ich mir mit energetischem Heilen und spiritueller Beratung in der Kleinstadt, in der ich damals lebte, einen Namen gemacht. Eines Tages kam eine ältere Frau in meine Praxis, die sehr traurig war. Ihre Tochter war vor einigen Wochen in einer Gaststätte von einem fremden Mann erschossen worden. Selbst die Polizei konnte keine Erklärung für diesen Mord finden. Man ging davon aus, dass die Frau wohl verwechselt worden war. Die Mutter haderte mit ihrem Schicksal und fragte sich, warum ihrer Tochter so etwas Schreckliches widerfahren war und wie es ihr jetzt ging.

Als ich mich noch vorbereitete, um mich in Trance zu versetzen und der trauernden Mutter die Informationen, die mir geschenkt werden würden, zugänglich zu machen, fiel ich urplötzlich in eine tiefe Trance. Ich begann unvermittelt mit fremder Stimme zu sprechen. Auf diese Weise sprach die Tochter zu ihrer Mutter. Sie sagte, dass es ihr gut gehe und ihre Mutter sich nicht um sie zu sorgen brauche. Sie dankte ihrer Mutter überschwänglich für die Liebe, die sie ihr in ihrem Leben geschenkt hatte. Sie erklärte ihrer Mutter, dass sich mit dem Mord, der ein Ausgleich für ein karmisches Geschehen gewesen sei, ihr Schicksal erfüllt habe. Die verstorbene Tochter, die durch mich sprach, wählte offenbar die perfekten Worte, so dass die Mutter ihre Erklärungen verstehen und annehmen konnte. Ich selbst bin auf diese sehr eindrückliche Weise mit der Tatsache konfrontiert worden, dass wir nicht nur ein einziges, sondern viele Leben auf der Erde verbringen. Immer wieder wurde mir von meinen geistigen Begleitern gezeigt, wie das aktuelle Leben mit Erfahrungen aus früheren Leben zusammenhängt, so dass ich in meinem Glauben an Reinkarnation gestärkt wurde.

Eines Tages kam Luise in meine Praxis, die viele Jahre als Kind von ihrem Vater missbraucht wurde. Sie hatte schon über längere Zeit mit einer Therapeutin gearbeitet und sich ziemlich mit ihrem Schicksal ausgesöhnt. Sie war berufstätig und lebte in einer glücklichen Partnerschaft. Als sie zu mir kam, sagte sie, dass sie glaube, dass ich ihr weiterhelfen könnte, um die Vergangenheit endgültig loszulassen. Wie das geschehen sollte, wisse sie selbst nicht. Ich konnte im Trancezustand in allen Einzelheiten das karmische Schicksal sehen, das sie mit ihrem Vater verband. Luise erzählte mir später, dass die Erkenntnis, dass das Täter-Opfer-Szenario mit ihrem Vater nicht in diesem Leben begonnen hatte, auf sie sehr befreiend gewirkt hatte. Sie habe den Puzzle-Stein gefunden, um endgültig mit der Vergangenheit abschließen zu können.

Bei vielen Menschen geht, wie in meinem Fall, eine Phase der Erschöpfung oder der Depression dem inneren Aufwachen voraus. Man wird nicht nur mit äußeren Veränderungen wie Trennung, Verlust der Arbeit, Karriereknick oder Krankheit konfrontiert, sondern begegnet auch den inneren Grenzen und Schattenthemen.[24] Mit dem Aufwachen können **Schatten und Licht** verschmelzen. Jemand, der selbst viele schmerzhafte Verluste erlebt hat, kann ein guter Trauerbegleiter werden. Derjenige, der vielleicht eine Insolvenz erlebt und sich danach wieder aufgerappelt hat, kann sein Wissen als Finanzberater weitergeben. In vielen Fällen einer Suchterkrankung kann die bewusste Initiation in Trancetechniken heilsam wirken.[25] Meine eigene Geschichte interpretiere ich so, dass ich im Rausch schon die heilende Trance gesucht habe. Rausch und Trance sind zwei Seiten einer Medaille. Der Schatten führt direkt ohne Umwege ins Licht. Im Schatten liegt der Schlüssel zur Heilung.

~ Heilende Worte

In der dreijährigen Ausbildung zum energetischen Heilen bei Sandra Ingerman konnte ich erste Erfahrungen mit dem Channeln sammeln. Wir begaben uns in Trance und behandelten uns gegenseitig, indem wir entweder wortlos Energie übertrugen oder auch dazu sprechen konnten. Dabei fiel auf, dass ich die übrigen Teilnehmer mit in Trance gesprochenen heilenden Worten intensiv berühren konnte. Es zeigten sich auch meine hellseherischen Fähigkeiten.

Einem Mann überbrachte ich zahlreiche Ratschläge, was er alles für sein Herz tun könnte, zum Beispiel Squash spielen und seine Beziehungen intensiver pflegen. Außerdem wurde ihm ein konkreter Speiseplan übermittelt. Erst nach unserer Sitzung erzählte er mir, dass er vor kurzem einen Herzinfarkt gehabt hatte. Eine Frau, die gerade eine Heilpraktiker-Ausbildung absolvierte, erhielt die Botschaft, sie solle besser mit Tieren als mit Menschen arbeiten. Sie konnte den Vorschlag begeistert annehmen, denn sie hatte schon immer eine besonders intensive Beziehung zu Tieren gehabt. Einige Monate später meldete sie sich und berichtete, wie glücklich und erfolgreich sie in ihrer Tierheilpraxis arbeitete.

Beim Channeln begebe ich mich in Trance und dann lade ich einen geistigen Helfer oder Engel ein, mit mir zu verschmelzen. Sich mit einem geistigen Helfer oder Engel zu verbinden, wurde in den Kursen von Sandra Ingerman Verschmelzungstechnik oder Transfiguration genannt.[26] In der englischen Medial-Schulung wird Transfiguration auch als Überschattung bezeichnet. Steven Upton spricht einfach davon, einen Link zur geistigen Welt herzustellen.

Ich habe sehr davon profitiert, die Verbindung zu lichtvollen geistigen Helfern im geschützten Rahmen eines Kurses zu etablieren. Als ich selbst Kurse zur spirituellen Selbsterfahrung angeboten habe, konnte ich erleben, dass mit dem Beginn des Kurses meine Arbeit fast schon getan war. In den Tagen, manchmal sogar Wochen vorher, wenn sich die Teilnehmer angemeldet hatten, war ich mit der Ausbalancierung des energetischen Raums beschäftigt.

Leider habe ich auch mitbekommen, dass in einigen Kursen zur Medial-Schulung bei Channel-Übungen nicht so viel Wert auf die Ebene gelegt wurde, von der die Botschaften kamen. Es wurden auch sehr menschliche Botschaften aus den erdnahen Bereichen, in denen sich verstorbene Seelen aufhalten, durchgeleitet.

Während ich immer mehr Gefallen am energetischen Heilen mit Worten fand und damit andere Menschen unterstützen konnte, wurde ich selbst auf wunderbare Weise durch die Kryon-Channel von Lee Carroll[27] und die Materialien des Crimson Circle von Geoffrey Hoppe und Linda Benyo[28] inspiriert.

Nachdem ich schon viele Jahre in meiner Praxis für andere Menschen gechannelt hatte, verspürte ich einen immer stärker werdenden Drang, auch für Gruppen zu channeln. Ich erwähnte daher immer wieder in Gegenwart von spirituellen Freunden, dass ich eine Partnerin oder einen Partner suche, der mich beim Channeln unterstützt. Das schien mir notwendig, weil ich im Trancezustand nicht auf Störungen eingehen und die anwesende Gruppe betreuen kann. Tatsächlich ist die perfekte Partnerin bald aufgetaucht und ich habe mit ihr zusammen viele live gechannelte Veranstaltungen, vor allem mit Saint Germain, durchgeführt. Saint Germain bot mir an, uns im Rahmen seiner »Diamantschule« zu trainieren und neues Bewusstsein zu vermitteln. In der Diamantschule entwickelten sich meine Channel in der Zusammenarbeit mit meiner Partnerin und den regelmäßigen Teilnehmern, die ihre Alltagsthemen und aktuellen Probleme einbrachten, zur lebensnahen Unterstützung auf dem Weg des spirituellen Erwachens und des inneren Aufstiegs.

Auf der Basis der Live-Channel wurden Hörbücher und eBooks produziert, die anderen Menschen jetzt zu ihrer Inspiration und spirituellen Entwicklung zur Verfügung stehen. Später kamen weitere von mir gechannelte Bücher hinzu.[29]

Während ich channele, arbeite ich nur selten in Volltrance. Als Saint Germain sich zum ersten Mal meldete und seine Zusammenarbeit offerierte, bin ich in eine tiefe Trance gefallen und meine Stimme hat einen männlichen Klang angenommen. Er hat also seine Präsenz machtvoll demonstriert. In der heutigen Zeit können die meisten Teilnehmer aber die Anwesenheit eines Aufgestiegenen Meisters wie Saint Germain, eines Engels, Erzengels oder geistigen

Helfers sehr gut wahrnehmen, ohne dass das Medium seine Stimme oder gar seine körperliche Gestalt verändern muss, wie das im neunzehnten oder zwanzigsten Jahrhundert oft der Fall war. Wenn ich Saint Germain channele, begebe ich mich in Trance und lade ihn zur Verschmelzung ein, wie ich es in den Kursen von Sandra Ingerman gelernt habe. Zur Einstimmung benutze ich Musik, die mir gefällt oder zum Thema des Channels passt. Sobald ich die ersten Worte gesprochen habe, läuft alles wie von selbst.

Beim Channeln befinde ich mich allerdings in einem speziellen Bewusstseinszustand. Mir scheint es, als agiere mein Bewusstsein in verschiedenen Kammern. In einer Kammer herrscht absolute Ruhe, wie in tiefer Trance. In der anderen Kammer kann ich noch linear denken und meine Worte in die richtige Abfolge bringen, so dass ich verständliche Sätze produziere. Während des Channels ist mein menschliches Bewusstsein unterschiedlich präsent. Manchmal höre ich meinem eigenen Channel zu, manchmal bekomme ich gar nichts mehr mit. Die Präsenz meines menschlichen Ichs wird also offensichtlich von Saint Germain oder meinen anderen nicht-physischen Partnern gesteuert. Manchmal kann mein menschliches Ich offenbar den Channel unterstützen und einen effektiven Beitrag leisten, manchmal muss es vollkommen aus dem Weg gehen.

Während des Channels purzeln die Worte und Sätze wie von selbst über meine Lippen. Ich spreche leicht und selbstverständlich über schwerwiegende Themen, ohne dass ich dabei dem Inhalt folgen muss. Ich habe mir angewöhnt, immer ein Tonband mitlaufen zu lassen. Manchmal haben mir die Teilnehmer anschließend erzählt, was ich angeblich gesagt hätte, und ich konnte es gar nicht glauben. Wenn ich das Tonband abhöre, bin ich oft selbst überrascht über die von mir übermittelten fundierten Wahrheiten. Ein vergleichbarer Flow entsteht natürlich auch beim Schreiben meiner Bücher. Ich liebe die Überraschung und das Staunen, wenn ich meine gechannelten

Texte anschließend mit vollem Bewusstsein lese und die Geschenke der geistigen Welt auspacke.

Beim Channeln kommen oft auch starke Energien ins Spiel. Die Channel dienen dem inneren Wachstum und der Heilung der Teilnehmer. Daher fühlt es sich manchmal so an, als müsste ich gegen Mauern der Verblendung und Ignoranz anreden, die dann Stein für Stein durch die transformierenden Worte abgetragen werden. Andererseits kann meine Rede auch in einem kristallklaren Strom aus Licht dahinschwimmen.

Meine Arbeit als Medium hat nicht nur andere Menschen unterstützt und inspiriert, sondern sie hat auch mein persönliches inneres Wachstum und meine spirituelle Entwicklung erheblich gefördert. Während ich beim Channeln einen Strom heilenden Lichts kanalisierte, konnte ich selbst tiefgreifende Transformation erfahren, die mein Leben verändert hat. Auch meine Kundalini-Erweckung führe ich darauf zurück.

Es ist sehr unterschiedlich, ob und wie weit ich vor einer live gechannelten Veranstaltung von Saint Germain auf bestimmte Themen vorbereitet werde. Manchmal findet ein intensiver Austausch statt, damit ich bestimmte Sachverhalte, die im Channel vorkommen, besser durchleiten kann. Durch die Gespräche mit Saint Germain habe ich äußerst viel gelernt. Vor allem wurde ich von Illusionen und mentalen Blockaden befreit. Manchmal stockte während des Channels mein Redefluss, weil bestimmte Worte nicht über meine Lippen kommen wollten. Es handelte sich etwa um Inhalte, die in drastischer Weise gängigen Annahmen, zum Beispiel über die Möglichkeiten der Selbstheilung, widersprachen oder die Zuhörer mit ihren Verblendungen konfrontierten. In diesen Momenten spürte ich, dass Saint Germain kein Wort mehr sagen würde, wenn ich jetzt kniff. Mir blieb also nichts anderes übrig, als weiterzusprechen.

Ich habe auch regelmäßig gechannelte Frage- und Antwort-Sessions abgehalten. Während ich die Antwort auf die Frage eines Teilnehmers durchgab, habe ich die Person mit den Augen von Saint Germain gesehen. Das war immer ein sehr heilsamer Prozess für mich. Die menschlichen Probleme, um die die Gedanken und Emotionen des Gegenübers kreisten, fühlten sich aus der Perspektive der geistigen Welt oft völlig nichtig und belanglos an. Demgegenüber rückten andere Themen in den Vordergrund. Oft ging es darum, grundlegendes Vertrauen in sich selbst und die Welt zu gewinnen und die eigene Göttlichkeit anzunehmen. Ich spürte die bedingungslose und überbordende Wertschätzung und Liebe meiner geistigen Helfer für die fragende Person, die sie eigentlich sich selbst entgegenbringen sollte. Diese Erfahrung hat sowohl meine Selbstliebe wie auch meine Achtung vor anderen Menschen gestärkt.

4 Mediale Herausforderung

Plötzlich auftretende oder zunehmende Hellsichtigkeit weckt oft das Interesse der Menschen an spirituellen Themen. Oder jemand lässt sich aufgrund körperlicher oder psychischer Probleme in Methoden des geistigen Heilens einweisen und entwickelt mediale Fähigkeiten. Manche Menschen werden auch durch ihre Kinder, die ganz selbstverständlich Verstorbene und Engel sehen, zur Beschäftigung mit dem Geistigen inspiriert.

Wenn die Begegnung mit Spiritualität lange unterdrückte übersinnliche Talente freisetzt und außerdem Herzensgüte und Empathie expandieren, möchte man seine Fähigkeiten für andere einsetzen. Es liegt also nahe, nach dem Aufwachen mehr oder weniger professionell als Medium zu wirken. Eine glanzvolle Karriere als Medium scheint auch der Ausweg aus der beruflichen Sackgasse zu sein, in die viele nach dem Aufwachen geraten, wenn sich faule Kompromisse immer weniger mit dem persönlichen Selbstbild vereinbaren lassen. Wenn du dich auf eine Ausbildung als Medium einlässt, inspiriert dich vielleicht sogar die Vorstellung, dass du anderen helfen kannst, während du selbst Macht und Ansehen gewinnst. Der Glamour einer Tätigkeit als begnadetes Medium zieht dich an. Aber dann kommt alles ganz anders.

Wenn man als Medium oder spiritueller Heiler im persönlichen Umfeld oder professionell auftritt, wird man automatisch mit charakteristischen Schattenseiten dieser Rolle konfrontiert. Es lauern typische Fallgruben auf dem Weg, die sich kaum umgehen lassen, wenn man keine fundierte Ausbildung in energetischem Heilen genossen hat. Die Schattenseiten und Fallstricke des geistigen Heilens bezeichne ich hier als »mediale Herausforderung«.

Eine ernsthaft und regelmäßig praktizierte Spiritualität verändert dich selbst am meisten. Das gilt für alle deine übersinnlichen Erfahrungen. Durch meine Arbeit als Medium blieb mir gar nichts anderes übrig, als mich selbst ständig weiterzuentwickeln und tiefgreifende Lernprozesse zu durchlaufen, die ich in diesem Kapitel zusammenfasse.

~ Der freie Wille

Wenn sich das Bewusstsein unbeabsichtigt oder auf eigenen Wunsch erweitert und man über den Horizont des Alltagsbewusstseins hinausblickt, kann das auch persönlichen Stress erzeugen, allein schon deshalb, weil man die eigenen Erfahrungen und Einsichten nicht mehr mit anderen kommunizieren kann. Es kommt vor, dass Beziehungen zu nahestehenden Menschen daran zerbrechen, dass sie überhaupt nicht mit übersinnlichen Erlebnissen konfrontiert werden möchten. Vielleicht haben sie schlicht kein Interesse an den Themen, die dich jetzt so außerordentlich faszinieren. Selbst wenn es dir schwerfällt, solltest du ihre Gleichgültigkeit einfach als Ausdruck ihres freien Willens respektieren.

Es kann auch sein, dass du in aller Klarheit siehst, was anderen Menschen helfen könnte und wie sie ihr Leben verbessern könnten. Aber dein Gegenüber ist gar nicht offen für deine Ratschläge. Die anderen möchten einfach alles beim Alten lassen. Wenn du hellseherische Fähigkeiten entwickelst, musst du lernen, den freien Willen anderer Menschen obenan zu stellen. Du kannst anderen Menschen vorschlagen, ihnen von deinen Visionen, Träumen oder Einsichten zu erzählen, solltest es aber dabei belassen, deine Hilfe anzubieten. Alles andere wäre schwarze Magie. Es kann für dich schmerzhaft sein, deine Weisheit nicht teilen zu können. Aber der freie Wille deiner Mitmenschen hat Vorrang. Wie du weißt, üben sich selbst Gott und die Engel in **Respekt** für den freien Willen der Menschen.

~ Ethische Regeln

Vielen ist nicht bewusst, dass ethische Regeln auch spirituelle Beratungen flankieren müssen. In meiner Ausbildung bei Sandra Ingerman habe ich gelernt, dass ich grundsätzlich nicht mehr Angst verbreiten sollte, als sowieso schon existiert.

Ein extremes Negativbeispiel dazu ist mir während meiner Praxistätigkeit begegnet. Verena kam völlig ratlos und verzweifelt zu mir. Sie war bei einem Energieheiler in Behandlung gewesen, der ihr gesagt hatte, dass sie »Uteruskrebs im Energiefeld« hätte. Er riet ihr, dass sie, um gesund zu werden, größere Mengen Nahrungsergänzungsmittel bei ihm kaufen sollte. Nun war ihr Erspartes aufgebraucht und sie konnte die empfohlene Therapie nicht mehr bezahlen, was sie in panische Angst versetzte. Es war nicht einfach, sie davon zu überzeugen, dass »Krebs im Energiefeld« nicht existiert. Ich versuchte, sie auf den Boden der Tatsachen zurückzubringen, indem ich ihr riet, eine Frauenärztin aufzusuchen und ihre Gebärmutter untersuchen zu lassen. Um meine Aussage zu bekräftigen, dass nur ein Arzt Krebs diagnostizieren kann, weigerte ich mich, eine energetische

Diagnose oder eine andere kostenpflichtige Behandlung vorzunehmen. Um sie nicht auch noch von mir abhängig zu machen, verwies ich sie auf ihre eigene Intuition, die sie mit der Übung »Body-Scan« stärken könne.

Wenn Menschen sich nach dem Aufwachen für übersinnliche Erfahrungen öffnen, besteht die Gefahr, dass sie neben den realen existenziellen Sorgen auch noch Angst vor energetischer Bedrohung entwickeln. Sie fürchten sich vor Strahlung, dunklen Energien und schwarzmagischen Angriffen.

In der englischen Medial-Schulung wird den angehenden Medien geraten, zunächst einen weltlichen Beruf zu erlernen, bevor man sich in das Training als Medium begibt. Auf diese Weise bleibt man von dem Erfolg als Medium unabhängig. Ich halte diesen Rat für sehr sinnvoll. Für mich selbst hat es sich auch bewährt, dass mir neben meiner Arbeit als spirituelle Lehrerin und Medium immer noch weitere berufliche Möglichkeiten offenstanden. Wenn man auf die Einkünfte als Medium angewiesen ist, kann man sich leicht verführen lassen, bedürftige Menschen emotional zu manipulieren. Selbst wenn das Medium keine finanziellen Interessen verfolgt, kann es von den Erwartungen seiner Anhänger, die bestimmte Dienstleistungen einfordern, in der eigenen spirituellen Entwicklung blockiert werden.[30]

Ich halte allerdings auch nichts davon, für mediale Angebote gar kein Geld zu nehmen, wie es in manchen spirituellen Ausbildungen empfohlen wird. Wenn sich das Medium in dieser Weise permanent selbst ausbeutet, verliert es mit der Zeit jegliche Freude an seiner Arbeit. Das kann höchstens für Menschen funktionieren, die aus anderen Quellen materiell abgesichert sind. Kostenlose Angebote wissen die meisten Menschen außerdem gar nicht zu schätzen. Sie gehen automatisch davon aus, dass es sich um eine minderwertige Leistung handelt.

Oft werden Menschen mit hellsichtigen Fähigkeiten nach der Zukunft gefragt oder sollen ihre Mitmenschen bei ihren

Lebensentscheidungen unterstützen. Eines Tages kam Marina in meine Praxis. Nach der Trennung von ihrem ersten Mann hatte sie viele Jahre allein gelebt und ihren Sohn aufgezogen, der nun zum Studium ausgezogen war. Sie hatte nach langen Jahren wieder einen interessanten Mann kennengelernt und sich auf diese Beziehung eingelassen. Sie erzählte begeistert von dem neuen Partner und ihrem neu gewonnenen Glück. Sie fragte mich nach der Perspektive für ihre neue Beziehung. Als ich mich in Trance begab, um sie zu beraten, habe ich sofort gesehen, dass sie sich von diesem Mann in absehbarer Zeit wieder trennen würde. Ich habe gelernt, meine geistigen Helfer vor der Überbringung einer grausamen Wahrheit zu fragen, ob es überhaupt angebracht ist, dem Ratsuchenden die Botschaft mitzuteilen. Das habe ich auch in diesem Fall getan. Die Antwort kam prompt, dass es nichts bringen würde, ihr diese Aussichten auf die Zukunft jetzt zu offenbaren. Stattdessen konnte ich ihr viele persönliche Einsichten zu ihrer derzeitigen Situation übermitteln, zum Beispiel, dass sie gerade einen mutigen Schritt getan habe, sich wieder auf eine enge Beziehung einzulassen, an der sie wachsen könne. Ihr wurden Verletzungen aus ihrer Vergangenheit gespiegelt und Ratschläge gegeben, wie sie sie hinter sich lassen könne. Marina verließ überglücklich meine Praxis.

Es kam, wie es kommen musste. Nach kurzer Zeit trennte sie sich von ihrem Freund, nur um bald darauf eine stabile Partnerschaft einzugehen. Sie interpretierte es später selbst so, dass ihr die verflossene Beziehung geholfen hatte, sich wieder auf Nähe einzulassen und sich noch deutlicher bewusst zu werden, wie sie sich ein glückliches Zusammenleben wünschte.

Um zu entscheiden, welche medialen Botschaften ich in welcher Form durchgebe, brauche ich nicht nur eine enge Anbindung an hilfreiche geistige Begleiter, sondern auch einen klaren Fokus auf das Wohl meiner Mitmenschen. Um dieses Ziel zu erreichen, muss ich auf scheinbar allgemeingültige Wahrheiten verzichten.

Wahr ist, was die **Seelenbedürfnisse** meines Gegenübers optimal erfüllt. Ich möchte die Menschen zum Besten ihrer Seele und im Einklang mit dem universellen Plan unterstützen. Es geht auch nicht darum, reißerische Geschichten zu erzählen oder mich mit meinen medialen Fähigkeiten zu brüsten.

Ralf hatte schon viele Jahre erfolgreich als Energieheiler gearbeitet, als er mich um Rat fragte. Er war an Lungenkrebs erkrankt und hatte bereits Knochenmetastasen. Nach langem Zögern hatte er sich jetzt entschieden, eine Chemotherapie zu machen, und hoffte auf Heilung durch die schulmedizinische Behandlung. Er hatte unermüdlich mit alternativen und energetischen Methoden und der Unterstützung zahlreicher Kollegen an seiner Heilung gearbeitet, ohne dabei jemals seine Hoffnung zu verlieren. Er erwartete von mir, dass ich ihm half, seine restlichen Blockaden zu lösen, damit die schulmedizinische Therapie erfolgreich verlief. Ich konnte ihm leider nur die klare Botschaft überbringen, dass er dem Tod ins Auge sehen müsse, der vor der Tür stand. Er sollte das Fortschreiten seiner Krankheit nicht ignorieren, welches sich im Symptom der Knochenmetastasen ausdrückte. Eine eindeutige Entscheidung für das Leben war gefragt, die er aber nur treffen könne, wenn er anerkenne, wie nah er dem Tod schon gekommen war. Es wurde ihm sogar gesagt, dass er deshalb zu mir habe kommen müssen, weil nur ich in der Lage sei, ihn mit der harten Wahrheit zu konfrontieren. Ralf konnte nur weiterleben, wenn er den Tod nicht mehr verleugnete. Aber er wollte davon nichts wissen und verließ ziemlich entrüstet meine Praxis. Für mich war es keine einfache Situation und bis heute weiß ich nicht, ob Ralf noch lebt.

Als Medium musst du manchmal unbequeme Wahrheiten an den Mann oder die Frau bringen. Wenn das Medium nicht bereit ist, auch wenn es sich dadurch unbeliebt macht, ungefiltert die Botschaften der geistigen Welt zu vermitteln, kann es dazu führen, dass sich seine Kanäle wieder verschließen. Oft geht es bei der medialen Herausforderung darum, vor einer scheinbar untragbaren **Verantwortung** nicht zurückzuschrecken.

Die übersinnlichen Wahrnehmungen und medialen Fähigkeiten können allerdings auch versiegen, weil es dem Medium an **Erdung** fehlt. Dass Visionen und Eingebungen ausbleiben und keine Botschaften mehr durchkommen, geschieht dann aus reinem Selbstschutz. Dem Thema, wie man sich trotz energetischer Transformation gut erdet, ist ein Kapitel im zweiten Teil dieses Buches gewidmet.

~ Dunkle Energien

Wenn man seine Augen für die nicht-alltägliche Wirklichkeit[31] öffnet, sieht man automatisch nicht nur Verstorbene, geistige Helfer und Engel, sondern die Begegnung mit dunklen Energien lässt nicht lange auf sich warten.

~ Schlafparalyse

Ein Phänomen, das meditierende oder spirituell praktizierende Menschen besonders ängstigt, ist die Schlafparalyse. Die auch als Nachtmahr bezeichnete Erfahrung ist inzwischen gut erforscht. Man wacht nach einem Albtraum auf und kann sich nicht mehr bewegen. Darüber hinaus haben einige Betroffene das Gefühl, nicht mehr atmen zu können. Sie halluzinieren oft eine dunkle Gestalt, die auf ihrer Brust sitzt. Die Schlafparalyse tritt in der Phase zwischen Schlaf und Aufwachen auf und verschwindet immer ganz von selbst, wenn man richtig wach ist. Man braucht also eigentlich nur abzuwarten, bis die Lähmung sich auflöst. Das Phänomen deutet auch darauf hin, dass sich in der Schlafphase die Seele vom Körper entfernt hat und mit dem Aufwachen in den Körper zurückkehrt.

Wenn du unter diesem Phänomen leidest, kannst du dich öffnen, deine **Erinnerungen** an das, was du während des Schlafs getan hast, in dein Bewusstsein zu lassen. Oft können sich die

Betroffenen dann auf nächtliche Ausflüge und Astralreisen besinnen.[32] Dadurch, dass ich mich morgens manchmal fühlte, als sei ich von einem anderen Stern wieder auf der Erde gelandet, habe ich dem Aufwachen mehr Aufmerksamkeit geschenkt. Ich habe meine **Morgenroutine** mit größerer Achtsamkeit gestaltet.

Wenn ich mitten in der Nacht mit solchen Lähmungserscheinungen aus dem Schlaf schreckte, war ich geschockt und beängstigt. Ich glaubte bei solchen Gelegnheiten, sterben zu müssen, habe also eine **Nahtoderfahrung** durchlebt. Mir sind dann in diesen Momenten viele Einzelheiten durch den Kopf geschossen, warum ich unbedingt weiterleben möchte. Das habe ich als heilsam empfunden, denn später, wenn ich vom Leben enttäuscht war, konnte ich mich daran erinnern.

~ Energetische Angriffe

Was den Umgang mit dunklen Energien angeht, habe ich erfahren können, dass man alles von der geistigen Welt lernen kann, wenn man einmal vertrauensvolle Beziehungen zu seinen geistigen Helfern aufgebaut hat. Jeder, der sich für übersinnliche Erfahrungen öffnet, wird die Erfahrung machen, dass er sich beängstigenden energetischen Angriffen ausgesetzt sieht.

Ich kann dir nur raten, die Herausforderung anzunehmen, wenn sie dir begegnet, um schließlich den Kampf von Licht und Dunkelheit in dir zu überwinden.

Eines Tages suchte mich Viola auf, die in einer Kultur aufgewachsen war, in der bewusst praktizierte schwarz-magische Praktiken noch fortlebten, wie es mir bei Frauen aus einer Roma-Familie, aus Georgien und Thailand begegnet ist. Ihre Familie lebte in engem Kontakt mit Verwandten in einem etwas heruntergekommenen Stadtviertel. Viola hatte gerade ihre Ausbildung abgeschlossen und konnte ihre erste Stelle antreten. Sie wollte von zu Hause ausziehen und sich eine eigene Wohnung suchen. Nachdem ihre Familie von ihrem Entschluss erfahren hatte, begannen die energetischen Angriffe. Viola glaubte, dass sie vor allem von ihrer Mutter, ihren Tanten und ihrer Großmutter ausgingen. Sie hatte große Angst vor diesen Angriffen und glaubte, dass sie sie womöglich nicht überleben werde. Sie erzählte einige Geschichten darüber, wie ihre weiblichen Verwandten angeblich Feinden der Familie Unfälle und Krankheiten angehext hätten. Daher suchte sie bei mir Hilfe. Schon als ich mit ihr einen Termin vereinbart hatte, konnte ich die starken dunklen Kräfte spüren, die sie bedrohten. Mir war auch sofort klar, dass sie auch mich angreifen würden, wenn ich ihr helfen würde. Ich wandte mich an einen Freund, der auch schamanische Energiearbeit praktizierte. Er sagte mir, dass hier wohl nur ein Schamane aus derselben Kultur Erfolg haben könne. Außerdem riet er mir, die geistigen Helfer, mit denen ich auch sonst zusammenarbeitete, zu befragen.

Ich hatte großes Mitgefühl mit der jungen Frau, die sich mir anvertraut hatte. Ihr Anliegen, sich ein eigenes Leben unabhängig von ihrer Familie aufzubauen, erschien mir vollkommen berechtigt und erstrebenswert. Also verbrachte ich drei Tage lang viele Stunden im Garten, meditierte und konferierte mit meinen geistigen Helfern. Anschließend führte ich mit Viola ein Seelenrückholungsritual durch, wie ich es in einem Kurs bei Sandra Ingerman gelernt hatte.[33] Sie fühlte sich danach befreit und gestärkt und zog in ihre eigene Wohnung. Sie genoss ihren beruflichen Erfolg und baute sich ein Leben unabhängig von ihrer Familie auf, obwohl sie auch deren Schicksal würdigte.

Was ich in den drei Tagen im Garten von meinen geistigen Helfern gelernt habe, als ich mich auf die Sitzung mit Viola vorbereitete, hat mich mein Leben lang begleitet. Meine geistigen Helfer machten mir klar, dass es überhaupt keinen Sinn mache, gegen schwarzmagische Angriffe zu kämpfen. Den Kampf kann man nur verlieren. Sie zeigten mir, dass meine Angst die dunklen Energien stärkt, indem ich Macht an sie abgebe. Als sich meine Angst schließlich in Vertrauen verwandelt hatte, neutralisierten sich die dunklen Energien vollkommen. Ich konnte erfahren, dass das Böse alle Macht verliert, wenn ich mich mit meinem Licht verbinde.

Meine geistigen Helfer rieten mir, einfach wie mit einem Dimmer mein **inneres Licht** aufzudrehen. Ich konnte tatsächlich wahrnehmen, dass es seine Wirkung zeigte, wenn ich mein inneres Licht erstrahlen ließ. Die dunklen Energien verschwanden. Zusätzlich fühlte ich mich sicherer, wenn ich meine geistigen Begleiter um Hilfe bat. Mir hat der Erzengel Michael und sein Gefolge immer wieder gute Dienste geleistet, wenn ich mich energetisch bedroht fühlte. Grundsätzlich muss aber jeder seine persönliche **Quelle der Kraft** finden. Du kannst dich öffnen, dein ganz persönliches Unterstützungsteam zu entdecken, das deine Angst und damit auch die bedrohlichen Energien verschwinden lässt. Letztlich muss deine Selbsthypnose mit den von dir gewählten Bildern, Symbolen, Krafttieren oder Wesenheiten Wirkung zeigen, so dass sich die Geister verziehen.

Auf meinem Weg vom Bahnhof zur Heilpraktiker-Schule, wo ich eine Zeitlang unterrichtete, musste ich einen kleinen Park passieren, in dem immer Drogenabhängige und Obdachlose lagerten. Von den an diesem Platz herumhängenden Energien fühlte ich mich jedes Mal angegriffen, wenn ich dort vorbeiging. Typischerweise kanalisieren Menschen, deren Seele nicht in ihrem Körper haust, zum Beispiel weil sie Drogen oder Alkohol konsumieren, Energien aus den erdnahen Bereichen. Sie ziehen verstorbene und in den erdnahen Bereichen hängengebliebene Seelen an, die gerne noch ein bisschen mittrinken oder Drogen konsumieren wollen. Weil keiner den Obdachlosen zu nah kommen möchte, bleiben auch die Geister an diesen Plätzen ungestört. Wenn ich den Rat meiner geistigen Helfer befolgte und einfach bewusst mein inneres Licht aufdrehte, konnte ich diesen Bereich ganz unbehelligt passieren.

Wenn du einem aussichtslosen Kräftemessen mit dunklen Wesenheiten ausweichst, ist eine mutige **Konfrontation** sehr wirkungsvoll. In einem Dreamwalk zum Thema Tod vom Crimson Circle[34] wurde der Rat erteilt, dass man sich in den erdnahen Bereichen, in denen sich die verstorbenen Seelen aufhalten, gut mit dem inneren Satz »Ich bin der Meister/Ich bin die Meisterin« schützen kann. Wenn man seine Macht annimmt, kann man einfach »Nein« zu den dunklen Wesenheiten sagen, die einen kontaktieren, wie Tara Springett betont.[35] Saint Germain hat mir in diesem Zusammenhang auch den inneren Notruf »Stopp!« empfohlen, den du sowohl gegen nicht-physische bedrohliche Wesen wie auch gegen übergriffige Menschen einsetzen kannst. Zusätzlich kannst du vor deinem inneren Auge einen »Bannkreis« von ungefähr zwei Metern definieren, der für Eindringlinge tabu ist. In den Kursen bei Sandra Ingerman wurde uns immer geraten, einen bedrohlich wirkenden Geist mit der Frage »Wer bist du?« zu konfrontieren. Die feindlich gesinnten Geister verschwinden dann, denn sie möchten sich nicht zu erkennen geben. Birgit Hassenkamp empfiehlt, mit dem Ausspruch »Ich liebe dich – ich liebe dich – ich liebe dich!« Dämonen zu vertreiben.[36] Um diesen Satz authentisch aussprechen zu können, brauchst du allerdings schon ein transformiertes Bewusstsein, das Licht und Schatten urteilsfrei akzeptiert. Bedingungslose Liebe wirkt dann wie ein Wundermittel.

Allerdings sollte man sich vergegenwärtigen, dass man dunkle Energien oft unbewusst deshalb anzieht, weil man neugierig ist, auch den okkulten Teil der geistigen Welt zu erforschen. Zunächst einmal muss also der innere Konflikt zwischen Angst und Forschergeist geklärt werden. Vielleicht zweifelst du auch an deinen geistigen Kräften. Es gibt genügend Exorzisten, Priester, Medien, Geistheiler und Gurus, die dir einreden möchten, dass du sie als Vermittler brauchst, um zu hochschwingenden Energien Zugang zu haben. Ich kann dir versichern, dass dir die Lichtenergie, die dir dient, zur freien Verfügung steht. Du brauchst nichts anderes zu tun, als **Zeuge der Transformation** zu sein und die Veränderung geschehen zu lassen.

Mir hat auch eine Analogie, die häufig in den Kursen von Sandra Ingerman erwähnt wurde, immer sehr geholfen: Wenn man aus einem dunklen Flur in einen dunklen Raum tritt und dort das Licht anmacht, wird der Raum hell erleuchtet. Wenn die Tür aufsteht, fällt das Licht auch in den dunklen Flur. Im Flur ist es jetzt auch etwas heller. Allerdings wird der hell erleuchtete Raum nicht dunkler, wenn ich die Tür zum dunklen Flur öffne. An diesem Bild kannst du sehen, dass Licht die Dunkelheit vertreibt und nicht umgekehrt.[37]

Jeder, der lichtvolle Erfahrungen macht oder energetisches Heilen praktiziert, wird über kurz oder lang auch mit der Dunkelheit konfrontiert. Das ist die Gelegenheit, am eigenen Leib die wundervolle Erfahrung zu machen: Wenn ich mich in mein Licht stelle und es erstrahlen lasse, dann bleibe ich von der Dunkelheit unberührt.

~ Perspektive

Das Zusammenleben und die Kommunikation mit anderen Menschen in deinem privaten Umfeld kann durch deine medialen Eingebungen und Einsichten bereichert werden. Wenn du als Medium entsprechende ethische Regeln berücksichtigst, kannst du einen wunderbaren Dienst an der Menschheit leisten. Du kannst anderen in unvergleichlicher Weise helfen.

Du kannst die Verantwortung des Mediums nur dann tragen, wenn du dich darauf fokussierst, Menschen zu helfen, soweit es dir möglich ist. Andere Menschen zu unterstützen, so gut du es kannst, sollte dein oberstes Ziel sein. Dein klarer Fokus nährt sich aus der Liebe zu den Menschen. Außerdem musst du den freien Willen anderer Menschen respektieren. Du kannst mit der Zeit lernen, mit dem Paradoxon zu leben, dass du immer gleichzeitig zum Helfen bereitstehst, aber auch den freien Willen anderer Menschen und ihre Ablehnung deiner Angebote respektierst. Du lernst, nicht nachtragend zu sein und gegebenenfalls wieder zur Verfügung zu stehen, wenn die Zeit gekommen ist.

Für die Arbeit mit anderen Menschen musst du automatisch Selbstliebe und Nächstenliebe in der Weise ausbalancieren, wie es Jesus in der Bibel gefordert hat. Die geistige Welt unterstützt dich dabei, Heilung, Erlösung, Glück und Erfolg sowohl für dich selbst wie auch für deine Mitmenschen zu steigern.

Das englische Medium Sheila French habe ich einmal in einem Vortrag sagen hören, dass, wenn ein begabtes Medium kein gutes finanzielles Auskommen hat, entweder das Medium oder die geistige Welt nicht ausreichend gewürdigt werden. Wenn du das berücksichtigst, lernst du, deine medialen Fähigkeiten zu schätzen und deine Göttlichkeit zu ehren. Du wächst darin, dich vor der höheren Weisheit der universellen Intelligenz zu verneigen und die göttliche Liebe anzunehmen und ausstrahlen zu lassen. Wenn du auf deine innere Stimme hörst, findest du im Einklang mit deinem Umfeld einen stimmigen Preis für alle deine medialen Tätigkeiten und alle deine kreativen Produkte. Du findest einen Ausgleich für deinen Einsatz, der sowohl deinen Selbstwert wie die Möglichkeiten deiner Nächsten berücksichtigt.

Du kannst lernen, die Liebe zu deinen Mitmenschen über die scheinbar unumstößliche Wahrheit zu stellen. Dann engagierst du dich nicht, um Glaubensinhalte oder Konzepte zu verbreiten, sondern folgst deinen Eingebungen, um andere in einer für sie verständlichen Sprache aufzubauen, zu nähren und zu trösten. In der Kommunikation mit deinen Mitmenschen ist Wahrheit immer relativ. Manchmal ist es heilsam, alles, was du siehst, offenzulegen. Manchmal begegnest du im Einvernehmen mit der göttlichen Liebe den Grenzen der Wahrheit.

Indem du dich auch der dunklen Seite des Lebens stellst, kannst du den Kampf von Licht und Dunkelheit letztlich hinter dir lassen. »Spirituelle Reife erfordert die Bereitschaft, die gegensätzlichen Polaritäten in das ganze Bild der spirituellen Wirklichkeit aufzunehmen – und dann erst über den Dualismus hinauszugehen.«[38] Mit der Zeit lösen sich die Gegensätze von Gut und Böse, Licht und Schatten vollständig auf.

Gerade im Zusammenhang mit dunklen Energien kannst du die Kraft der göttlichen Liebe erfahren. So wie die dunklen Energien eine Seele brauchen, um auf der Erde kanalisiert zu werden, kannst du dich als Kanal des göttlichen Lichts und der göttlichen Liebe zur Verfügung stellen. Du kannst zunehmend der Kraft deines Geistes vertrauen. Indem dein menschliches Ich die Kontrolle abgibt, kannst du dem Wirken einer höheren Intelligenz zum Wohle aller Kreaturen nach dem Motto »dein Wille geschehe« zustimmen. Du kannst die vollendete Perfektion des göttlichen Plans erfahren.

Ich habe nicht nur als Medium gearbeitet, sondern auch die Hilfe anderer medial begabter Menschen in Anspruch genommen. Dazu möchte ich hier einige Beispiele anführen, um die segensreiche Wirkung von Medialität zu illustrieren.

In einer medialen Sitzung hat mir einmal ein junger Mann gesagt, dass ich in meiner Kindheit mehr Ruhe gebraucht hätte. Dieser Satz traf mich unmittelbar ins Herz und mit ihm wurde ein Schwall an Energie transportiert. Es war ganz einfach die Wahrheit, eine Wahrheit, die ich vollkommen verdrängt hatte. Ich bin mit vier jüngeren Geschwistern aufgewachsen und habe die Geschichte meiner Kindheit so erzählt, dass ich den Trubel einer großen Familie, die permanente Beschäftigung und Unterhaltung genossen habe. Aber das war, wie mir das Medium mit einem einzigen Satz offenbarte, nur die halbe Wahrheit. Auf einmal öffnete sich die Tür zu verdrängten Gefühlen aus meiner Kindheit von Überforderung und Stress.

Ich konnte meine tiefe Sehnsucht nach ruhigen Freiräumen, um die Seele baumeln zu lassen, wieder spüren.

In den Kursen bei Sandra Ingerman zum schamanischen Heilen übten wir die erlernten Methoden, indem wir uns gegenseitig behandelten. Eine Teilnehmerin in dem Kurs zur Seelenrückholung, mit der ich zusammenarbeitete, überbrachte mir eine entscheidende Botschaft, die uns beide überraschte. Sie sagte, dass ein mir nahestehender Mensch in der nächsten Zeit einen schweren Unfall erleiden würde. Ihr geistiger Helfer erklärte ihr, dass ich dann unbedingt für ihn eine Seelenrückholung durchführen sollte. Da es sich um einen Notfall handelte, könnte ich für ihn arbeiten, ohne direkt um Erlaubnis zu fragen. Es reichte, wenn ich das Einverständnis seiner Seele für die energetische Heilbehandlung einholte. Außerdem schenkte mir meine Partnerin auf Anweisung ihres Geistführers einen glitzernden Bergkristall, den sie zum Seminar mitgebracht hatte und der den Verunglückten ausbalancieren könnte. Alles kam so, wie sie es mir vorhergesagt hatte. Natürlich half es mir sehr, auf diese Ereignisse vorbereitet zu sein. Es kostete mich etwas Überwindung, den Bergkristall zu überbringen. Der Kristall war aber so wunderschön, dass das Geschenk nicht groß hinterfragt wurde.

Dieselbe Teilnehmerin hat mir damals auch die Botschaft überbracht, dass ich einmal etwas mit Rosen und Schwänen zu tun haben würde. Dazu hatte sie keine weiteren Erklärungen von ihrem geistigen Helfer bekommen und ich habe lange gerätselt, was diese Prophezeiung bedeuten sollte. Es dauerte viele Jahre, bis sie sich erfüllte. Wir hatten uns entschieden, an den Bodensee zu ziehen, und landeten dann unerwartet in Lindau. Als ich eines Tages kurz nach unserem Umzug auf der Insel Lindau spazieren ging, wurden meine Blicke plötzlich magisch von den zahlreichen Rosenbüschen, die an den Mauern der alten Häuser wuchsen, und den weißen Schwänen auf dem See angezogen. In diesem Moment erinnerte ich mich an die Prophezeiung, die ich nie verstanden hatte, und ein Gefühl tiefen Friedens erfüllte mich. Es tat mir gut, dass ich in diesem

Moment spüren konnte, dass der Umzug trotz aller Zufälle, die ihn begleitet hatten, vorherbestimmt war und ich zur rechten Zeit am rechten Ort gelandet war.

In einem Kurs der englischen Medial-Schulung experimentierten wir mit Tischrücken. Wir legten unsere Hände leicht auf einen Tisch und stellten persönliche Fragen. Wir hatten verabredet, dass es ein »Ja« bedeutete, wenn der Tisch sich bewegte. Ich machte mir zu dieser Zeit große Sorgen um einen Freund und fragte, ob ich Vertrauen haben könnte, dass sich alles zum Guten entwickelt. In diesem Moment raste der Tisch durch den Raum, um kurz vor der Wand stehen zu bleiben.

Die Ohs und Ahs und das schallende Lachen der Anwesenden erfüllten den Raum. Sehr oft, wenn ich von Zweifeln geplagt wurde, erinnerte ich mich an das Bild des durch den Raum fliegenden Tisches als Symbol für Vertrauen.

5 Nahtoderfahrungen

Ich habe mich schon immer für den Tod interessiert. Das hing möglicherweise damit zusammen, dass ich mit einem angeborenen Herzfehler auf die Welt kam und im Alter von drei Jahren eine damals noch lebensbedrohliche Operation überstehen musste, um ein normales Leben führen zu können. Ich habe alle Bücher über Nahtoderfahrungen verschlungen, die ich finden konnte.

Außerdem haben mich In besonderer Weise die Wundergeschichten, die mein Vater aus dem Krieg mitbrachte, geprägt. Gegen Ende des Zweiten Weltkrieges wurde mein Vater als Jugendlicher zur Waffen-SS eingezogen. Sein Schicksal war kein Einzelfall, sondern eine kollektive Erfahrung, die männliche Jugendliche seiner Generation teilten.[39] Persönliche schuldhafte Verstrickung und die fiktive Schuld des Überlebens lastete auf seinen Schultern. Zugleich förderten seine Kriegserfahrungen den Glauben an einen

Gott, der Gnade walten ließ, und tiefe Dankbarkeit gegenüber dem Schicksal für seine wundersamen Rettungen.

Als mein Vater mit anderen Soldaten auf einem Panzer saß, der von der Straße abkam und eine Böschung herabstürzte, fühlte er sich von unsichtbaren Vogelschwingen sanft auf den Rand des Abhangs gehoben und blieb unverletzt. Wenn er später davon erzählte, zitierte er gerne Moses 32, 11f.: »Wie ein Adler, der seinen Jungen das Fliegen beibringt, über ihnen schwebt und sie auffängt, seine Schwingen ausbreitet und sie auf seinen Flügeln in die Höhe trägt, so führte der Herr sie.«

Während des Krieges in Russland lebte mein Vater mit seiner Kompanie in einem Haus zusammen mit russischen Soldaten. Die Deutschen bewohnten das Erdgeschoss, die Russen das Obergeschoss. Es bestand eine unausgesprochene Übereinkunft, dass man sich ruhig verhielt und das Ende des Krieges abwartete. Mit den feindlichen russischen Soldaten teilten sie sich die Lebensmittel im Haus, zum Beispiel die geräucherten Würste, die im Kamin hingen. Eines Tages tauchte im Garten eine Tasche auf. Sein Vorgesetzter befahl meinem Vater, die Tasche zu holen. Mein Vater weigerte sich, weil er eine Falle befürchtete. Er hatte Glück, dass sein Vorgesetzter die Sache auf sich beruhen ließ. Einige Tage später pirschte ein anderer Soldat an die Tasche heran und wurde erschossen.

Schließlich geriet mein Vater in russische Gefangenschaft und wurde erneut auf wundersame Weise gerettet. Mehrere russische Offiziere und Ärzte suchten nach SS-Angehörigen unter den Gefangenen. Alle mussten sich in Reihen aufstellen und ihre Arme heben, weil bei den Mitgliedern der Waffen-SS in der Achsel die Blutgruppe eintätowiert worden war. Mehrere Personen übersahen die Tätowierung bei meinem Vater. Er musste zusehen, wie seine Mitgefangenen, die die Blutgruppe in der Achsel trugen, auf der Stelle erschossen wurden, während er wieder unverhofft überlebte. Bei Kriegsende war mein Vater achtzehn Jahre alt und entschloss sich, Pfarrer zu werden. Sicher hat auch das in seiner Generation weit verbreitete Schuldgefühl der Überlebenden zu seiner Berufswahl beigetragen. Er arbeitete die längste Zeit seines Berufslebens als Gefängnispfarrer.

Mein Vater hat das, was seine Kriegserfahrungen von Angst, Schuld und spektakulärer Rettung auslösten, Bekehrung genannt. Für mich gibt es viele Parallelen zum Aufwachen, wie ich es verstehe. Nahtoderfahrungen und existenzielle Bedrohungen initiieren oft das innere Erwachen. Dann begegnet man dem Göttlichen, in welcher Gestalt auch immer es sich zeigt. Die Erzählungen meines Vaters haben auch mein Bewusstsein dafür geprägt, dass im Leben eine höhere Macht wirkt.

Eine Nahtoderfahrung ist oft der Grund, dass überhaupt ein spiritueller Weg eingeschlagen wird. Dabei muss es sich nicht immer um äußerst dramatische Ereignisse wie eine Überdosis Drogen oder einen lebensbedrohlichen Unfall handeln. Wenn Menschen einen Terroranschlag oder Amoklauf aus nächster Nähe erleben, kann das ihre Perspektive auf das Leben verändern. Eine Krebsdiagnose kann auf die Persönlichkeit eine stark transformierende Wirkung haben, selbst wenn der Betroffene schnell wieder geheilt entlassen wird. Auch die Pflege sterbender Angehöriger erweitert den Horizont.

~ Dreamwalk

Als ich die »Foundation for Shamanic Studies« kennengelernte, habe ich sofort den Wochenendkurs »Tod und Sterben aus schamanischer Sicht« belegt.[40] In dem Kurs haben wir auf angeleiteten inneren Reisen den Weg erkundet, den die Seele nach dem Tod geht. Bei den nordamerikanischen Ureinwohnern wird diese Praxis »Dreamwalk« genannt.

Für mich gestaltete sich der Workshop als die Imagination oder sogar das Erleben einer Nahtoderfahrung. Dadurch hat sich meine Angst vor dem Tod vollkommen aufgelöst.[41] In dem

Seminar fand ich mich in einem lichtvollen Raum eingehüllt von göttlicher Liebe wieder, den ich nicht mehr verlassen wollte. Ich fühlte mich dort so wohl, dass ich nicht wieder auf die Erde zurückgehen wollte. Meine Urgroßmutter, die ich nur von Fotografien kannte, tauchte dann plötzlich auf und befahl mir, in den Körper zurückzukehren. Etwas unsanft landete ich wieder im Seminarraum. Nach dem Kurs brauchte ich mehrere Wochen, um mich erneut in meinem Leben zurecht zu finden.

Später habe ich an einem von Geoffrey Hoppe gechannelten Dreamwalk[42] teilgenommen, der mich auch sehr inspiriert hat. Während ich bequem im Sessel saß und mich von den gechannelten Worten führen ließ, konnte ich innerlich denselben Weg der Seele in die Gefilde des Todes gehen, wie ich ihn schon bei meinem ersten Dreamwalk absolviert hatte. Mit dem gechannelten Dreamwalk eröffneten sich mir ganz ähnliche Erfahrungen wie mit den inneren Reisen. Es gab nur einen Unterschied: meine Urgroßmutter erschien nicht mehr.

Die Entscheidung, ob ich wieder zurückgehen und weiterleben wollte, musste ich jetzt ganz allein treffen. Das hatte den Vorteil, dass ich die absolute Freiheit spüren konnte, ob ich leben oder sterben will. Dadurch weiß ich jetzt, dass die Erde kein Straflager ist, in dem wir gefangen sind.

Es gehört zu den typischen Elementen der Nahtoderfahrung, dass man einer Grenze begegnet, die man nicht überschreiten sollte und hinter der es kein Zurück mehr gibt.[43] Als ich während eines Dreamwalks an der Grenze stand, von der ich nicht mehr in den Körper hätte zurückkehren können und an der ich mich für das Leben entscheiden musste, kam mir ein neuer Kinofilm in den Sinn, den ich noch nicht gesehen hatte. Umgehend trat ich den Rückweg an.

~ Sterbebegleitung

Meine eigenen gezielten und kontrollierten Nahtoderfahrungen durch den Dreamwalk prädestinierten mich dafür, Sterbebegleitung zu machen. In Deutschland ist die Sterbebegleitung in der festen Hand der Kirchen. Wenn Menschen sich der Kirche nicht zugehörig fühlen, haben sie es schwer, jemanden zu finden, der in der Todesstunde eine helfende Hand reichen kann. Ab und zu wurde ich von Bekannten und besonders auch von Menschen, die nur sehr wenig Bezug zur Kirche oder aus verschiedenen Gründen mit ihr gebrochen hatten, an das Sterbebett ihrer Angehörigen gerufen. In diesen Situationen ist mir aufgefallen, dass allein meine Anwesenheit dazu beigetragen hat, dass das Sterben erleichtert wurde. Ich wurde hinzugezogen, wenn die Angehörigen den Eindruck hatten, dass der Sterbende schwer loslassen kann. Meine fehlende Angst vor dem Tod konnte sich dann auf den Sterbenden übertragen.

Helene rief mich in meiner Praxis an und bat mich darum, ihr ein homöopathisches Akutmittel zu verordnen. Sie war an einer fulminant verlaufenden Form der Multiplen Sklerose erkrankt und konnte ihr Bett nicht mehr verlassen. Sie wurde von Ärzten und einer Psychologin betreut, bat mich aber um ein Mittel, das ihre starken und schmerzhaften Krämpfe lindern könnte. Ich besuchte sie in ihrer Wohnung und empfahl ihr das Mittel Magnesium phosphoricum, das tatsächlich eine gute Wirkung zeigte. Als ich an ihrem Bett saß, merkte ich aber, dass es eigentlich um etwas ganz anderes ging. Sie sagte mir, dass sie sich sicher sei, dass sie bald sterben werde. Auch in diesem Fall konnte ich einfach dadurch helfen, dass ich ihre Wahrheit akzeptierte und Furchtlosigkeit vor dem Tod ausstrahlte. Im Gespräch zeigte sich, dass es in ihrem Umfeld keine andere Person gab, mit der sie darüber sprechen konnte. Alle anderen Menschen, die sie behandelten, pflegten und liebten, versuchten es ihr sofort auszureden, wenn sie von ihrem nahenden Ende sprach.

Sie konnten es nicht akzeptieren, dass diese junge, kluge Frau so plötzlich sterben sollte, während sie gerade dabei war, zu einer herausragenden akademischen Karriere durchzustarten. Mich hat ihr Schicksal sehr berührt und ich spürte, dass ich ihr am besten helfen konnte, indem ich ihr Raum gab, über ihre Angst und Trauer im Angesicht des Todes zu sprechen. Als ich wenige Tage später anrief, um mich nach ihrem Befinden zu erkundigen, erfuhr ich, dass sie gestorben war.

~ Frühere Leben

Ich hatte nicht das Glück, einem lebenden erleuchteten Meister zu begegnen. In Saint Germain habe ich aber einen engagierten und mitfühlenden geistigen Lehrer gefunden, der mich und einige sporadisch oder regelmäßig anwesende Teilnehmer in der »Diamantschule«, wie er es genannt hat, unterrichtete. Die uns in der Diamantschule vermittelten Inhalte haben wir mit der Zeit so verinnerlicht, dass sie uns in Fleisch und Blut übergegangen sind. Wir haben sie verkörpert.

Ein Thema, das immer wieder aufgetaucht ist, war die Begegnung mit dem Tod. Saint Germain präsentierte uns regelmäßig tiefgreifende Informationen über Leben und Tod und Inkarnation und Exkarnation der Seelen auf der Erde.[44]

Ich weiß seitdem mit absoluter Gewissheit, dass der Blick hinter den Horizont des irdischen Lebens für jeden erwachten Menschen im Aufstiegsprozess von großer Bedeutung ist.

In der Diamantschule wurde von Saint Germain in aller Klarheit davon gesprochen, dass wir nicht nur in einem, sondern in mehreren Leben inkarnieren. Dieselbe Botschaft prägte die Channel des Crimson Circle[45] und die Kryon-Channel von Lee Carroll,[46] die ich regelmäßig rezipierte. Aber erst durch meine eigenen Erfahrungen und Einsichten ist mit der Zeit der Glaube an frühere Leben für mich zur unverrückbaren Wahrheit geworden.

Wenn ich meine Vorhaben nicht umsetzen oder meine Träume nicht realisieren konnte und vor scheinbar unüberwindbaren Mauern stand, bin ich manchmal mitten in der Nacht aufgewacht und ein Film lief vor meinem inneren Auge ab. Ich hatte nichts anderes zu tun, als die Einsichten über meinen Seelenweg zu empfangen und meine Seelenaspekte aus vergangenen Leben mit offenen Armen zu begrüßen. So bin ich einem 13-jährigen Mädchen begegnet, das im Holocaust umgebracht wurde. Natürlich wirkt es befremdlich, wenn eine Deutsche und Tochter eines SS-Mannes herumläuft und verkündet, dass sie in einem früheren Leben als Jüdin vergast wurde. Aber ich beziehe mich hier auf ein früheres Leben und es ist eine Glaubensfrage, ob man sich das vorstellen kann. Die Eingebungen zu dem jüdischen Mädchen haben aber wesentlich dazu beigetragen, mich selbst besser zu verstehen, nach dem Motto, das Laotse zugeschrieben wird: »Andere erkennen ist weise. Sich selbst erkennen ist Erleuchtung.« Auf einmal konnte ich nachvollziehen, warum ich mit dreizehn Jahren eine äußerst depressive Phase durchlebte, für die mir die Pubertät als Erklärung nie gereicht hatte. Ich konnte verstehen, warum ich immer große Angst gehabt hatte, von meiner Familie getrennt zu werden, und mich schwergetan hatte, von zu Hause auszuziehen, um zu studieren. Nachdem ich es in einem schrecklichen Traum nacherlebt hatte, wie sich das tödliche Gas in der Kehle anfühlte, konnte ich begreifen, warum ich beim geringsten Halskratzen in Panik geriet und zu ersticken glaubte. Ich war mir sicher, dass ich im Lager eine Typhuserkrankung durchlebt hatte und führte meine wahnsinnige Angst vor Durchfällen darauf zurück. Als ich mich fragte, warum Hunde mir schon immer den Atem stocken ließen, erschienen vor meinem inneren Auge im Lager patrouillierende Wachposten, die Schäferhunde an der Leine führten. Mein eigenes Mitgefühl, das ich diesem jungen Mädchen entgegenbrachte, heilte diesen Seelenaspekt.

Wenn ich Angst vor dem nächsten Lebensabschnitt hatte und spürte, dass ich gar nicht so forsch aufs Leben zugehen konnte, wie ich es mir wünschte, ist immer wieder vor meinem inneren Auge ein römischer Feldherr erschienen, der im Triumph in die Stadt Rom einfuhr. Er konnte aber den Jubel über seine Heldentaten nicht recht genießen, weil erschreckende Bilder von blutüberströmten Schlachtfeldern seinen Blick trübten. Dieser innere Krieger musste mir einige Male gegenüberstehen, bevor ich ihn wirklich annehmen konnte.

Als ich gerade begonnen hatte, mich mit spirituellen Themen zu beschäftigen, nahm ich an einer Studienreise nach Israel teil. Wir besuchten Stätten am See Genezareth, an denen Jesus angeblich gewirkt hatte, wie uns der Reiseleiter erklärte. Während unsere Reisegruppe auf einer Wiese am See Genezareth stand und gespannt dem Vortrag des Reiseleiters folgte, wurde mir plötzlich schwindelig. Ehe ich mich versah, rutschte ich in eine andere Zeitdimension und fand mich plötzlich in einer Gruppe wieder, die einer Predigt von Jesus lauschte. In den nächsten Tagen tauchten ständig irisierende Wolken und Regenbogen auf, was mich sehr beeindruckte.

Ein ähnliches Erlebnis hatte ich, als wir auf der hawaiianischen Insel Maui zu einer heiligen Stätte wanderten, die uns als wunderschöner Aussichtspunkt empfohlen worden war. Ich stand an einer Steilküste mit weitem Blick über das Meer und vor meinem inneren Auge lief ein Film über ein archaisches Opferritual ab. Zuerst sah ich mich als Priester, der ein Kind über die Klippe ins Meer warf, um es zu opfern. Ich spürte, wie der Priester einerseits aus tiefer Überzeugung handelte, dass das Ritual wirksam und notwendig sei, um seine Gemeinde vor Schicksalsschlägen zu bewahren, andererseits mit seinem Erbarmen für das hilflose Kind kämpfte. Anschließend sah ich mich selbst in einem anderen Leben in der Rolle eines Mädchens, das auf dieselbe Weise geopfert wurde. Ich war so geschockt von dieser lebensechten Konfrontation mit meinen früheren Leben, dass ich mich hinsetzen musste. Meine Freunde reichten mir Wasser, aber es dauerte Jahre, bis ich diese Erlebnisse überhaupt kommunizieren konnte. Den Rollenwechsel in unterschiedlichen aufeinanderfolgenden Leben hatte ich am eigenen Leib erfahren können und er prägte mein Bewusstsein.

Ich habe auch eine dreijährige familiensystemische Ausbildung absolviert und konnte dadurch lernen, dass die meisten Menschen viel stärker von verdrängten Familienthemen in ihrem Denken und Handeln beeinflusst werden, als ihnen bewusst ist. Hinzu kommt, dass wir häufig früher als unsere eigenen Ahnen gelebt haben. Hier überschneiden sich die Erfahrungen aus vergangenen Leben mit den Ereignissen in der Familie.

Meine Familie war sowohl auf der väterlichen wie auf der mütterlichen Seite durch Schuldthemen aus der Zeit des Nationalsozialismus geprägt, so dass es allen Mitgliedern schwerfiel, Glück und Wohlstand zu genießen, ohne für alles ständig einen hohen Preis zu zahlen.

Mit der Zeit lernte ich, dass es gar nicht möglich ist, alle blockierenden Seelenaspekte bewusst aufzulösen. Belastende Zellerinnerungen aus früheren Leben, einschränkende Glaubensinhalte aus der Ahnenlinie und die Verletzungen aus der eigenen Kindheit und Jugend würden einen lebenslang beschäftigen. Andererseits werden auf dem Weg des inneren Aufstiegs entscheidende Lebensthemen und Aspekte aus früheren Leben sowieso in Leichtigkeit integriert.

Das Unbewusste öffnet sich spätestens durch die heilsame Kraft der Kundalini. Du brauchst nichts anderes zu tun, als deine Seelenerfahrungen in Liebe anzunehmen.

~ Kommunikation mit Verstorbenen

Dass viele Menschen mit Freunden und Verwandten auch nach deren Tod ganz selbstverständlich kommunizieren, spiegelt sich inzwischen in vielen Serien und Filmen.

Ein Freund meiner Familie ist im Alter von fünfzig Jahren urplötzlich verstorben, wahrscheinlich an einem Herzstillstand. Er war ein sportlicher und gesunder Mann und es gab keinerlei Anzeichen für irgendwelche körperlichen Probleme. Daher waren seine Angehörigen sehr geschockt und verzweifelt über seinen plötzlichen Tod. Wie das Leben manchmal so spielt, hatte ich keinen regelmäßigen Kontakt mehr zu ihm, bevor er starb. Wir hatten uns zum letzten Mal auf meiner Geburtstagsparty gesehen. Seine Familie hatte mir ein Paar goldene Glitzerohrringe in Sternform zum Geburtstag geschenkt, die mir so gut gefielen, dass ich sie fast jeden Tag trug.

Als mein Freund starb, ging ich gerade von der Straßenbahnhaltestelle zur Heilpraktiker-Schule, an der ich damals unterrichtete. Während ich gedankenverloren meines Weges ging, traf mich plötzlich ein starker Windhauch. Ich rätselte noch, was dieser wie aus dem Nichts aufkommende Wind an so einem sonnigen Tag zu bedeuten hatte, und rieb mein linkes Ohr, das vom Luftzug gestreift worden war. Da musste ich feststellen, dass der linke Ohrring fehlte. Weil ich die Ohrringe so liebte, suchte ich den Bürgersteig gründlich ab, konnte aber zu meinem Bedauern nichts finden. Auf dem Rückweg vom Unterricht suchte ich noch einmal, aber der Ohrring blieb verschwunden. Später erfuhr ich, dass mein Freund zu der Zeit verstarb, als ich meinen Ohrring verlor.

Dieses Erlebnis hat mich tiefgreifend erschüttert. Ich litt auch darunter, dass einige Bekannte mir ganz klar zu verstehen gaben, dass sie von diesem »Spuk« nichts hören wollten. Umso mehr bedeutete es mir, dass ich auch eine Freundin traf, die sich schon öfter in Indien aufgehalten hatte und mir erzählte, dass man in Indien glaubt, dass Verstorbene Gegenstände einsammeln, bevor sie gehen. Mir fiel es anschließend jedenfalls leichter, den unvorhergesehenen Tod meines Freundes anzunehmen und zu verarbeiten. Er hatte sich von mir verabschiedet.

Kurz nachdem mein Vater gestorben war, hat er mich eines Nachts geweckt und mir gesagt, dass er mich in einen Bereich führen will, den alle Seelen nach dem Tod betreten und den ich auf meinem Dreamwalk noch nicht kennengelernt hatte. Er führte mich in den Raum der Allumfassenden Liebe, in dem ich mein ganzes Leben mit allen schönen und schwierigen Erfahrungen aus der Perspektive der Liebe sehen konnte. Zu dieser Zeit wurde der Raum der Allumfassenden Liebe auch als Kursinhalt der Diamantschule installiert und fand Eingang in meine Bücher.[47]

6 Herausforderung der Todesnähe

Nahtoderfahrungen können eine spirituelle Herausforderung auslösen, vor allem, weil sie in unserer Kultur meistens unbeabsichtigt und unvorhergesehen ins Leben einbrechen. Dabei kann die schlichte Begegnung mit dem Tod eine Erfahrung sein, die fundamental verunsichert und schwer zu bewältigen ist.

~ Sehnsucht nach Zuhause

Während meines ersten Dreamwalks bei der »Foundation for Shamanic Studies«[48] gab es einen bezeichnenden Vorfall. Bevor unsere erste innere Reise in die Gefilde des Todes startete, brach eine Teilnehmerin plötzlich in lautes Weinen aus.

Als der Kursleiter sie fragte, was sie bewegte, brachte sie unter Tränen stotternd hervor, dass sie auf einmal gespürt habe, dass sie nicht mehr leben wolle. Sie hatte Angst, sie würde von der Reise nicht mehr zurückkehren. Der Kursleiter fand für sie eine gute Lösung, indem er sie aufforderte, mit ihm zusammen während unserer Reisen zu trommeln. Ich bin sicher, dass die Teilnehmerin nicht nur ihren eigenen Lebensüberdruss, sondern auch die zwiespältige Haltung zum Leben von anderen Teilnehmern der Gruppe, inklusive mir selbst, zum Ausdruck brachte. Viele Menschen erleben es als sehr entlastend, wenn sie einmal Gefühle von Sinnlosigkeit, innerer Leere und Weltschmerz spüren und ausdrücken können. Die Teilnahme am Dreamwalk hat mich in der Annahme der Sehnsucht nach Zuhause unterstützt.

In der Diamantschule habe ich auch immer wieder mit Saint Germain live gechannelte Kurse angeboten, in denen sich die Teilnehmer intensiv mit dem Tod auseinandersetzen konnten. Vor den Veranstaltungen hat Saint Germain mit mir eine Vereinbarung getroffen, dass in dem Kurs niemand sterben wird. Wenn eine Seele ihr Leben verlassen möchte, dann wird sie das an einem anderen Ort und zu einem anderen Zeitpunkt tun, damit ich nicht in Schwierigkeiten gerate. Dass diese Vereinbarung Gültigkeit hatte, konnte ich auf dramatische Weise erfahren.

Als sich die Teilnehmer eines von mir live gechannelten Kurses zum Thema Tod nach der Mittagspause gerade wieder im Raum versammelten, fing eine Teilnehmerin plötzlich laut an zu schreien und warf sich auf den Boden. Sie hörte nicht auf zu brüllen, während die anderen Anwesenden im Raum erstarrten. Manche rannten auch fluchtartig hinaus.

Ich leitete den Kurs zusammen mit meiner Partnerin, die mich beim Channeln unterstützte. Wir knieten neben der schreienden Teilnehmerin am Boden und versuchten sie zu beruhigen. Meine Partnerin hatte dann dieselben Wahrnehmungen wie ich, während wir am Boden knieten. Allerdings konnten wir uns darüber erst einige Tage später austauschen, nachdem wir den Schock einigermaßen überwunden hatten.

Wir sahen beide, wie die Seele der Teilnehmerin ihren Körper verließ und wie ein Lichtball zur Decke schwebte. Automatisch wusste ich, dass sie jetzt gehen würde. Im gleichen Moment sah ich einen inneren Film, was passieren würde, wenn sie jetzt stirbt. Ich sah die Sanitäter, die versuchten, sie wiederzubeleben, um ihren Körper schließlich in einem Leichenwagen abzutransportieren. Ich sah die weinenden, geschockten und ratlosen Seminarteilnehmer und Nachbarn. Ich sah mich im Verhör der Kriminalpolizei, die mich nach den Todesumständen befragte. Plötzlich stiegen die Worte »Hier nicht!« in mir auf. Ich entschied mich mit äußerster innerer Klarheit, dass dieses

Drama nicht zu dieser Zeit in diesem Raum stattfinden sollte. Meine Partnerin traf im selben Moment dieselbe tiefe innere Entscheidung, wie sie mir später berichtete. Ich sah dann, wie die Seele der Teilnehmerin wieder in ihren Körper eintrat. Sie hörte auf zu schreien, beruhigte sich, setzte sich auf ihren Platz und ließ sich von uns eine Tasse Tee servieren. Im Laufe des Kurses konnte sie auch über die schwierige Lebenssituation, in der sie sich gerade befand, sprechen.

Auch in der einseitigen Konzentration auf frühere Leben kann sich eine unstillbare Sehnsucht nach Zuhause ausdrücken und sie kann in einer persönlichen Krise münden. Wenn Menschen sich mit Reinkarnationstherapie beschäftigen, kann es passieren, dass sie aus dem Grübeln über mögliche Blockaden aus vergangenen Inkarnationen oder ihrer Ahnenlinie gar nicht herauskommen. Sie verlieren die Anbindung an die Realität und können sich vollständig in der Vergangenheit verlieren, so dass ihnen die Energie fehlt, ihr Leben schöpferisch zu gestalten.

Horizonterweiternde Erfahrungen müssen integriert und ein klarer **Fokus auf die Gegenwart** gesetzt werden.

~ Neue Prioritäten

Eine Nahtoderfahrung, egal ob sie ins Leben einbricht oder bewusst angestrebt wird, konfrontiert einen mit der eigenen Sehnsucht nach Zuhause. Es bleibt einem gar nichts anderes übrig, als sich bewusst für das Leben zu entscheiden. Besonders wenn die Nahtoderfahrung mit beglückenden Erfahrungen verbunden war, verblasst dageen das alltägliche Leben. Es fällt schwer, wieder im Hier und Jetzt anzukommen und irdische Anforderungen zu würdigen. Wie in einem Vergrößerungsglas kann man alles erkennen, was einem das Leben vergällt. Man muss sich auf das konzentrieren, was einem das Leben lebenswert macht.

Wenn man an den Tod erinnert wird, eine Erfahrung des »Memento mori« durchlebt, führt es oft dazu, dass in der Lebensführung neue Prioritäten gesetzt werden. Plötzlich scheint es nicht mehr möglich zu sein, einschränkende Kompromisse aufrecht zu erhalten. Man muss sich der neuen Perspektive auf das eigene Leben stellen.[49] Oft wird es als belastend erlebt, eine Nahtoderfahrung zu verarbeiten. Die grenzüberschreitenden Erlebnisse und neu gewonnenen Einsichten wollen ins persönliche Weltbild und ins Alltagsleben integriert werden.

Nicht zuletzt kann eine Nahtoderfahrung Beziehungskrisen auslösen, weil die damit verbundenen Erfahrungen und Gefühle nahestehenden Personen schwer vermittelt werden können. Wenn dann der nervenzehrende Job oder die wenig erfüllende Beziehung in Frage gestellt werden, muss man sich zusätzlich zu den inneren Konflikten noch mit kritischen Kommentaren des persönlichen Umfeldes auseinandersetzen. Es kommt nicht selten vor, dass Angehörige und Freunde einen für verrückt erklären und sich abwenden. Es wäre wünschenswert, dass sich im allgemeinen Bewusstsein das Wissen über die Folgen von Nahtoderfahrungen erweitert, so dass Betroffene mit weniger Unverständnis zu kämpfen haben. Letztlich kann der unvoreingenommene und **offene Austausch** nur allen Beteiligten dienen.

~ Glaubenskonflikte

Wenn man eine Nahtoderfahrung durchlebt oder ein Angehöriger stirbt, wird man mit seinen eigenen Vorstellungen zum Thema Tod konfrontiert. Neue Einsichten zu diesem sensiblen Thema können im Kontakt mit Freunden oder Verwandten Glaubenskonflikte erzeugen, vor allem wenn gängige Denkmuster in Frage gestellt werden.

Wenn ein nahestehender Mensch plötzlich aus dem Leben gerissen wird, handelt es sich auch immer um eine Herausforderung der Todesnähe. Neben den intensiven emotionalen Schmerzen, die man bewältigen muss, tauchen automatisch Fragen auf, wo sich die Seele des Verstorbenen jetzt aufhält, wie es ihr wohl geht und wie das Leben nach dem Tod aussieht. Zum Glück ist die Kommunikation mit Verstorbenen inzwischen mehr akzeptiert, denn es kann die zurückgebliebenen Angehörigen trösten und bereichern, wenn sie Kontakt mit ihren Lieben annehmen.

In unserem christlich geprägten Umfeld wirkt es immer noch ketzerisch, wenn man von der Idee fasziniert ist, dass es frühere Leben gibt. Wenn du dieses Thema offen ansprichst, sind Auseinandersetzungen mit Bekannten und Freunden in vielen Fällen schon vorprogrammiert. Auf mich wirkt die Vorstellung allerdings sehr befreiend, dass das aktuelle Leben mit seinen so ungleich verteilten Voraussetzungen und Chancen nicht die einzige Möglichkeit ist, auf der Erde Erfahrungen zu sammeln. Wie in vielen anderen Bereichen des Lebens ist hier Toleranz und **Respekt** gegenüber den religiösen Überzeugungen der Mitmenschen gefragt.

~ Perspektive

Ich konnte mich selbst als alte weise Seele erfahren. Die Visionen über meine früheren Leben haben entscheidend dazu beigetragen, mich selbst besser zu verstehen. Außerdem hatte ich das Glück, in Momenten der Erleuchtung manchmal Einblicke in den Seelenweg von Personen, die ich gut kannte, zu gewinnen. Während ich vor der Person stand, lief plötzlich vor meinem inneren Auge ein Film ab, wer diese Person einmal gewesen war. Danach blieb mir nichts anderes übrig, als mich in Ehrfurcht vor dem Erfahrungsschatz meines Gegenübers zu verneigen. Nachdem ich sie als ägyptische Priesterin, Pharao, Königin, aber auch als Dienstmagd, Bergmann und Hirten und vieles mehr gesehen hatte, verstand ich auf einmal, warum die ältere Dame, die als Sachbearbeiterin gearbeitet und ein relativ normales Leben geführt hatte, so viel Lebensweisheit ausstrahlte.

Aufgrund meiner eigenen bewussten und gezielten Nahtoderfahrungen konnte meine Anwesenheit am Sterbebett von Klienten und Verwandten heilsam wirken. Die Sterbebegleitung hat mich selbst außerordentlich bereichert. Die meisten Sterbenden tragen kurz vor dem Übergang eine gehörige Portion lichtvoller Energie in ihrem Körper, so dass der Aufenthalt am Sterbebett immer auch für die Angehörigen eine heilsame Erfahrung ist, die sie nicht missen sollten.

Ab und zu aus dem Blickwinkel der eigenen Endlichkeit auf sein Leben zu schauen dient dem persönlichen Wachstum in einzigartiger Weise.

Viele Menschen denken ja gar nicht darüber nach, ob sie lieber leben oder sterben wollen. Aber mit zunehmender Bewusstseinserweiterung und Erleuchtung wird man sich automatisch diesem Thema stellen müssen. Die geistige Freiheit des Erleuchteten fordert von Zeit zu Zeit eine klare und bedingungslose Entscheidung für das Leben.

Im Zusammenhang mit der Kundalini-Erweckung erleben viele Betroffene Nahtoderfahrungen. Sie berichten davon, während einer starken Kundalini-Aktivität das Gefühl gehabt zu haben, dass sie jetzt sterben. Während dieses Erlebnisses mussten sie dann ihre persönliche Seelenentscheidung für das Weiterleben treffen. Oft wird die Kundalini-Erweckung auch während einer Nahtoderfahrung ausgelöst, zum Beispiel bei einem Unfall. Mit Sicherheit gehört die Begegnung mit dem Tod zum inneren Aufstieg und zur Realisation. Der Aufgestiegene Meister lebt mehrere Leben in einem Leben.

7 Machtspiele

Im Aufstiegsprozess wird die menschliche Identität dekonstruiert. Das menschliche Ich befreit sich von den Prägungen der persönlichen Sozialisation und von kollektiven Überlagerungen. Hilfreich ist dabei »eine einfühlsame Unterscheidung zwischen dem, was die Essenz eines Menschen ausmacht und dem Unrat, der den Unfällen der Erziehung entstammt.«[50] Die amerikanische Psychotherapeutin Bonnie Greenwell weist darauf hin, dass das menschliche Ich nicht erleuchtet werden kann, weil es nur eine Fassade ist.[51] Die Fassade wurde durch familiäre Ansprüche und gesellschaftliche Konventionen geformt.

Sie spiegelt den Zeitgeist wider. Wenn die Fassade zusammenstürzt, dann kann das wahre Selbst erscheinen, frei von einschränkenden Glaubenssystemen und Handlungsmustern.

Zum Aufstiegsprozess gehören Bewusstseinserweiterung und Herzöffnung. Durch die Herzöffnung expandieren sowohl Selbstliebe wie Empathie. Mit wachsender Selbstliebe und Empathie werden erwachte Menschen der gängigen gesellschaftlichen Machtspiele überdrüssig. Manche Menschen kommen sogar schon mit einer besonders friedlichen Haltung auf die Welt.

~ Täter und Opfer

Saint Germain hat uns in der Diamantschule gezeigt, dass wir im Spiel des Lebens immer die Rollen von Täter oder Opfer annehmen. Indem wir uns gegenseitig als Täter oder Opfer begegnen, halten wir die Dramen des Lebens am Laufen. Ohne jemals das Wort Opfer in den Mund zu nehmen, gehen manche Menschen vollständig in ihrem Opferstatus auf. Sie fühlen sich ständig zu kurz gekommen, ausgebeutet und geschädigt. Es ist nicht unwahrscheinlich, dass diejenigen, die in der beruflichen Hierarchie auf den untersten Stufen stehen, auf der anderen Seite versuchen, zum Beispiel in der Familie zu dominieren. Viele Menschen leben sowohl Opfer- wie Täter-Aspekte aus, indem sie nach oben buckeln und nach unten treten. Das menschliche Zusammenleben ist geprägt von Machtkämpfen. Dabei fällt es leichter, den Opferstatus vor sich herzutragen und um Mitleid zu buhlen, als sich als Täter zu bekennen. Zuzugeben, dass man absichtsvoll moralische Grenzen überschritten und

Schuld auf sich geladen hat, braucht einigen Mut. Oder eine bereits verfestigte negative Identität, wie sie zum Beispiel in verbrecherischen Clans gepflegt wird.

Du darfst dir bewusst machen, dass jeder, der seinen Opferstatus zelebrieren möchte, einen Täter braucht. Dadurch wird in Beziehungen manchmal ein unausweichlicher Sog erzeugt, die komplementäre Rolle einzunehmen.

Allein dadurch, dass man das Opfer ignoriert, nicht genügend bemitleidet oder unterstützt, kann man ganz schnell zum Täter mutieren. Durch die Lektüre von James Redfield, zu der mich mein Traum des Erwachens führte, habe ich den energetischen Aspekt der menschlichen Kommunikation kennengelernt. Auch die Channel des Crimson Circle beleuchten den energetischen Missbrauch.[52] Das Opfer wird energetisch ständig ausgelaugt, während der Täter Energie raubt.

Auch im Familiensystem können verdrängte Täter- und Opfer-Szenarien einen starken Sog ausüben. Verhaltensauffälligkeiten eines Familienmitglieds haben dann vor allem eine Funktion im System, weniger für die einzelne Person. Ein Channel kann wie eine Familienaufstellung wirken und ein systemisch bedeutsames Thema aufdecken. Als ich mit Saint Germain an einem Kapitel zum Thema Geld gearbeitet habe, habe ich mich an eine Geschichte aus dem Leben meiner Großmutter erinnert.[53]

Mein Großvater hat als junger Mann einige Jahre in Mailand gearbeitet und dort meine Großmutter geheiratet. Sie war eine gläubige Katholikin, die ständig hellsichtige Eingebungen und Träume hatte. Eines Nachts träumte sie, dass ihr bereits verstorbener Bruder sie kontaktiert, um ihr die Lottozahlen mitzuteilen. Sie ist nach dem Traum aufgewacht und konnte die Zahlen notieren. Am nächsten Tag hat sie einen Lottoschein ausgefüllt und meinem Großvater von ihrem Traum erzählt. Sie hat meinem Großvater den Lottoschein mitgegeben, damit er ihn auf dem Weg zur Arbeit einreicht. Am Abend saß die Familie vor dem

Fernseher und es zeigte sich, dass exakt die Lottozahlen gezogen wurden, die meiner Großmutter von ihrem verstorbenen Bruder übermittelt worden waren. Bevor alle jedoch richtig in Jubel ausbrechen konnten, stellte sich heraus, dass mein Großvater den Schein gar nicht abgegeben hatte.

Mir ist bewusst geworden, dass diese Geschichte eine außerordentliche Bedeutung für meine mediale Arbeit hatte. Ich stamme von meiner Großmutter ab, die ein außerordentlich begabtes Medium war, sich aber in der Familie nicht den ihr gebührenden Respekt verschaffen konnte. Genauso stamme ich von meinem Großvater ab, der ihre Hellsichtigkeit ignorierte. Mein Großvater konnte das Geschenk eines großen Lottogewinns nicht annehmen, weil er den seherischen Fähigkeiten meiner Großmutter nicht die gebührende Anerkennung gab. Ich lernte mit der Zeit meine medialen Talente schätzen und lieben, weil ich damit viel Gutes tun konnte. Letztlich konnte ich mir nur selbst die Anerkennung geben, die ich verdiente, denn es gibt ja nicht viele Menschen, die sich in diese Tätigkeit hineinversetzen können.

~ Schuld und Angst

Saint Germain hat uns darauf hingewiesen, dass das Opfer in Angst lebt, während der Täter Schuld empfindet. Beide Gefühle, Angst und Schuld, werden natürlich so gut wie möglich verdrängt.[54] Sonst könnte man den Status quo nicht aufrechterhalten. Sich schuldig zu fühlen ist in unserer Kultur ein noch größeres Tabu als zu bekennen, dass man Angst hat. Daher wird auch das Wort Schuld nicht gerne benutzt, sondern durch Scham oder Reue ersetzt. Der einzelne Mensch findet aber oft erst Erleichterung, wenn er sich bewusst macht, dass er wegen vergangener Taten Schuld empfindet, die ihn belastet.

Angst und Schuld halten die Machtspiele am Laufen. Daher solltest du dich mit diesen Gefühlen auseinandersetzen. Schuld als allgemeinmenschliches Thema spielt für diejenigen eine größere Rolle, die von ihrer Persönlichkeit oder ihrem antrainierten Kommunikationsverhalten eher egozentrisch, bestimmend oder sogar aggressiv reagieren. Wenn dominantes Verhalten zum eigenen Repertoire gehört, wird es im Laufe des Aufstiegsprozesses und spätestens durch die Kundalini mit expandierender Empathie in die Schranken verwiesen.

Schuld ist im Prozess des inneren Aufstiegs ein viel größeres Thema als viele denken. Gefühle von Scham und Schuld tauchen automatisch auf, wenn du dich in den alltäglichen Machtspielen auf die Gewinnerseite stellst, während andere einen Nachteil erleiden. Wenn sich das menschliche Ich – auch unbewusst – mit Schuld identifiziert, wird das Erscheinen des wahren Selbst blockiert. Du kannst Freude, Glück, Wohlstand und Erleuchtung nicht annehmen, wenn du dir selbst vorwirfst, es nicht zu verdienen.

8 Herausforderung der Macht

~ Sog der Machtspiele

Die spirituelle Herausforderung besteht nun darin, dass es im Alltag schwerfällt, Machtspiele zu vermeiden und eine friedliche und liebevolle Kommunikation aufrechtzuerhalten. Täter- und Opfer-Szenarien üben so einen starken Sog aus, dass selbst Menschen mit den besten Absichten ständig in dieses allgemeinmenschliche Spiel hereingezogen werden. Das kann dazu führen, dass erwachte Menschen dazu neigen, sich vollkommen aus der Welt zurückzuziehen.

Um in der Welt wirken zu können, darfst du deine Ängste zunächst einmal begrüßen. Sie zeigen dir, wo du dich zum Opfer machst. Was die Angst angeht, haben gezielt und bewusst durchlebte Nahtoderfahrungen im Dreamwalk eine lebensverändernde

Wirkung. Du kannst Angst überwinden, indem du dir vergegenwärtigst, dass sie immer auf die größte Angst, die Angst vor dem Tod hinweist. Wenn man die Angst vor dem Tod hinter sich gelassen hat, fallen alle anderen Ängste mit einem Domino-Effekt in sich zusammen. Eine bewusste **Auseinandersetzung mit dem Tod** kann dich von deinen Ängsten befreien.

Im Laufe der Integration des menschlichen Ichs werden auch schuldhafte Verfehlungen wieder erinnert. Schuldgefühle erscheinen genauso wie Verletzungen und Opfererfahrungen erneut im Gedächtnis, um bearbeitet und letztlich losgelassen zu werden.[55] Du darfst der Schuld wie allen anderen **Gefühlen Raum geben**, wenn du im Prozess des spirituellen Aufstiegs deinen eigenen Täter- und Opfer-Aspekten begegnest. Du brauchst auch nicht davor zurückzuschrecken, therapeutische Unterstützung in Anspruch zu nehmen, um dich von deiner Vergangenheit zu befreien. Es dient deinem Seelenheil, wenn du **Verantwortung** für die Folgen deiner Taten übernimmst. Verdrängte Reue und Schuld binden genauso viel Energie wie verdrängte Traumata.

Schuld und Angst kannst du loslassen, wie Saint Germain uns vermittelt hat, indem du immer wieder eine **innere Entscheidung** triffst und zu dir selbst sagst: »Ich bin weder Täter noch Opfer.« Dieser Satz ist besonders hilfreich, wenn du in der zwischenmenschlichen Kommunikation spürst, wie sich der Sog in die eine oder andere Richtung aufbaut. Mit diesem Satz kannst du dich aus den reaktiven Mustern der Kommunikation verabschieden, wenn das Gegenüber seine Macht ausspielt oder dir seinen Opferstatus anlasten will. Er eröffnet kreative Lösungen, um trotz der vielfältigen Machtspiele im Einklang mit der Welt zu leben.

Oft habe ich erlebt, dass dann, wenn ich diesen Satz innerlich ausgesprochen habe, ein konfliktreiches Gespräch plötzlich unterbrochen wurde, zum Beispiel weil ein Handy klingelte.

Saint Germain hat uns noch ein sehr wirkungsvolles Werkzeug zur Integration von Täter- und Opfer-Aspekten, auch aus der eigenen Vergangenheit, geschenkt: den **Segen**. Mit dem Segen kann man seine persönlichen Täter- und Opfer-Szenarien annehmen und verabschieden.[56]

Zu einer Zeit, als ich gerade intensiv über die existenzielle Bedeutung der Anerkennung von Schuld für die seelische Heilung nachgedacht habe, stand ich eines Tages an einer Bushaltestelle und wartete auf den Bus. Ich war in meine Gedanken versunken und bemerkte die beiden Frauen zunächst nicht, die auf einmal an der Haltestelle neben mir standen. Aber ihr Gespräch weckte meine Aufmerksamkeit. Sie tauschten sich darüber aus, dass es eigentlich gar keine Schuld gibt. Wenn man das ganze Bild anschaut und alle Beweggründe und Bedingungen zur Kenntnis nimmt, dann löst sich die Vorstellung von Schuld auf. Ich kann die Worte der beiden Frauen an dieser Stelle leider nicht wörtlich wiedergeben, aber sie waren so einleuchtend und überzeugend, dass es auf einmal in kristalliner **Klarheit** vor mir stand: Es gibt keine Schuld. Der Bus kam und ich stieg ein. Die beiden Frauen waren so plötzlich verschwunden, wie sie erschienen waren. In diesem Moment wurde mir bewusst, dass sie Engel waren. Seit diesem Tag habe ich nie mehr daran gezweifelt, dass Schuld angesichts der göttlichen Liebe nicht existiert.

~ Der Retter

Viele spirituelle Menschen arbeiten in beratenden und heilenden Berufen, wie ich es nach meinem Aufwachen auch getan habe. Sie identifizieren sich weniger mit Tätern oder Opfern als mit dem Retter.[57] Saint Germain hat uns gelehrt, dass der Retter immer wieder ganz automatisch entweder zum Opfer oder zum Täter wird. Er wird zum Opfer seiner guten Absichten, wenn er sich als hilfloser Helfer selbst verschleißt. Oder er überschreitet moralische Grenzen für den guten Zwecke und wird zum Täter. In meinen Channeln wurden wir von Saint Germain immer wieder ermahnt, dass wir niemanden außer uns selbst retten können. Indem wir vorangehen, schaffen wir neue Lebensmöglichkeiten für alle Menschen. Wenn wir uns selbst heilen, heilen wir die Welt.

Ich muss zugeben, dass ich mich immer wieder in Sorgen um kranke oder unglückliche Menschen verstrickt habe, die mir nahestehen. Eines Tages hat eine Frau aus Arizona, die mich nur von meinem Profilbild und sporadischen Mitteilungen in einem Forum des Crimson Circle kannte, mit mir Kontakt aufgenommen. Sie schrieb mir, dass sie eine Botschaft für mich empfangen habe. Die Botschaft bezog sich auf das **Schöpferbewusstsein** und lautete: »You can only create for yourself« – »Du kannst nur für dich selbst erschaffen.« Die Frau, die mir diese Botschaft mitgeteilt hat, wusste nichts darüber, dass ich mir gerade viele Gedanken um andere Menschen machte. Sie folgte einfach ihrer Eingebung. Als ich die Botschaft las, musste ich laut lachen, denn der Satz entsprach wörtlich einer Ermahnung von Saint Germain in einem meiner eigenen Channel. Ich hatte offensichtlich diese Erinnerung gebraucht und habe sie natürlich nie mehr vergessen.

~ Hybris

In spirituellen Gruppen besteht die Tendenz, den eigenen Aufstiegsweg zu überhöhen und sich von »den anderen« oder »der Welt« abzugrenzen. Einerseits solltest du deine persönlichen mystischen Erfahrungen gebührend wertschätzen, andererseits Überheblichkeit und Arroganz vermeiden. Es gibt viele Anlässe, sich aus seinen spirituellen Erfahrungen ein neues Ego zu basteln, besonders wenn man keine anderen Erfolge und Errungenschaften im Leben vorzuweisen hat. Man fühlt sich als etwas Besseres, weil man mehr an sich gearbeitet, mehr Bücher gelesen, mehr Kurse besucht, asketischer gelebt oder sich ein spezielles Geheimwissen eröffnet hat. Man bildet sich etwas darauf ein, mit mehr Wohlstand, Glück und Gesundheit von einer höheren Macht gesegnet zu sein.

Eigentlich geht es im Aufstiegsprozess darum, dass die menschliche Identität oder das Ego zurücktreten und dem wahren Selbst Platz machen. Aber oft entwickelt man zunächst eine spirituelle Identität, die sich vor allem auf menschliche Leistungen stützt und aus der Anerkennung durch andere Menschen nährt. Die spirituelle Identität verbindet sich mit dem menschlichen Streben nach Würdigung, Erfolg und Macht.

Um Geld zu verdienen, führen selbst ernannte Gurus in ihren spirituellen Gruppen eine starre Rangordnung ein, die diejenigen bevorzugt, die am meisten in Kurse, Retreats und Fortbildungen investiert haben. In Ausbildungen zum energetischen Heilen wird leider oft mehr Wert auf eine wie auch immer definierte Leistung gelegt als darauf, Vertrauen in die geistige Welt zu entwickeln. Ausbildungen und Gruppen, in denen die Leiter zu selbstherrlich auftreten, sich selbst überhöhen und keinen Widerspruch zulassen, sind mit dem Wunsch nach spirituellem Wachstum nicht zu vereinbaren. Erst recht solltest du dich von Gurus fernhalten, die andere Menschen demütigen, ausbeuten oder missbrauchen, was womöglich noch mit religiösen Argumenten gerechtfertigt wird.

Auch das spirituelle Ego kann sich in Machtspielen verfangen. Es wähnt sich als Opfer, wenn es sich anderen unterlegen fühlt. Der Opferstatus fördert die ewige Suche nach Heilung und Erlösung, ohne der inneren Weisheit zu vertrauen.

Der Täteraspekt des spirituellen Egos wertet andere wegen ihres beschränkten Glaubens oder ihrer fehlenden Reife ab, verurteilt sie oder beutet sie aus. Allerdings sind Arroganz und Hybris die größten Feinde unseres inneren Wachstums, das Offenheit, Neugierde und Hingabe braucht.

Wenn du dich für bewusstseinserweiternde Einsichten öffnest, löst sich die spirituelle Hybris automatisch auf. Voraussetzung ist, dass du einen klaren **Fokus auf Liebe und Mitgefühl** richtest. Nur wenn du während des Aufstiegsprozesses dein Herz verschließt, bleibst du in einem Überlegenheitsgefühl gegenüber anderen Menschen stecken. Ansonsten gewinnt dein Mitgefühl gegenüber deinem Impuls zu urteilen die Oberhand.

Saint Germain hat mir zur persönlichen Ausbalancierung den Raum der Allumfassenden Liebe geschenkt, den du immer wieder in dir und außerhalb von dir eröffnen kannst.[58] Du brauchst also keine überteuerten Mysterienschulen zu besuchen, um erleuchtet zu werden, sondern kannst dich auf die **Kraft der göttlichen Liebe** verlassen, die deine Seele heilt und dir Frieden schenkt.

~ Perspektive

Als ich durch die Kryon-Channel von Lee Carroll dem »neutralen Implantat«[59] begegnet bin, habe ich es als sehr befreiend empfunden. Aus reiner Absicht habe ich mich für das neutrale Implantat entschieden, ohne damals schon recht zu wissen, was es bedeutet. Im Rückblick wurde mir bewusst, dass dadurch in meinem Leben vieles ins Rollen gebracht wurde. Mit dem neutralen Implantat habe ich karmische Verträge und Verabredungen aufgelöst, um in Freiheit nach vorne gehen zu können.

Dass wir als freie und bewusste Schöpfer unser Leben gestalten und unser wahres Selbst verwirklichen können, hat Saint Germain uns in der Diamantschule hartnäckig erklärt und fühlen lassen. Inzwischen weiß ich, dass man unabhängig vom Ahnenkarma und Erfahrungen aus früheren Leben im Schöpferbewusstsein leben kann – wenn man zunächst die schicksalhafte Kraft des karmischen Spiels des Lebens und seiner Gesetze anerkannt und gewürdigt hat. Als Geschenk des irdischen Lebens kannst du dann die Weisheit empfangen, die die Seele durch ihre Erfahrungen in zahlreichen Inkarnationen auf der Erde konnte.

In meiner familiensystemischen Ausbildung habe ich an unzähligen Aufstellungen teilgenommen und später auch viele Aufstellungen geleitet. Dabei ist immer wieder ein beeindruckendes Lösungsbild aufgetaucht. Nachdem das Leid der Opfer in der

Aufstellung ausreichend gesehen, gehört und gewürdigt worden war, haben sich die Stellvertreter von verstorbenen Tätern und Opfern umarmt. Am Ende der Aufstellung konnte man oft ein sehr friedliches Bild der Einheit von Tätern und Opfern sehen. Der Blick weitet sich, wenn man anerkennt, dass die Täter- und Opfer-Szenarien von den beteiligten Seelen geplant wurden, um den Erfahrungsschatz der Seele auf der Erde zu erweitern.

Wenn du ernsthaft auf dem spirituellen Weg wandelst, kannst du dir sicher sein, dass, wenn dein Ego sich aufbläht und Hybris und Arroganz von dir Besitz ergreifen, das Leben dir automatisch Gelegenheiten präsentiert, um Demut zu üben. Erst wenn du aufhörst, danach zu streben, etwas Besonderes zu sein, kannst du dein einzigartiges wahres Selbst realisieren.

Auch eine Kundalini-Erweckung wird eher deine Bereitschaft zur Demut fördern. Dir bleibt gar nichts anderes übrig, als dich in Demut der großartigen Wirkung der Kundalini auszuliefern. Ich möchte in diesem Zusammenhang von »Passagen-Demut« sprechen. Du musst dich der Passage, der spirituellen Durchgansphase, einfach hingeben und deine Verwandlung geschehen lassen.

Wenn die Kundalini bis zu deinem Herzraum aufgestiegen ist, dann regiert die Kraft der Liebe in deinem Leben. Du kannst es begrüßen, deine Willenskraft mit der Liebe in Einklang zu bringen. Im Schöpferbewusstsein vollzieht sich das Leben als Gratwanderung zwischen Ermächtigung und Ergebenheit.

9 Schöpferbewusstsein

Wenn Menschen aufwachen, kommen sie mit ihrem ewig lebenden Seelenkern in Berührung und entwickeln ein neues Schöpferbewusstsein. Mit der Vorstellung, Schöpfer deines Lebens zu sein und Verantwortung für alles zu übernehmen, was in deinem

Umfeld geschieht, kannst du den Opferstatus überwinden. Wenn du daran glaubst, dass du im Einklang mit der Welt und mit der Kraft deines Herzens dein Leben gestalten kannst, dann verzichtest du automatisch auf Betrug, Gewalt und Ausbeutung zur Durchsetzung deiner Ziele. Mit dem Schöpferbewusstsein überwindest du also zugleich die Verstrickung in Machtspiele und Täter- und Opfer-Szenarien.

In der spirituellen Szene gehen Einweihungen in bewusstseinserweiternde Methoden und mystische Erfahrungen oft Hand in Hand mit psychologischen Schulungen in positivem Denken und Selbstermächtigung. Andererseits finden viele Menschen nur deshalb Zugang zur Spiritualität, weil sie glauben, dass magische Techniken, geistige Helfer und universelle Kräfte sie dabei unterstützen können, ihren Alltag zu optimieren. Wenn du die Erfahrung machst, mit geistigen Übungen dein persönliches Leben gewinnbringend gestalten zu können, dann festigt sich im besten Fall dein Schöpferbewusstsein, im schlimmsten Fall überschätzt das menschliche Ich seine Fähigkeiten und wird enttäuscht.

10 Herausforderung der Manifestation

Leider habe ich unzählige Menschen kennengelernt, die nach persönlichen Erfahrungen des Aufwachens und der spirituellen Öffnung nach einer Zeit euphorischer Aufbruchstimmung wegen ihres weiterhin unbefriedigenden Alltags resignierten. Oder sie konnten mit Methoden des spirituellen Heilens bei sich selbst und anderen Spontanheilungen und wundersame Erlösungen erleben, um dann in anderen Fällen auf scheinbar unerklärliche Weise zu scheitern und daran zu verzweifeln. Obwohl sie vielversprechende Selbstoptimierungs-Ratgeber verschlungen, teure Kurse zur persönlichen Entwicklung absolviert und zahlreiche Methoden der geistigen (Selbst)Heilung studiert haben, können viele erwachte Menschen in ihrem alltäglichen Leben keine Fortschritte verbuchen. Ihnen gelingen weder glückliche Beziehungen noch ein halbwegs zufriedenes Leben. Oft wird ihre Verzweiflung zudem von ihren spirituellen Ausbildern und Gurus genährt, die nicht wollen, dass ihre Methoden in Frage gestellt werden, und sich daher nur auf ihre erfolgreichen Schüler konzentrieren, Lebenskrisen ignorieren oder auf persönliches Versagen zurückführen.[60]

Wenn trotz spiritueller Praxis das eigene Leben ständig scheitert, sind viele dann nicht nur von sich selbst und ihren Lehrern enttäuscht, sondern fühlen sich auch noch von ihren geistigen Helfern, von den Engeln, von Gott oder dem Universum im Stich gelassen. Die Lücke zwischen Anspruch und Wirklichkeit mündet oftmals in einer veritablen spirituellen Krise.

~ Kraft der Gefühle

Viele spirituelle Bücher und Vorträge handeln davon, dass man seine persönliche Realität mit der Kraft der Gedanken und der Intention erschaffen kann. Erst in letzter Zeit wird die Bedeutung der Emotionen für die eigenen schöpferischen Fähigkeiten betont. Wenn du dein Leben im Einklang mit deinen Seelenbedürfnissen gestalten willst, müssen deine Gedanken und Gefühle übereinstimmen. »Ein absichtsvoller Gedanke braucht einen Energiespender, einen Katalysator – und diese Energie ist eine erhebende Emotion.«[61]

Auch unbewusste Absichten und Verhaltensmuster können deine Kraft der Manifestation blockieren. In spirituellen Kreisen tappen leider immer noch viele Menschen in die Falle des positiven Denkens. Sie versuchen harmoniesüchtig, ihre Gedanken zu kontrollieren, und verdrängen Frust, Verzweiflung und Unsicherheit. Dabei können negative Gefühle genauso gut als Katalysator deiner Schöpferkraft dienen. Jeder kennt es, dass sich am tiefsten Punkt der Verzweiflung das Schicksal wendet.

Meine Erfahrung ist, dass gerade der Schöpferprozess davon profitiert, wenn **authentische Gefühle** Raum bekommen. Wenn du von Zeit zu Zeit deinen echten Gefühlen von Schmerz, Traurigkeit, Angst und Sehnsucht nach einem besseren Leben freien Lauf lässt, erhalten all deine schöpferischen Projekte sofort Rückenwind. Dann kannst du feststellen, dass »kein Geisteszustand, kein Gefühl, keine Emotion länger als fünfzehn bis dreißig Sekunden vorhält und dann von einem anderen abgelöst wird«.[62] Wenn du dich von deinen Gefühlen überwältigt fühlst, brauchst du also nur kurz abzuwarten. Außerdem ist es hilfreich, seine Gefühle »durch Imagination zu erforschen oder sie mit Achtsamkeit auszuagieren«.[63]

Ich weiß, dass jeder Mensch der freie und bewusste Schöpfer seines Lebens ist, genauso wie die Kraft der Selbstheilung keine Grenzen kennt. Allerdings trifft auch zu, dass das menschliche Ich normalerweise weder in der Lage ist, frei zu entscheiden, noch sich der ganzen Tragweite seiner Absichten bewusst zu sein. Die Blockaden, die die Schöpferkraft einschränken, ähneln sich in fast allen Fällen. Allerdings müssen sie dennoch persönlich angegangen werden. Innere Konflikte und Familienverstrickungen stehen dabei nach meiner Erfahrung an erster Stelle.

~ Innere Konflikte

Wie viele andere Singles wünscht sich Melanie schon lange einen neuen Partner. Sie praktiziert regelmäßig Rituale zur Wunscherfüllung und vertraut dem Universum, dass es ihr den passenden Partner ins Leben schickt. Dass sie jemanden trifft, zu dem sie sich hingezogen fühlen könnte, wird allerdings von ihrem inneren Konflikt in Bezug auf Partnerschaften im Allgemeinen verhindert. Sie hat schon zu viele Enttäuschungen mit Männern erlebt, so dass ein Teil von ihr grundsätzlich vor einer neuen

Beziehung zurückschreckt. Ohne dass es ihr bewusst ist, streiten in ihrem Inneren die enttäuschte und resignierte Frau und ein mutiger und experimentierfreudiger Anteil. Die unglückliche Frau, die glaubt, sie könne weiteren Verletzungen nur dadurch entgehen, dass sie intime Beziehungen vermeidet, gewinnt den inneren Kampf solange, wie Melanie Single bleibt.

Der innere Konflikt kann sich für Melanie wie für viele andere Menschen in einer ähnlichen Situation nur dann auflösen, wenn sie sich an die Dramen des Verlassenwerdens in ihrer Vergangenheit bewusst erinnert. Damit würdigt sie ihren inneren Anteil der verschmähten und verbitterten Frau.

Im geschützten Raum einer Therapie könnte Melanie sich ihren Gefühlen, die sie bisher verdrängt hat, stellen und damit von der Vergangenheit endgültig Abschied nehmen. Indem sie dem Anteil ihrer selbst, der die Enttäuschung bisher nicht verwinden konnte, zu seinem Recht verhilft, kann sie sich ihren Seelenwunsch nach einer glücklichen Partnerschaft erfüllen.

Viele Menschen in spirituellen Kreisen wünschen sich einen Seelenpartner, mit dem sie auch ihre mystischen Erfahrungen teilen können. Oft ist es dann viel effektiver, wenn man sich auch dem Gefühl der Einsamkeit und Verlassenheit hingibt, als nur von einer glücklichen Partnerschaft zu träumen. Das Universum reagiert noch stärker auf die Schwingung des Herzens als des Gehirns. Außerdem antwortet das Universum auf tiefe innere Bewegung, egal ob positiv oder negativ gestimmt. Starke Wellen der Frustration können Welten bewegen, genauso wie hochschwingende Vorfreude auf zukünftige Potenziale.

Du kannst innere Konflikte lösen, indem du dir zunächst einmal deine widerstreitenden Anteile bewusst machst. Leider dominieren ignorierte und verdrängte Persönlichkeitsanteile oft sogar die Absichten und Bedürfnisse der Seele. Sie können erst dann den Kampf aufgeben, wenn sie mit Anerkennung und Zuwendung entwaffnet werden. Psychotherapien sind meistens dann erfolgreich, wenn sie nicht gewürdigten Aspekten des Individuums zu ihrem Recht verhelfen.

Du kannst den inneren Konflikt überwinden, indem du dich mit der **Sehnsucht deiner Seele** nach einem glücklichen Leben verbindest. Die Persönlichkeit in ihrem Selbstausdruck behindernde Anteile können nur regieren, wenn die Seele sie nicht in die Schranken weist. Wenn du die Kraft aufbringst, im Einklang mit deiner Seele deinen tiefen Wunsch nach Liebe zu fühlen, kannst du dich selbst mit bereichernden Beziehungen beschenken. Während ein Single an einem einsamen Wochenende weinend auf dem Sofa sitzt, kann ein trotziger Seelenwunsch nach Zweisamkeit die Oberhand gewinnen. Positives Denken, wie es in Kreisen seichter Spiritualität gepflegt wird, hat deshalb oft eine stagnierende Wirkung, denn erst, wenn die starke Sehnsucht der Seele zum Ausdruck kommen und gefühlt werden kann, werden mentale Schranken eingerissen. Am tiefsten Punkt der Verzweiflung scheint Erlösung auf.

Innere Konflikte werden oft aus anerzogenen Glaubenssätzen und übernommenen Einstellungen gespeist, also sozusagen aus dem Über-Ich geboren. Während das menschliche Ich sich am Über-Ich orientiert, folgt die Seele ganz anderen Präferenzen.[64] Du kannst also einen inneren Konflikt oft auflösen, indem du dich auf die echten Bedürfnisse deiner Seele besinnst. Dazu empfiehlt es sich, dir eine Phase der inneren Einkehr ohne äußere Ablenkungen zu gönnen, um zu dir selbst zu kommen und die Botschaften deiner Seele zu empfangen. Für die **innere Einkehr** eignet sich ein längerer Waldspaziergang ohne Ablenkungen genauso wie eine Meditation.

Als Schülerin besuchte ich einen kirchlichen Gesprächskreis mit religiösen Inhalten. Ich genoss das Zusammensein mit den Jugendlichen, die sich begeistert zum evangelischen Glauben bekannten, und die Gruppenaktivitäten. Ich fühlte mich in der Gruppe wohl und geborgen, aber ich verweigerte die Teilnahme an einem sich wiederholenden Ritual, dem Gebetskreis. Wir beteten zusammen und fast alle Teilnehmer sprachen ihre Wünsche und Anliegen an Gott offen aus. Aus Gründen, die ich selbst nicht verstand, konnte ich damals nicht laut beten. Mir kam kein Wort über die Lippen, was weder ich selbst noch die anderen verstanden. Wahrscheinlich glaubten alle, ich sei zu schüchtern, aber ich wusste, dass es damit nichts zu tun hatte, obwohl ich mir mein Verhalten selbst nicht erklären konnte. Im Nachhinein glaube ich, dass ich damals schon mit einem inneren Konflikt kämpfte zwischen den Gottesvorstellungen in dieser Gruppe und meinen eigenen in vielen früheren Leben geprägten Überzeugungen. Ich sehe mich selbst als einen Teil des göttlichen Bewusstseins an, das in mir und nicht im Außen zu suchen ist. Weil ich auch einen Teil der göttlichen Schöpferkraft in mir trage, deshalb kann ich als Schöpfer meiner Realität wirken. Mein Glaube an einen universellen göttlichen Geist hat sich offenbar durchgesetzt und ich konnte damals meine Verweigerung durchhalten, am Gebetskreis teilzunehmen, ohne mich dem Gruppengeist zu beugen.

Seelenwünsche stehen oft im Konflikt mit den Vorgaben des Massenbewusstseins. Im kollektiven Bewusstsein der Leistungsgesellschaft stehen Erfolg, Status und Macht an erster Stelle, während die Seele anderen Zielen folgt. Beruflicher Misserfolg kann auch damit zusammenhängen, dass die Seele gar kein Interesse hat, jetzt die Karriere voranzutreiben, sondern dass sie sich ausruhen oder auf anderen Gebieten weiterentwickeln möchte. Im Zwiegespräch mit deiner Seele könntest du zum Beispiel erfahren, dass die Zeit noch nicht gekommen ist, eine neue Partnerschaft zu beginnen, sondern dass du erstmal mit dir selbst klarzukommen versuchst.

Innere Konflikte werden auch dadurch gespeist, dass sich die Glaubenssätze widersprechen, die in der Gesellschaft gelten. Der innere Konflikt basiert dann auf den unterschiedlichen Inhalten des Über-Ichs. In der Bibel wird Jesus mit dem Satz zitiert: »Eher geht ein Kamel durch ein Nadelöhr, als dass ein Reicher in das Reich Gottes gelangt.«[65] Andererseits werden reiche Menschen in unserer Kultur als Leistungsträger anerkannt und auch in der Kirche willkommen geheißen und in vielen christlichen Gemeinden sogar besonders hofiert. Meiner Meinung nach kämpfen viele Menschen mit inneren Konflikten in Bezug auf Reichtum. Selbst Menschen, die ihren Wohlstand rechtmäßig, nachhaltig und ehrenhaft erworben haben, stellen ihn nicht gerne aus, weil sie Neid und Missgunst fürchten. Spiritualität und Fülle scheinen sich nicht vereinbaren zu lassen. Eine Lösung zu diesem inneren Konflikt taucht schon in der Bibel auf. Jesus führt weiter aus: »Für Menschen ist das unmöglich, aber nicht für Gott; denn für Gott ist alles möglich.«[66] Im göttlichen Bewusstsein schließen sich Spiritualität und Fülle nicht aus.

Göttliches Bewusstsein setzt voraus, dass man sich nicht auf Kosten anderer bereichert, sondern im Einklang mit sich selbst, den anderen Menschen und der Erde lebt. Als Schöpfer deines Lebens im göttlichen Bewusstsein kannst du dir deine Seelenbedürfnisse erfüllen. »Man fängt an zu erkennen, daß der innere Spender und der innere Empfänger ein und dasselbe sind.«[67]

~ Blockierende Seelenaspekte

Wenn Menschen aufwachen und ihr Leben im neuen Geist des Schöpferbewusstseins gestalten wollen, dann stoßen sie oft an ihre Grenzen. In meiner Praxis haben viele Menschen Beratung gesucht, weil sie ein glückliches, kreatives und erfolgreiches Leben manifestieren wollten. Durch ihre spirituellen Erfahrungen fühlten sie sich inspiriert, ihre Visionen und Träume zu verwirklichen. Weil sie aufgewacht sind, konnten sie eher glauben, ein harmonisches Leben wert zu sein. Wenn dann der Rückenwind für persönliche Projekte und die eigene Passion ausbleibt, kann das eine gravierende spirituelle Krise auslösen. Weil die eigenen Erwartungen an bahnbrechende Veränderungen im eigenen Leben enttäuscht wurden, habe ich leider auch mentale Zusammenbrüche angesichts der Diskrepanz von Anspruch und Wirklichkeit mit ansehen müssen. Ich habe festgestellt, dass es in spirituellen Kreisen oft einen regelrechten Wettbewerb gibt, wer reicher und erfolggekrönter daherkommt. Die im weltlichen Sinne Gesegneten scheinen den besseren Draht zu noch mächtigeren geistigen Helfern zu haben. Sie scheinen vom Universum bevorzugt zu werden, weil sie irgendeinen geheimen Trick kennen.

Nach meiner langjährigen spirituellen Praxis kann ich dir versichern, dass ein alleinseligmachender Trick nicht existiert, um glücklich zu werden. Es gibt nur den authentischen und ehrlichen Weg der Selbsterkenntnis.

~ Das Innere Kind

Auf der Suche nach der Befreiung von einschränkenden Glaubensmustern wirst du automatisch dem Inneren Kind begegnen. Dass Menschen Verhaltensmuster perpetuieren und sich immer wieder Misserfolg, Versagen, Enttäuschungen und Verluste erschaffen, ist oft dem Inneren Kind geschuldet, das zwanghaft ein beschränktes Gefühlsspektrum heraufbeschwört. Das Innere Kind manövriert einen schlafwandlerisch immer wieder in Situationen, die ein bestimmtes Konglomerat an Gefühlen erzeugen. Es handelt um in der Kindheit verdrängte Gefühle wie Angst, Wut, Trauer, Scham und Ohnmacht, die im Alltag des Erwachsenenlebens immer wieder getriggert werden – nur um sie erneut zu verdrängen.

Das Innere Kind wird geheilt, indem du das kritische Gefühlsspektrum akzeptierst und in einem für dich selbst und die Umwelt erträglichen Maße auslebst. Wenn die Gefühle einmal in angemessener Form zum Ausdruck gebracht wurden, können sie sich verflüchtigen. Die moderne Psychotherapie kann dich perfekt dabei unterstützen, fühlen zu lernen. Wenn es in deiner Kindheit wenig Gelegenheiten und Vorbilder gab, **authentische Gefühle** auszuagieren, kann dir eine Psychotherapie den Raum bieten, versäumte Lektionen im Fühlen nachzuholen. Bisweilen kann »eine Nachreifung der Persönlichkeit auf einzelnen Entwicklungslinien, gefördert durch psychotherapeutische Interventionen, die ganzheitlich-spirituelle Entwicklung unterstützen«.[68]

Manchmal fordert das Innere Kind einfach Aufmerksamkeit und Mitgefühl. Im Prozess des inneren Aufstiegs meldet es immer wieder vehement seine Bedürfnisse an. Aufwachen dient der Ganzheit und das Innere Kind möchte auch integriert werden, vor allem wenn es in der Vergangenheit nicht ausreichend gewürdigt wurde. Sicher kennst du die Ausbrüche deines Inneren Kindes schon, bist aber trotzdem immer wieder überrascht, wie sie dich plötzlich wieder überfallen.

Das Innere Kind meldet sich mit grundloser Angst, mit unvermittelter Wut, mit abgrundtiefer Trauer, mit aussichtsloser Apathie oder sprachloser Ohnmacht zu Wort.

Du tust gut daran, dich zu erinnern, dass das Innere Kind auch nur ein Aspekt von dir selbst ist, den deine Seele erschaffen hat, um die Erfahrungen des Lebens auszukosten.

Deine Seele im Schöpferbewusstsein ist und bleibt Herr der Lage. Wenn du dich mit deiner Seele verbindest, kannst du genügend Distanz zum Geschehen bewahren. Du kannst auch deine Innere Mutter aktivieren, um deinem Inneren Kind zuzuhören, es zu umarmen und ihm Mitgefühl entgegen zu bringen. Neben der Inneren Mutter und dem Inneren Vater kannst du deinem Inneren Kind noch weitere stärkende Seelenaspekte an die Seite stellen, zum Beispiel den Inneren Heiler oder den Inneren Narren. Wenn du möchtest, steht dir die **vollkommene Tafelrunde**, die Saint Germain mir präsentiert hat, als stärkende Ressource zur Heilung der Seele zur Verfügung.[69]

Deine spirituelle Praxis kann dazu beitragen, dass du immer wieder, wenn das Innere Kind sich meldet und Erinnerungen an deine Kindheit an die Oberfläche schwemmt, gleichzeitig von tiefem **Mitgefühl** für diesen bis dahin verloren geglaubten Aspekt deiner Selbst überflutet wirst.

Eine wunderbare Heilungsmethode für das Innere Kind ist die **Seelenrückholung**. Ich habe diese Form des geistig-energetischen Heilens bei der amerikanischen Psychotherapeutin, Schamanin und Autorin Sandra Ingerman gelernt.[70] In meiner Praxis habe ich viele Seelenrückholungen durchgeführt und musste immer wieder über die Effekte staunen. Oft erhielt ich ungefähr ein halbes Jahr nach der Sitzung von meinen Klienten eine Nachricht, dass sie mit sich selbst ins Reine kommen und spektakuläre Veränderungen in ihrem Leben erfahren konnten. Wenn du dich deinem Inneren Kind zuwendest und ihm Liebe und Mitgefühl entgegenbringst, kann eine spontane Seelenrückholung stattfinden.

~ Familiensystemische Verstrickungen

Meiner Ansicht nach blockieren familiensystemische Verstrickungen oft das Schöpferbewusstsein, mehr als andere mentale Beschränkungen der menschlichen Persönlichkeit. Die in unserer Kultur praktizierte Psychotherapie hat viel Erfahrung gesammelt, das Innere Kind zu heilen. Systemische Therapie dagegen verbreitet sich zwar immer mehr, wird aber nach wie vor zu wenig gewürdigt. Die Seele des Individuums existiert eingebettet in die Kollektivseele der Ahnenlinie und der sie umgebenden Kultur.

Die Blockaden, Beschränkungen und Symptome des Individuums lassen sich oft nur erklären, wenn man ihre Funktion im Familiensystem oder in der Gesellschaft berücksichtigt. Wenn Menschen begreifen, wie sehr sie mit den Entscheidungen in ihrem eigenen Leben Familienthemen weitertragen, handelt es auch um eine vertiefte Form der Selbsterkenntnis. Sie können sich selbst als Teil des großen Ganzen sehen. Viele Menschen empfangen in ihren Meditationen Visionen wunderschöner Farben, Formen und Strukturen. Man könnte jedes Familiensystem als ein harmonisches Mandala betrachten, in dem die Seelen der Lebenden und der Ahnen perfekt zusammenspielen.

Ich habe mir eines Tages auch gewünscht, mein Leben zu verbessern, indem ich mich von belastenden Familienthemen befreie. Ich fand Spaß an Aufstellungen als Therapiemethode und habe eine dreijährige familiensystemische Ausbildung bei Heinz Stark absolviert, einem kreativen und kraftvollen Therapeuten und Lehrer, den ich bei dieser Gelegenheit gerne würdige.

Meine erste Aufstellung, zu der ich mich neugierig und naiv aufmachte, fand in einem ehemaligen Konzentrationslager statt. Ich glaube, die Aufstellung war ziemlich gut, aber das konnte ich erst viel später erfassen. Ich sah in der Aufstellung meinen Vater, der sich in seiner Schuld, die er aus dem Krieg mitgebracht hatte, wand. Erst nach dem Tod meines Vaters konnte ich die Tragweite seiner Schuldgefühle verstehen. Mein Vater hat immer freimütig von seinen dramatischen Erlebnissen als junger Soldat und Kriegsgefangener erzählt. Er wollte damit abschrecken und konnte auch erreichen, dass meine Brüder den Wehrdienst verweigerten. Ein Ereignis, das ihn wohl besonders belastete, hat er allerdings nur meiner Mutter offenbart. Nach seinem Tod hat meine Mutter dieses Familiengeheimnis preisgegeben.

In der Gegenwart meines Vaters wurde im heutigen Tschechien ein Ehepaar, das als Partisanen verdächtigt wurde, erschossen. Es handelte sich um die Erschießung von Zivilisten, also um ein Kriegsverbrechen. Besonders betroffen machte meinen Vater offenbar, dass der jugendliche Sohn mit ansehen musste, wie seine Eltern umgebracht wurden. Als meine Mutter mir nach dem Tod meines Vaters davon erzählt hatte, saß ich anschließend im Zug nach Hause. Auf dem Sitz neben mir war eine Zeitung liegengeblieben, die ich aufschlug. In der Zeitung stieß ich auf einen Artikel, der darüber berichtete, dass in Frankreich ein

Mann als Kriegsverbrecher verurteilt worden war, der bei einer Massenerschießung von Zivilisten anwesend war, ohne selbst geschossen zu haben. Ihm konnte die Beihilfe zum Mord durch Fotos nachgewiesen werden und daher wurde er viele Jahre nach dem Krieg verurteilt. Der Artikel trug dazu bei, dass ich noch deutlicher erkennen konnte, welche schwere Last mein Vater Zeit seines Lebens mit sich herumgetragen hatte. Seine Rolle als Soldat hatte er sich nicht ausgesucht und dennoch trug er Verantwortung für das Geschehen.

Ich war insofern in das Familienthema der Schuld verstrickt, als es mir Zeit meines Lebens nicht leicht viel, Glück und Freude einfach mit der Gewissheit anzunehmen, dass ich sie verdiene. Immer schien ich noch einer Verpflichtung und einem Dienst an der Menschheit hinterherlaufen zu müssen. Meine eigenen Aufstellungen und meine spirituelle Praxis haben mich von einem obskuren Drang zur Pflichterfüllung befreit.

Das hat mich in die Lage versetzt, meinen Dienst an der Gesellschaft frei und souverän wählen und mich viel unbelasteter einfach am Leben freuen zu können.

Ein weiteres schwerwiegendes Ereignis hat das Lebensgefühl meiner Familie entscheidend geprägt, obwohl es nach dem Krieg immer offen kommuniziert wurde und nie ein Familiengeheimnis war. Mein Großvater war während des Zweiten Weltkrieges Diakon und Leiter eines Heimes in Rheinhessen, in dem behinderte Menschen lebten. Dem Heim angeschlossen war ein landwirtschaftlicher Betrieb, in dem viele Bewohner arbeiteten. In dem Haus lebten Menschen mit sehr unterschiedlichen kognitiven, psychischen und physischen Beeinträchtigungen, zum Beispiel Menschen mit Trisomie 21, Hydrocephalus, spastischen Lähmungen, Epilepsie, Kriegsverletzungen und -traumata. Viele Insassen wurden dann im Rahmen der Aktion T4 der nationalsozialistischen Regierung in Tötungsanstalten verlegt. Mein Großvater erhielt einen schriftlichen Befehl, dass ausgewählte Bewohner zu einem bestimmten Termin zur Abholung bereitstehen sollten. Da es sich um ein Heim der evangelischen Diakonie handelte, setzte sich mein Großvater mit der Kirchenleitung in Verbindung, wo ihm mitgeteilt wurde, dass die Proteste der Kirchen bisher nicht gefruchtet hätten und er daher dem Befehl folgen solle. Mein Großvater versuchte, einzelne Betroffene zu retten, indem er ihre Familien benachrichtigte, dass sie ihre Angehörigen nach Hause zurückholen sollten. Nicht alle Angehörigen reagierten, denn für behinderte Menschen gab es damals keine Lebensmittelkarten, wenn sie nicht in Heimen untergebracht waren. Außerdem versuchte mein Großvater für möglichst viele der Betroffenen nachzuweisen, dass sie als Beschäftigte für den kriegswichtigen landwirtschaftlichen Betrieb unentbehrlich seien.

Mein Großvater befand sich in einer klassischen Dilemma-Situation. Wenn er zuließ, dass die behinderten Menschen abgeholt wurden, stellte er sich auf die Seite der Täter. Wenn er sich geweigert hätte, wäre er dafür bestraft worden und ein anderer hätte den Befehl vollstreckt.

Am Tag der Abholung spürten viele der Betroffenen, dass sie nun dem Tod geweiht waren und sprachen sogar davon. Als sie in den Bus zum Abtransport einsteigen sollten, reagierten einige von ihnen außerordentlich ängstlich. Mein Großvater stimmte Kirchenlieder an, die sie aus dem Alltag in dem christlichen Heim kannten, um sie zu beruhigen.

Bis zu seinem Ruhestand leitete mein Großvater das Heim in Rheinhessen, das nun vorrangig ältere Menschen aufnahm. Meine Mutter, die als Kind in dem Heim lebte, war mit den behinderten Menschen aufgewachsen, die sie wie Geschwister liebte und mit denen sie gespielt hatte. Von dem Abtransport erzählte sie meistens unter Tränen. Ein unfassbar schmerzhafter Verlust hatte ihre Kindheit überschattet.

Wie so viele Menschen in Deutschland war mein Großvater ein Rädchen im Getriebe der Tätermaschinerie geworden und diese Schuld lastete auf ihm. Auf der anderen Seite war er selbst Opfer der brutalen nationalistischen Herrschaft und hatte die Ohnmacht des hilflosen Helfers erfahren müssen. Nachdem er sich zur Ruhe gesetzt hatte, sah ich ihn oft abends mit einem Glas Rotwein in der Hand Kirchenlieder singend durchs Haus wandern. Es schien, als hätte ihn der dramatischste Moment seines Lebens nie losgelassen.

Als ich die Grundschule besuchte, forderte meine Lehrerin, dass jedes Kind der Klasse ein selbst gewähltes Lied vorsang. Ich wehrte mich standhaft zu singen, was mir ziemlichen Ärger einbrachte. Meine Eltern und meine Lehrerin kannten mich als nicht besonders schüchternes Kind und meine trotzige Verweigerung wurde als Ungehorsam interpretiert. Erst später wurde mir bewusst, dass Singen in meiner Familie eine mit traumatischen Erfahrungen belastete Aktivität darstellte.

Sowohl von der mütterlichen wie von der väterlichen Seite lastete auf meiner Familie ein unterschwellig wirkendes Schuldbewusstsein. Man strebte danach, in helfenden Berufen und mit ehrenamtlicher Arbeit etwas gutzumachen. Für Schwächere und Notleidende fühlte man sich automatisch verantwortlich. Außerdem beeinflusste die Lebensgeschichte meines Großvaters das Lebensgefühl der Familie insofern, dass sie Unsicherheit und ein großes Misstrauen gegenüber staatlichen Autoritäten und politischen Entscheidungen erzeugte.

Das Leben als solches schien nicht berechenbar und Gewalt, Schmerz und Trauer lauerten immer vor der Tür. Pessimismus war die realistischere Lebenseinstellung.

Familiensystemische Verstrickungen zeigen sich vor allem darin, dass man, ohne es zu wollen, immer dieselben Fehler macht. Man lebt nach einem unbewussten Muster, das sich ständig wiederholt. Schwere Schicksalsschläge wirken in Familien fort, zum Beispiel Gewalterfahrungen in Krieg und Gefangenschaft, durch Flucht und Vertreibung, durch den Holocaust, politische

Verfolgung und Euthanasie. Familienangehörige bei der Gestapo, SA, SS oder Stasi tragen oft Täteraspekte. Aber auch Widerstandskämpfer können zu Tätern werden, wenn sie unbeteiligte Leben für eine höhere Sache opfern. Aus der Perspektive der Seele zählt jedes Menschenleben gleich und der Tod kann nicht durch Ideologien gerechtfertigt werden. Jedenfalls wirken Täter- und Opfer-Aspekte aus der Familie in der Gegenwart fort.

Die Verstrickung im Familiensystem steht der persönlichen Souveränität entgegen. In der Kollektivseele wirken ausgegrenzte traumatische Erfahrungen der Individuen nach. Verdrängte transgenerationale Traumata schränken die Handlungsmöglichkeiten des Einzelnen ein. Im Familienverband wirkt ein starker Sog, verletzende Lebenserfahrungen mit den dazu gehörigen Gefühlsqualitäten ständig zu wiederholen. Frauen finden keinen Partner und kämpfen sich alleinerziehend durchs Leben – genauso wie ihre Ahninnen, die ihre Männer durch den Krieg oder andere Schicksalsschläge verloren. Unternehmer kommen mit ihrem Geschäft auf keinen grünen Zweig – genauso wie ihre Vorfahren, deren Firma pleiteging. Suchterkrankungen halten das Ahnenkarma in Gang, denn bei einer Sucht wirkt auch der Zwang zur Wiederholung des Immergleichen. Außerdem werden unter dem Einfluss von Drogen zerstörerische Energien kanalisiert, deren Quelle auch die eigenen Ahnen sein können.

Wie gelingt es wirklich, aus den Mustern der Nachfolge oder des Ausgleichs für Vergangenes auszusteigen?

Nach meiner Erfahrung aufgrund meiner eigenen Geschichte und der Begleitung anderer Menschen in ihrem Aufstiegsprozess ist es sinnvoll, sich für familiensystemische Themen zu öffnen. Viele spirituelle Meister sehen in der **Dankbarkeit** einen Schlüssel der Transformation.[71] Wenn ein großes Erbe oder familiäre Errungenschaften dein Leben bereichert haben, solltest du diesen Geschenken Dankbarkeit entgegenbringen. Wenn deine Familie große Vorteile auf dem Rücken unschuldiger Opfer gewonnen hat, tust du gut daran, diesen Opfern **Anerkennung** zu erweisen. In Deutschland konnten zum Beispiel viele Familien Immobilien und Geschäfte zu einem Spottpreis von verfolgten Juden erwerben und davon profitieren.

Im Aufstiegsprozess lässt es sich oft gar nicht vermeiden, dem Ahnenkarma ins Auge zu schauen. Wie das persönliche Unbewusste öffnet sich auch das kollektive Unbewusste und beleuchtet die Schatten.[72] Wenn du feststellst, dass dein Leben in festgefahrenen Mustern verläuft, dann kann ich dir tatsächlich zu einer **Familienaufstellung** bei einem gut ausgebildeten Aufsteller raten.[73] Wenn man sich den persönlichen Familienthemen stellt, weitet sich der Horizont der Erkenntnis. Im klassischen Setting von Familienaufstellungen, die sich im deutschsprachigen Raum inzwischen weit verbreitet haben, nehmen Stellvertreter die Rollen von oft bereits verstorbenen Familienmitgliedern ein, die an einem dramatischen Geschehen der Vergangenheit beteiligt waren. Aufstellungen eignen sich hervorragend, um Rituale zur **Würdigung der Opfer** zu vollziehen, was auch auf mich sehr befreiend gewirkt hat. Wenn die Stellvertreter sich für die Perspektive der Beteiligten auf die Ereignisse öffnen, kann sich ein stark transformierender Effekt einstellen. Höhere Wahrheiten und bewusstseinserweiternde Einsichten können durchkommen. Sehr einprägsam war für mich das immer wieder in Aufstellungen auftauchende Bild, dass sich nach dem Tod Täter und Opfer in Vergebung vereint in den Armen liegen. Gute Aufstellungen können eine tiefe Demut vor dem Leben hervorbringen, indem sie einen höheren schicksalhaften Plan und eine universelle Ordnung aufscheinen lassen.

Nach meiner Erfahrung scheitern Familienaufstellungen in der Praxis allerdings oft an den Stellvertretern, die als Laien wenig Erfahrung damit haben, höhere Wahrheiten zu kanalisieren. Meistens wollen sie sich in den Rollen sogar produzieren und in einem eindrucksvollen Theater mitspielen. Bewusst oder unbewusst halten sie daher das Familiendrama in Gang. Um weiterhin eine tragende Rolle spielen zu können, verleugnen sie alle Lösungsansätze. Hilfreich kann es daher sein, erfahrene medial begabte Stellvertreter einzusetzen, die sich selbst zurücknehmen können. In meiner Praxis habe ich sehr gute Erfahrungen mit **Einzelaufstellungen** gemacht, in denen ich selbst alle Rollen der für das jeweilige Anliegen des Klienten wichtigen Familienmitglieder eingenommen habe.

Außerdem sind auch die Aufsteller, die damit ihren Lebensunterhalt bestreiten, oft zu wenig an echten Lösungen interessiert. Sie möchten das Drama am Laufen halten, weil sie daran verdienen. So gibt es in der Aufstellungsszene eine Tendenz, endlos nach Verstrickungen zu suchen. Der Schatten der familiensystemischen Therapie, wie sie in Europa oft praktiziert wird, liegt meiner Ansicht nach darin, dass die Suche nach Familienthemen kein Ende hat. Manche Menschen verlaufen sich in dieser Suche und fragen immer weiter nach einem Ururgroßvater, in dessen Probleme sie verstrickt sein könnten. Aufstellungen verhindern dann die Selbstermächtigung und Souveränität der Protagonisten, anstatt zu befreien.

Durch meine intensive Kommunikation mit Saint Germain habe ich gelernt, dass man die Familienthemen nur alle auf einmal integrieren kann. Wenn man alles, was in der Familie verdrängt wurde, in Aufstellungen abarbeiten wollte, käme man zu nichts anderem mehr im Leben. Meine eigene Erfahrung ähnelt der von vielen Aufstellern, dass vor allem die Themen der Eltern und Großeltern auf das Leben der Enkel einwirken, während weiter zurückliegende Ereignisse nur dann eine Rolle spielen, wenn es sich um besonders dramatische Schicksale handelt.[74] Trotzdem hätte man mit einem Fass ohne Boden zu tun, wollte man die eigene Familie in Ordnung bringen. Ich rate also davon ab, Familienaufstellungen als Allheilmittel bei jeder persönlichen Herausforderung einzusetzen.

Du kannst darauf vertrauen, dass sich dir, wenn die Zeit gekommen ist, alle Informationen, die du für deine Weiterentwicklung brauchst, in Leichtigkeit eröffnen können. Selbst Familiengeheimnisse werden, wenn deine spirituelle Entwicklung voranschreitet, plötzlich aufgedeckt. Wenn du es erlaubst, ist dein Unbewusstes und selbst das kollektive Gedächtnis deiner Familie ein offenes Buch.

Wenn man sich auf dem Weg des spirituellen Aufstiegs von seiner Familie entfremdet fühlt, handelt es sich um einen ganz natürlichen Prozess, der darauf hindeutet, dass jetzt das **universelle Selbst** in zunehmendem Maße die menschliche und durch die Familie geprägte Identität überstrahlt. Du darfst zustimmen, dass deine Gefühle gegenüber deinen Verwandten verblassen. Nach einer Weile können sich umso glücklichere Wahlverwandtschaften sogar zu denselben Mitgliedern deiner Familie entwickeln.

Wenn Menschen aufwachen und ihre Empathie gegenüber allen Lebewesen expandiert, fällt es ihnen leicht, ihren Mitmenschen Toleranz, Respekt und Liebe entgegenzubringen. Die Bereitschaft zur bedingungslosen Annahme des Gegenübers wächst. Diese Entwicklung lässt sich nicht vereinbaren mit dem Festhalten an übertriebenem Nationalstolz und dem Glauben an die Besonderheit der eigenen Herkunft und Familie. Die eigene Familie, Ethnie oder Nation zu überhöhen bremst die spirituelle Entwicklung. Gerade in den gegenwärtigen Zeiten der Wiederbelebung von Rassismus und Nationalismus sollte man sich dessen bewusst sein. Man kann nicht gleichzeitig seinen Nationalstolz pflegen und seine persönliche Souveränität und Schöpferkraft entwickeln. **Souveränität** setzt voraus, sich von Blutsbanden zu befreien.

Um als souveräner Schöpfer agieren zu können, musst du dich von familiär geprägten Mustern lösen. Andererseits üben viele Ahnen keinen negativen Einfluss aus, sondern agieren als hilfreiche Verbündete. Wenn du dich mit ihnen in Verbindung setzt, erwächst dir Rückenwind für persönliche Projekte. Auf vielen inneren Reisen konnte ich meinen **Ahnen als Kraftquelle** begegnen. In der Tradition der schamanischen Reisen, wie ich sie intensiv praktiziert habe, gilt es als selbstverständlich, dass die eigenen Vorfahren, selbst wenn man sie gar nicht kennt, als geistige Helfer erscheinen. Auch in Familienaufstellungen hat es sich bewährt, unverstrickte Ahnen um Hilfe zu bitten, wenn die Auflösung des transgenerationalen Traumas stockt.

Auf meinen inneren Reisen konnte ich immer auf die Inspiration und den Beistand meiner beiden Großmütter bauen. Wenn es dich anspricht, kann ich dir nur empfehlen, die Unterstützung hilfsbereiter Ahnen zu suchen und anzunehmen. Es ist etwas aus der Mode gekommen, aber grundsätzlich kann die Kommunikation mit Verstorbenen dein Bewusstsein erweitern. Verstorbene, die nach ihrem Tod in den erdnahen Bereichen hängen geblieben sind, können noch nicht über den Horizont ihres menschlichen Bewusstseins hinausschauen. Aber wenn die Seele eines Verstorbenen zu höheren lichtvollen Ebenen göttlichen Bewusstsein aufgestiegen ist, kann sie dir ein guter Ratgeber in irdischen Belangen und ein guter Übersetzer für höhere Wahrheiten sein. An dieser Stelle möchte ich meinen Wahlverwandten Gabriela, Juliana und Eleonore die Ehre geben, die ich als Teilnehmerinnen meiner Kurse kennengelernt habe und die mir nach ihrem Tod wertvolle Begleiterinnen und Ratgeberinnen geblieben sind.

Um vollkommenen Frieden mit dem Ahnenkarma zu machen, muss man sich für **paradoxe Wahrheiten** öffnen. Wenn familiensystemische Therapeuten dazu nicht bereit sind, können sie auch keine wirklichen Lösungen initiieren. Im Umgang mit dem Ahnenkarma wirken widersprüchliche Wahrheiten. Einerseits kann ein anerkennendes Ritual gegenüber den Opfern der eigenen Familiengeschichte sehr befreiend wirken. Der

Schriftsteller und Friedensnobelpreisträger Carl von Ossietzky (1889–1938) hat es auf den Punkt gebracht, als er zu einem Mithäftling im Konzentrationslager sagte: »Ob wir überleben, ist weder sicher noch die Hauptsache. Wie man aber später von uns denken wird, ist so wichtig wie dass man an uns denken wird. … Ein Deutschland, das an uns denkt, wird ein besseres Deutschland sein.« Andererseits tragen die Nachkommen der Täter aufgrund der Gnade der späten Geburt sowieso keine Schuld. So kann der Enkel, der das Geschäft seines Großvaters weiterführt, der es von enteigneten Juden zu einem Spottpreis erwerben konnte, vor dem Gebäude einen Stolperstein anbringen lassen. Gleichzeitig kann er sich dessen bewusst sein, dass er die Schuld des Großvaters nicht weitertragen muss. Einerseits wird das menschliche Leben, mehr als die meisten sich vorstellen können, vom Ahnenkarma diktiert, andererseits bleibt deine Seelenessenz davon völlig unberührt.

Dein göttlicher Seelenkern ist in Wirklichkeit gar nicht tangiert von den Erfahrungen der menschlichen Persönlichkeit, auch nicht von Verletzungen und Traumata. Die Seele lebt ewig und bleibt unverletzt. Wenn das menschliche Ich sich mit der eigenen Seelenessenz verbindet, dann lösen sich die Familienverstrickungen auf. In esoterischen und New Age-Kreisen spricht man im Zusammenhang mit dem persönlichen Seelenkern auch vom »Ich bin«. Wenn die Seele regiert, kann das menschliche Ich seine Begrenzungen und Schatten überwinden. Auch wenn deine Persönlichkeit viele einschränkende Familienmuster ausagiert, kann deine Seele sich befreien.

Nachdem ich mich schon viele Jahre mit familiensystemischer Therapie beschäftigt und kontinuierlich gechannelt hatte, träumte ich, dass ich meine Geschwister, unsere Kinder und weitere Mitglieder meiner Familie in einem Kreis stehen sah. Ich selbst stand außerhalb des Kreises. In dem Kreis waren alle Menschen einem unsichtbar wirkenden Bann unterworfen. Sie bewegten sich wie verwunschen nach einem geheimnisvollen Muster. Nur ich selbst war von diesem Bann befreit, konnte aber nichts tun, um die anderen zu erlösen. Sie mussten zunächst selbst eine tiefe Entscheidung treffen, ihr Leben zu verändern.

Indem sie plötzlich, oft am tiefsten Punkt der Verzweiflung, eine bahnbrechende **Seelenentscheidung** für mehr Glück und Freude in ihrem Leben treffen, befreien sich viele Menschen aus eigener Kraft aus ihrem inneren und äußeren Gefängnis kollektiver Verstrickung. Die klare und umwälzende Seelenentscheidung muss oft lange reifen und manchmal braucht sie einen äußeren Anstoß, wie zum Beispiel eine Therapie.

Alle Dramen aus deiner Ahnenlinie, die in deinem Leben fortwirken, perpetuieren das Täter- und Opfer-Spiel des Lebens. Dieses Spiel kannst du, wie Saint Germain mich gelehrt hat, mit dem **Segen** verabschieden. Wenn du dem Schicksal deiner Ahnen den Segen gibst, liegt darin zugleich Annahme, Anerkennung und Loslassen.[75] Die Katastrophen der Menschheitsgeschichte wie auch die Ereignisse während der nationalsozialistischen Herrschaft und des Zweiten Weltkriegs in Europa haben letztlich das Bewusstsein der Menschen vorangebracht und die Wertschätzung für Frieden und Menschenrechte gesteigert.

Saint Germain hat mir den **Raum der Erhabenheit**[76] als bedeutsames Werkzeug geschenkt, um familiäre und andere kollektive Aspekte zu integrieren. Als ich schon viele Jahre Familienaufstellungen praktiziert hatte, nahm ich an einer Supervisionsgruppe von Aufstellern teil. Zum verabredeten Zeitpunkt wartete ich vor der Tür des Seminarraums. Während ich dort stand, schien sich plötzlich ein Portal zu öffnen und ich wurde in eine andere Dimension versetzt. Ich fühlte mich etwas wacklig auf den Beinen, aber irgendwie großartig. Nach ein paar Atemzügen breitete sich in mir ein intensives Glückgefühl mit gleichzeitig großer Klarheit aus. Ich hörte Saint Germains Stimme, die zu mir sagte, dass ich jetzt den Raum der Erhabenheit vollkommen verkörperte.

Später stand ich als Stellvertreterin in der Aufstellung von Fred, der sich als Therapeut weiterentwickeln wollte und mehr Erfolg für seine Praxis wünschte. Wir suchten nach möglichen familiären Blockaden. Während der Aufstellung schien ich aus Sicht seiner Seele zu sprechen, denn ich wischte alle Ansätze, die auf ein Kindheitstrauma oder eine transgenerationale Belastung verweisen könnten, vom Tisch. Ich hielt einfach eine Rede darüber, mit welchen Visionen ich als seine Seele in dieses Leben gekommen sei. Ich erklärte ihm, dass es jetzt endlich Zeit sei, die Leidenschaften der eigenen Seele uneingeschränkt zu leben. Ich ermunterte ihn dazu, seine heilenden Kräfte wirken zu lassen. Zudem präsentierte ich ihm sehr konkrete Vorschläge, wie er sich als der geborene Heiler weiterentwickeln könnte, der er sowieso schon war. Ich konnte ihm zeigen, dass er immer als effektiver Heiler wirken würde, egal ob er in einer Praxis arbeitete oder nicht. Ich offenbarte ihm die Vision seiner Seele. Fred reagierte sehr berührt auf die Aufstellung. Obwohl er durch den unerwarteten Verlauf etwas irritiert war, fühlte er sich von den Botschaften angesprochen.

Für mich selbst handelte es sich bei dieser Aufstellung auch um eine aufschlussreiche und bahnbrechende Erfahrung. Ich erkannte, dass, wenn die Suche nach Blockaden und Verstrickungen aufhört, die **Visionssuche** übrigbleibt. Ich erinnerte mich daran, dass meine eigenen Aufstellungen am Ende meiner systemischen Ausbildung auch schon ausschließlich auf die Zukunft verwiesen hatten. Besonders eine Aufstellung hat großen Eindruck bei mir hinterlassen. Die Stellvertreterin beschrieb mich als eine Person, die Weisheit und Liebe durch ihr Herz kanalisierte.

An diesem Tag konnte ich zum ersten Mal richtig erfassen, was für ein großartiges Werkzeug der Raum der Erhabenheit darstellte, den Saint Germain mir geschenkt hat. Nach dieser Aufstellung ergab es sich für mich wie von selbst, dass die familiensystemische Arbeit in den Hintergrund trat. Ich konzentrierte mich danach vielmehr auf spirituelle Beratungen, aufs Channeln und Bücherschreiben.

Eines Tages fiel mir auf, dass Emma, die Tochter einer Freundin, die ich als achtsam, empathisch und selbst-bewusst im wahrsten Sinne des Wortes kannte, schon seit ihrer Pubertät extrem promisk lebte. Noch in ihren Zwanzigern, als ihre Freundinnen fast alle einen festen Freund hatten, wechselte sie ihre Sexualpartner so schnell wie ihre Kleider. Ihre Mutter irritierte das Verhalten der Tochter und sie machte sich Sorgen. Mir fiel auf, dass meine Freundin sehr oft von ihrer Tante Renate erzählte, die sie sehr geliebt und auch im Alter umsorgt hatte. Ihre Tante hatte sich als junges Mädchen in einen Studienfreund verliebt. Ihre zutiefst protestantische Familie lehnte ihren Freund wegen seines römisch-katholischen Glaubens vehement ab, so dass Renate schließlich die Beziehung beendete. Die Tante lebte daraufhin zeitlebens allein, ohne sich jemals die kleinste Affäre zu gönnen, wie meine Freundin erzählte.

Eines Tages schlich sich der Gedanke bei mir ein, dass Emma die Reinkarnation von Renate sein könnte. Je mehr ich die Mitteilungen ihrer Mutter über die Tante bewusst analysierte und reflektierte, umso mehr erhärtete sich mein Verdacht. Mir fiel auch auf, dass ich Emmas Verhalten nicht als charakterliche Schwäche oder selbstzerstörerischen Lebensstil betrachten konnte. Mir schien es immer so, als wenn sie sich einfach eine Weile auslebte. Ich versuchte, meine Freundin zu trösten, indem ich ihr sagte, dass diese Lebensphase ihrer Tochter schon vorübergehen werde, was sich auch bestätigte. Wenn Emmas Lebenswandel mit der Biografie ihrer Großtante in Zusammenhang stand, machte es Sinn, dass sie Versäumtes nachholte.

Das Beispiel verdeutlicht, dass es nicht darauf ankommt, ob Emmas Verhalten auf einer Verstrickung mit einer Ahnin oder auf Erfahrungen – in diesem Fall fehlenden Erfahrungen – aus einem früheren Leben basiert. Wir sollten uns bewusst machen, dass wir oft unsere eigenen Ahnen gewesen sind. Allerdings prägt uns auch unser Schicksal in früheren Leben.

~ Frühere Inkarnationen

Mit einschränkenden Glaubenssätzen aus früheren Leben bin ich in meiner Kinesiologie-Ausbildung bei Monika Obendorfer und Dr. Dietrich Klinghardt in Berührung gekommen. Besonders in Erinnerung geblieben ist mir die Demonstration einer kinesiologischen Behandlung in einem Kurs von Monika Obendorfer. Als die Kursteilnehmerin, die sich zu der Demonstration bereit erklärt hatte, schon auf der Behandlungsliege lag, hielt Monika eine kleine Rede, dass es ihr nicht darum ging, unbedingt Blockaden aus früheren Leben aufzudecken. Sie wies darauf hin, dass wir doch alle ausreichend Stoff aus unserer Kindheit aufzuarbeiten hätten. Die Kursteilnehmerin, die behandelt werden sollte, war eine Therapeutin, die sich mehr Zulauf für ihre Praxis wünschte. Es ging selbstverständlich nicht darum, andere Menschen zu manipulieren, ihre Praxis zu besuchen, sondern ihre inneren Schranken gegen größeren Erfolg aufzulösen.

Kaum hatte die Behandlung begonnen, breitete sich eine unheimliche Hitze im Raum aus. Die Patientin klagte über starke brennende Schmerzen am ganzen Körper. Vor ihrem inneren Auge lief ein Film ab, wie sie in einem früheren Leben als junge Frau auf einem Scheiterhaufen lag und als Hexe verbrannt wurde. Sie konnte erkennen, wie sehr sie sich in ihrem jetzigen Leben vor Ausgrenzung, Schmach und Gewalt fürchtete, was sie unbewusst auch den Erfolg meiden ließ.

Wenn starke Aspekte aus früheren Leben die eigene Handlungsfähigkeit einschränken, besteht die Lösung immer darin, sich bewusstzumachen, dass man jetzt ein **neues Leben** mit ganz anderen Voraussetzungen führt. Die Psycho-Kinesiologie nach Dr. Klinghardt, die ich auch in meiner Praxis angewandt habe, konnte diesen Prozess effektiv unterstützen. Ob die im Kurs behandelte Therapeutin nach dieser spektakulären Sitzung einen Boom in ihrer Praxis erlebte, weiß ich leider nicht.

Ich selbst habe es als sehr befreiend empfunden, mich für die Wahrheit zu öffnen, dass wir nicht nur ein einziges Leben auf der Erde verbringen, wie ja die meisten Menschen im christlichen Abendland glauben. Ich habe schon als Kind und Jugendliche mit der Vorstellung gehadert, dass das Schicksal die Lebensbedingungen so ungleich verteilt hat.

Der Glaube, dass die Seele auf der Erde in vielen unterschiedlichen Leben ihren Erfahrungsreichtum komplettiert, macht für mich viel mehr Sinn als ein einziges Leben unter äußerst unterschiedlichen Startbedingungen.

Wesentliche Aspekte aus früheren Leben sind immer dann in mein Leben getreten, wenn ich am tiefsten Punkt der Verzweiflung angekommen und bereit für eine tiefe Herzensentscheidung war, wirklich etwas zu verändern. Als mein Konto eines Tages nicht das hergab, was ich mir wünschte, lief plötzlich vor meinem inneren Auge ein Film ab. Ich fand mich im Kreuzgang eines mittelalterlichen Klosters wieder. Ich war einer der Mönche, die im Kreuzgang zusammenstanden und plauderten, während andere im Garten spazieren gingen. Erstaunlich war, wie geborgen und glücklich ich mich dort fühlte. Die Mönche waren meine Brüder, mit denen ich über alles reden konnte. Wir hatten gemeinsame Ideale, Überzeugungen und Träume. Wir waren außerordentlich stolz, Zisterzienser zu sein, was bedeutete, dass wir einem hohen Armutsideal verpflichtet waren. Weil wir über den ausschweifenden Lebensstil vieler Bischöfe und Kirchenmitglieder frustriert waren, waren wir diesem Orden beigetreten. In einem einzigen Moment spürte ich die Aufbruchstimmung und Begeisterung, die wir in diesem Orden teilten. Außerdem war ich unendlich dankbar für das kontemplative und geistig anregende Leben, das ich im Kloster führen konnte. Das Klosterleben erschien mir als außerordentliches Privileg. Mir wurde bewusst, dass ich zunächst meine tiefe Liebe zu diesem Leben als Zisterziensermönch noch einmal fühlen musste, um meine Armutsgelübde loslassen zu können.

Wenn ich im Traum oder durch unvermittelte Einsichten Seelenanteilen aus früheren Leben begegnet bin, hat sich auch das Werkzeug des Segens bewährt. Mit dem **Segen** kannst du Aspekte aus der Ahnenlinie oder früheren Leben integrieren.[77]

In den Channeln des Crimson Circle[78] wurde ab und zu darauf hingewiesen, dass die Zuhörer aller Wahrscheinlichkeit nach zum letzten Mal auf der Erde leben. Weitere Inkarnationen wären dann vollkommen freiwillig. Bei mir hat die Vorstellung, das jetzige Leben könnte meine letzte Inkarnation auf der Erde sein, dazu beigetragen, die verbliebene Zeit zu genießen. Geoffrey und Linda Hoppe haben später darüber berichtet, wie es ihnen während eines Workshops in Japan erging. Mehrere Menschen sind in Ohnmacht gefallen, als gechannelt wurde, das jetzige Leben könnte ihr letztes sein. Dieser Vorfall ist ein wunderbares Beispiel, wie sehr unser menschliches Ich kulturell geprägt ist. Für die Teilnehmer des Kurses in Japan schien der ewige Kreislauf von Geburt und Wiedergeburt eine natürliche und selbstverständliche Voraussetzung der menschlichen Existenz, die sie nicht aufgeben wollten.

~ Kollektive Aspekte

Auch kollektive Ansichten und Wertvorstellungen prägen das menschliche Ich. Im Laufe des spirituellen Aufstiegs werden sie genauso integriert wie Familienverstrickungen und Altlasten aus früheren Leben, also Karma und Ahnenkarma.

Die sozialen Prägungen und das Über-Ich lösen sich auf, wenn die Innere Mutter und der Innere Vater integriert werden.[79] Ich konnte erfahren, dass im heilsamen Prozess des Aufstiegs viele Erinnerungen in mein Bewusstsein schwappten, wie ich erzogen wurde und welche Glaubenssätze und Wertmaßstäbe bei meinen

Eltern und Lehrern und im gesellschaftlichen Umfeld galten. Zum Beispiel verknüpften meine Eltern Reichtum automatisch mit Egoismus und Ausbeutung. Sie glaubten, dass es – bis auf wenige Ausnahmen – nicht möglich sei, reich und christlich zu sein. Da mein Vater als Pfarrer arbeitete und die Zugehörigkeit zur evangelischen Kirche seine Identität ausmachte, war Reichtum in dem Umfeld, in dem ich aufwuchs, kein erstrebenswertes Lebensziel. Stattdessen galten alle helfenden Berufe als besonders ehrenwert. Natürlich ist nichts dagegen einzuwenden, einen helfenden Beruf zu ergreifen. Aber die Glaubenssätze des von Vater und Mutter übernommenen Über-Ichs schränken oft die eigenen Handlungsmöglichkeiten ein.

Ich bin in den 1970er Jahren aufgewachsen und meine Generation war in dieser gesellschaftlichen Umbruchphase auf Widerstand und Kritik gepolt. Ich musste die innere Rebellin integrieren, um die Geschenke der geistigen Welt und des Lebens vorbehaltlos annehmen zu können. Außerdem durchlebte ich meine Jugend in einer Phase der Bildungsexpansion. Ich lernte begeistert und war Zeit meines Lebens neugierig auf neues Wissen. Daher brauchte ich einige Zeit, um zu realisieren, dass meine innere Stimme der beste Lehrmeister ist.

Wenn man im weiblichen Körper lebt, wird man besonders mit den Begrenzungen des femininen Bewusstseins und als Mann mit den Überlagerungen der männlichen Identität konfrontiert. Wenn der Aufgestiegene Meister diese Beschränkungen hinter sich lässt, kann er universelles Bewusstsein jenseits kultureller Vorgaben verkörpern.

Im Alter von zehn Jahren wurde ich im Urlaub auf einer holländischen Nordseeinsel von einem Auto angefahren, während ich auf einer Landstraße ins nächste Dorf radelte. Weil Fahrradhelme damals noch nicht üblich waren, habe ich eine Narbe auf der Stirn davongetragen. In der Sekunde, als ich vom Auto angefahren wurde, hatte ich ein Erleuchtungserlebnis. Ein strahlend helles Licht kam auf mich zu und traf mich wie ein Blitz. Dann erwachte ich blutüberströmt im Straßengraben, während ein Sanitäter sich über mich beugte.

Nach dem Konzept des Seelenverlusts aus der Tradition des schamanischen Heilens können während eines Unfalls Seelenanteile verlorengehen und sich sozusagen in Sicherheit bringen. Durch einen erfahrenen Energieheiler kann dann eine Seelenrückholung durchgeführt werden.[80] Wie andere körperliche und seelische Traumata können Unfälle eine Kundalini-Erweckung auslösen, also ein Portal für die nächste Stufe der spirituellen Entwicklung öffnen. Außerdem kann es sein, dass bei einem Sturz oder Unfall eine Übertragung von Lichtenergie stattfindet, so wie ich es erlebt habe. Zum Glück verlief mein Unfall glimpflich. Die Kopfwunde konnte genäht werden und ich musste nur noch eine leichte Gehirnerschütterung ausheilen. Zu meinem Leidwesen musste ich den Rest der Ferien im Liegestuhl verbringen. Die Lektüre der Jugendbücher von Mark Twain, die meine Mutter in der Inselbibliothek ausfindig machte, tröstete mich. Das hatte wohl seinen Sinn, denn Mark Twain wird auch als eine der Inkarnationen von Saint Germain beschrieben.[81]

Während ich lesend vor unserer Ferienwohnung saß, beobachtete ich eines Tages ein Gespräch zwischen einem Gast aus einer der benachbarten Wohnungen, und einer holländischen Frau. Der Mann lachte, während die Frau in Tränen aufgelöst vor ihm stand. Offenbar war sie traurig, weil der Mann, in den sie sich verliebt hatte, abreiste, und er gab sich davon unberührt. Die Szene traf mein Herz und in aller Klarheit konnte ich den tiefen Riss zwischen Männern und Frauen sehen, der unüberbrückbar erschien. Erstaunlich war, dass ich trotzdem nicht von Trauer und Mitgefühl überschwemmt wurde, sondern nach der Lichterfahrung des Unfalls einfach illusionslos auf die Welt blickte.

In meinem Aufstiegsprozess musste ich einige für mich sehr schmerzhafte Kollisionen mit Männern durchleben. Ich musste zu meiner großen Bestürzung erfahren, dass Männer und Frauen in unterschiedlichen Universen leben.[82] Im Verhältnis der Geschlechter offenbart sich in eklatanter Weise der Riss der Dualität, der die Welt prägt. Nach der Erweckung der Kundalini hatte ich einen sich mehrmals wiederholenden und manchmal auch sexuell konnotierten Traum, in dem sich eine Frau und ein Mann vereinigten. Es handelt sich dabei um eine typische Aufstiegserfahrung, die auch **innere Hochzeit** genannt wird. Die durch das eigene Geschlecht geprägte und in der Dualität verankerte Identität wird abgelöst durch ein **universelles Selbst**, welches die Grenzen kultureller und kollektiver Prägung sprengt. In den Konflikten mit meinem Mann gelang es mir immer, einen Ausweg zu finden, wenn ich mich darauf besann, was uns als Menschen verbindet, und meine Seele ins Spiel brachte. Die innere Hochzeit heilte tiefsitzende weibliche Schmerzen, wie ich im Nachhinein feststellen konnte.[83]

Deine **Träume** können dir innere Konflikte ins Bewusstsein bringen und zur Lösung beitragen, indem sie **göttliches Bewusstsein** transportieren. Ich habe von einem Streit zwischen zwei Frauen geträumt, die beide äußerlich mir selbst glichen. Schon im Traum war ich abwechselnd mit der einen oder der anderen Frau verschmolzen. Daher konnte ich die Haltung der beiden Protagonistinnen vollkommen nachvollziehen und fühlte mich im Traum hin- und hergerissen. Die eine Frau trug ein blaues Kostüm und redete wutentbrannt auf die andere Frau im weißen Kleid ein. Sie warf ihr lautstark vor, dass sie sich zu sehr hängen lasse und nichts unternahm. Das Leben sei kein Zuckerschlecken und es könne so nicht weitergehen. Demgegenüber prallten die Worte der blauen Frau an der weißen Frau ab und sie hatte für ihre vehementen Anschuldigungen nur ein müdes Achselzucken übrig. Sie sprach kein Wort, ließ sich nicht aus der Ruhe bringen und strahlte eine lichtvolle Schönheit und liebevolle Präsenz aus. Die blaue Frau wurde immer wütender und schrie immer lauter, je weniger ihre Worte Resonanz fanden. Mir fiel auf, dass ihre Wut grundlos wuchs, obwohl sie der weißen Frau gar keine konkreten Verfehlungen vorhalten konnte. Sie äußerte auch keine realen Forderungen oder expliziten Wünsche, denen die weiße Frau hätte nachkommen können und mit denen sie die blaue Frau hätte besänftigen können. Nur ein Vorwurf der blauen Frau sprach eine Rolle an, die die weiße Frau zu erfüllen hatte: »Du bist doch Mutter!« Während sich das Gewitter von Anklagen entlud, löste sich die weiße Frau in einem lichtvollen Nebel fast vollständig auf. Wenn ich mit der weißen Frau verschmolzen war, während die blaue Frau brüllte, konnte ich das Geschrei schon gar nicht mehr hören, weil meine Sinneswahrnehmungen verblassten. Die weiße Frau schwebte über der Erde und verlor jede materielle Substanz, während der Streit fortdauerte. Da ich mich im Traum automatisch abwechselnd mit der weißen und der blauen Frau vereinte, schienen beide im Recht zu sein und der Streit zwischen ihnen unüberwindbar. Dann wachte ich auf.

Der Traum beschäftigte mich in den folgenden Tagen und ich bewegte ihn in meinem Herzen. Die blaue Frau konnte ich als einen Aspekt von mir identifizieren, den ich innere Antreiberin oder innere Kritikerin nennen möchte. Dieser Persönlichkeitsanteil war durch meine Erziehung und das gesellschaftliche Umfeld, in dem ich sozialisiert wurde, sehr stark geworden. Er hatte offensichtlich sogar eine aus dem Ruder laufende Aggressivität entwickelt. Der Traum zeigte mir, dass die Rolle der Mutter in besonderer Weise dem kämpferischen Aspekt der Antreiberin Angriffspunkte bot. Das ewig schlechte Gewissen der Mutter wurde zum Einfallstor für Selbstzweifel und Kritik. Aber der spirituelle und lichtvolle Aspekt meiner selbst schenkte dem ganzen Drama gar keine Beachtung, ruhte gelassen in sich selbst und lebte in den Tag hinein. Die erleuchtete weise Frau konnte offensichtlich ihre Rolle als »Mutter der Welt« oder Große Mutter erfüllen, ohne dass sie dazu ermahnt oder angetrieben werden musste. Die innere Antreiberin wurde gar nicht mehr gebraucht, im Gegenteil, sie richtete sogar Schaden an und wirkte der Erdung des spirituellen Aspekts entgegen. Der Traum machte mir klar, dass ich die innere Antreiberin zwar nicht ganz verjagen konnte, sondern ihr auch weiterhin Gehör schenken sollte, um mich zu erden. Aber ich musste sie eindeutig zügeln. Die erleuchtete Weise Frau diente der Welt in ihrer Präsenz und konnte sich getrost dem Strom des Lebens überlassen.

Der Traum kam in einer Zeit zu mir, als ich tatsächlich schon die Erfahrung gemacht hatte, dass meine Präsenz Impulse im Leben anderer Menschen setzen konnte, ohne dass ich etwas Bestimmtes tun musste. Ich lernte gerade, der universellen Intelligenz zu vertrauen, ohne viel vorauszuplanen, und die Geschenke des Lebens anzunehmen.

Ich möchte hier noch ein Beispiel für einen inneren Konflikt des kollektiven spirituellen Bewusstseins anführen, der mir auch oft im Traum begegnet ist. Es handelt sich um einen urweiblichen Konflikt. Ich nenne ihn »Die Heilige und die Hure«. Auf Männer bezogen würde ich von »Mönch und Lebemann« sprechen. Ich träumte, dass ich eine Frau besuchte, die von anderen Menschen verehrt wurde, weil sie zahlreiche Marienerscheinungen gehabt und davon berichtet hatte. Die Menschen waren beeindruckt von ihren Durchgaben und Visionen. Sie bewunderten sie. Die Frau führte mich in ihr Wohnzimmer, in dem eine menschengroße Statue der Maria stand, die das Jesuskind auf dem Arm trug und reine Liebe ausstrahlte. Ich sprach der Frau meine Hochachtung aus und schwärmte davon, dass die Statue die vollkommene innere Einheit und hingebungsvolle Verschmelzung von Mutter und Kind verkörperte.

Während ich noch ganz in die Betrachtung der Marienstatue versunken war, sprang die Hausherrin auf einmal auf und kündigte an, dass ich jetzt gehen müsse, weil sie selbst das Haus verlassen wolle. Allerdings komplementierte sie mich anschließend nicht gleich aus der Tür, sondern ich konnte zusehen, wie sie sich für ihren Ausgang zurechtmachte. Sie warf sich in Schale. Sie zog ein glitzerndes Kleid an und schminkte sich auffällig. Sie steckte ihre Haare auf und schlüpfte in hochhackige Schuhe. Als wir gemeinsam das Haus verließen, sagte sie mir, dass sie jetzt in einen Club ginge, um Party zu machen. Ich blieb etwas ratlos zurück und ging schließlich nach Hause.

Plötzlich klingelte es an der Tür. Vor der Tür stand eine Indianerin. Sie trug ein Ethnokleid mit Fransen, eine Blumenkette und Federn im Haar. Wir umarmten uns innig. Ich führte sie in meinen Garten. Sie begutachtete die Pflanzen und gab mir Tipps zur Gartenpflege. Dann setzten wir uns unter einen Baum und redeten über Gott und die Welt. Bei Einbruch der Dunkelheit zündeten wir im Garten ein Feuer an und tanzten ums Feuer.

Im Traum hatte ich eine Lösung für den archaischen Konflikt zwischen der Heiligen und der Hure gefunden. Der Konflikt beruht auf einem männerdominierten und von den traditionellen Religionen geprägten Blick auf Frauen. Entweder werden sie als gütige Mutter angehimmelt und verehrt, damit aber auch auf Distanz gehalten. Oder sie werden wegen ihrer sexuellen Ausstrahlung und Abenteuerlust verdammt.

Mein im Traum anwesendes Über-Ich konnte offenbar diese beiden gegensätzlichen weiblichen Aspekte zunächst auch nicht zusammenbringen. Im Traum genoss ich die kontemplative Begegnung mit Mutter Maria und wäre so gerne in ihrer Gegenwart verweilt. Andererseits wäre ich anschließend auch am liebsten mit zur Party gegangen. Als ich ein wenig ratlos zurückblieb, weil sich meine inneren Bedürfnisse nicht vereinbaren ließen, rettete mich die Schamanin. Sie kannte sich mit der spirituellen Versenkung und der Gestaltung und Heilung der Welt gleichermaßen aus. Im Einklang mit den Rhythmen der Natur brachte sie ihre Lebensfreude zum Ausdruck.

Eines Nachts träumte ich, dass ich einatmete und mit diesem Atemzug eine Reihe von Symbolen in mich hinein flutschte. Ich erkannte im Traum, dass es sich bei den Symbolen um die Tierkreiszeichen handelte. Nach dem Traum erwachte ich entgeistert und wurde mir bewusst, dass ich nun auch meine astrologische Disposition integriert hatte. Ich verkörperte alle astrologischen Aspekte und mein Leben konnte sich jenseits der Prägung durch meinen Geburtstermin entfalten. Dem entspricht, dass indische Astrologen dem Geburtshoroskop von Menschen mit erweckter Kundalini keinen hohen Stellenwert mehr zuschreiben.[84]

Ich selbst konnte immer wieder bahnbrechende Transformationen durch einen Traum erleben. Saint Germain hat uns wiederholt geraten, in schwierigen Lebenslagen einen **Heilschlaf** zu wählen, um über Nacht festsitzende Denk- und Verhaltensmuster aufzulösen.[85] Wenn du kurz vor dem Einschlafen um einen Heilschlaf bittest, kannst du dich einfach überraschen lassen, an welche Träume du dich am nächsten Morgen noch erinnerst oder wie du dich am nächsten Tag fühlst.

~ Perspektive

Von den traditionellen Aufgestiegenen Meistern wie Jesus oder Buddha wird berichtet, dass sie ihre Familien verlassen haben. Diese Aussage hat auch einen symbolischen Wert. Im Laufe des Aufstiegs wird die persönliche Identität des Betreffenden dekonstruiert und das universelle Selbst jenseits der menschlichen Persönlichkeit erscheint.[86]

Der freie und souveräne Schöpfer der eigenen Realität handelt unabhängig von Erziehung, Sozialisation und Massenbewusstsein. Wenn ich mit echten Lebensfragen zu meinen geistigen Helfern kam, konnte ich immer auf Antworten jenseits meiner einschränkenden Glaubenssätze hoffen. Die Trancetechniken, die ich gelernt hatte, halfen mir ebenso wie meine Träume, mentale Begrenzungen zu überwinden und mich auf inspirierende

Wahrheiten und überraschende Lösungen einzulassen. Was als Beschränkung oder Herausforderung daherkommt, entfaltet sich im Rückblick oft als perfekter göttlicher Plan. Der Meister schöpft aus der Quelle universeller Weisheit.

Saint Germain präsentiert hierzu immer gerne das Bild des Diamanten, der in allen Farben des Lebens erstrahlt. Die Aspekte der Persönlichkeit, die durch Herkunft, Sozialisation und Biografie in diesem Leben und auf dem eigenen Seelenweg in vielen, vielen Leben geprägt wurden, bilden die Facetten des Diamanten. Dahinter erstrahlt das eigene Seelenlicht wie das überirdische Schimmern eines Diamanten.

Wenn du deine einzigartige Prägung durch deinen Seelenweg und deine Biografie würdigst und integrierst, kannst du dein wundervolles Charisma in der Welt erstrahlen lassen. Wenn du alle deine inneren Anteile in Liebe angenommen hast, verkörperst du Respekt und Annahme für alle Ausprägungen und Phänomene des Lebens. Du bist erleuchtet.

KUNDALINI

1 FLAMME DER TRANSFORMATION

~ Das Phänomen der Kundalini

Trotz jahrelanger spiritueller Praxis wurde ich meinen ersten Erfahrungen mit der Kundalini unvorbereitet überrascht. Dabei war es gar nicht ungewöhnlich, dass auf die permanente Bewusstseinserweiterung mit Trancetechniken auch die energetische Transformation des Körpers folgte.

Das erwachte Gehirn fördert die Erweckung der Kundalini.[1] Kundalini-Erfahrungen können durch unterschiedliche Methoden und Einweihungswege initiiert werden, selbst wenn sie nicht einmal bewusst beabsichtigt werden.[2]

So wie allgemein mystische Praxis in unserer Kultur sowohl in den Kirchen wie auch in religiösen Zirkeln unterschätzt wird, wird auch die Erweckung der Kundalini als großartige Chance für die spirituelle Entwicklung oft ignoriert. Die Begegnung mit der Kundalini ist »der Grundstein aller echten religiösen Erfahrung, die den geistigen Meistern der Vergangenheit in vielen

Teilen der Erde bekannt war. Aufgrund einer seltsamen Ironie des Schicksals ist diese lebensnotwendige Kenntnis sehr selten in unserem aufgeklärten Zeitalter geworden.«[3]

Fundiertes Wissen über die Chancen und Risiken der Kundalini-Erweckung ist am ehesten in buddhistischen Gemeinschaften und in Yoga- und Tantra-Schulen zu finden.

Allerdings bin ich einigen Menschen begegnet, die nach einer Kundalini-Erweckung auch von ihren Yoga- oder Meditationslehrern keine angemessene Unterstützung erhalten haben, entweder weil die Lehrer sich selbst nicht auskannten oder das Phänomen zu salopp heruntergespielten. Bei der Kundalini-Erweckung handelt es sich um eine tiefgreifende spirituelle Initiation, die man in ihrer ganzen Tragweite erst dann richtig erfassen kann, wenn man sie durchlebt hat.

Im alt-indischen Sanskrit bedeutet der Begriff Kundalini wörtlich »die Aufgerollte/Zusammengerollte«.[4] In mythologischer und bildhafter Sprache wird in der tantrischen Tradition des Hinduismus und Buddhismus die Kundalini mit einer am Ende der Wirbelsäule schlafenden zusammengerollten Schlange verglichen. Durch die Erweckung der Kundalini steigt Energie wie eine sich erhebende Schlange die Wirbelsäule hinauf.

Die Kundalini ist die Flamme der Transformation im menschlichen Körper. Es handelt sich um eine dem Körper innewohnende Energie, die, wenn sie aktiviert worden ist, eine äußerst heilsame Wirkung zeigt. Die Kundalini ist der göttliche Funke, der in uns wirkt, damit wir Engel werden. Ich würde die Kundalini als ein geistiges Portal bezeichnen, das sich auf einer bestimmten Stufe der spirituellen Entwicklung öffnet und es dem Energiekörper sowie dem physischen Körper eines Menschen ermöglicht, viel mehr universelle Energie aufzunehmen.

Die im Körper wirkende Energie der Kundalini ist allerdings bis heute in der etablierten Wissenschaft nicht nachgewiesen und anerkannt.[5] Ich hoffe und vertraue darauf, dass es in einigen

Jahren möglich sein wird, die Existenz der Kundalini-Energie wissenschaftlich zu bestätigen, so wie die Wirkung der Akupunktur inzwischen gewürdigt wird. Man muss die mentalen Begrenzungen unserer Kultur überwinden, um sich die greifbaren körperlichen Veränderungen vorstellen zu können, die mystische Grenzerfahrungen bewirken. Die amerikanische Psychotherapeutin Bonnie Greenwell, die sich durch zahlreiche Forschungen und Fallstudien zur Kundalini ausgezeichnet hat, definiert die Kundalini als »das Selbst, das sich seiner Göttlichkeit bewußt ist«[6]. Wenn ich diese Definition mit dem Bild der schlafenden Schlange verbinde, dann wird klar, dass jeder Mensch die Möglichkeit der Erleuchtung in sich trägt. Jeder kann sich der Gegenwart Gottes bewusst werden. Die Erweckung der Kundalini ist ein Bewusstseins-Shift. Die Kundalini verbindet das Individuum mit universellem göttlichem Bewusstsein.

Das Phänomen Kundalini wird weltweit in unterschiedlichen religiösen, mystischen und schamanischen Traditionen beschrieben, zum Beispiel im Hinduismus, Buddhismus, Taoismus, in der christlichen Mystik oder im afrikanischen Schamanismus.[7] »Auch die Theosophen, Freimaurer, Rosenkreuzer und Alchimisten kannten nachweislich geheime Praktiken, um Energien zu wecken.«[8] Den christlichen Mystikern Hildegard von Bingen, Meister Eckhart, Katharina von Genua, Katharina von Siena, Johannes vom Kreuz, Apostel Paulus, Theresia von Avila, Teilhard de Chardin, Jakob Böhme und Emanuel Swedenborg wird aufgrund der von ihnen überlieferten Texte eine Kundalini-Erweckung zugeschrieben.[9] »Man kann … das Pfingsterlebnis, die Einwohnung des Heiligen Geistes im Körper, mit der Kundalini-Erfahrung im Wesentlichen gleichsetzen.«[10] Der zeitgenössische katholische Autor Philip St. Romain beschreibt den Kundalini-Prozess aus der Sicht christlicher Spiritualität.[11]

Bei der Erfahrung der Kundalini handelt es sich um einen kulturübergreifenden Prozess. Die Begegnung mit der Kundalini lehrt uns, dass tiefgreifende mystische Erlebnisse individuell erfahren werden. Um andere Sinnsuchende zu inspirieren, müssen sie auch authentisch mit eigenen Worten und persönlichen Ausdrucksmitteln kommuniziert werden.

Obwohl die spirituellen Öffnungserlebnisse verschiedener Menschen Ähnlichkeiten aufweisen können, lassen sie sich nicht in Konzepte und Regeln pressen. Jenseits aller Übungsanleitungen und Methoden ist »unser spirituelles Erwachen ein Prozess zwischen uns und dem Geist in uns«.[12]

Viele spirituelle Lehrer und Experten weisen darauf hin, dass sich Kundalini-Erweckungen in jüngster Zeit häufen, was meiner eigenen Einschätzung entspricht. Wenn immer mehr Menschen sich spirituellen Übungen zuwenden und sie kontinuierlich und ernsthaft praktizieren, werden Kundalini-Erfahrungen wahrscheinlicher.[13] Ich glaube auch daran, dass jeder Mensch auf seinem spirituellen Aufstiegsweg der Kundalini begegnet. »Früher oder später werden wir alle mit der Kundalini konfrontiert.«[14]

Tatsächlich stellt es eine große Herausforderung dar, in unserer schnelllebigen Gegenwart mit erweckter Kundalini zu leben, ohne, wie in traditionellen religiösen Kulturen üblich, sich phasenweise in ein Kloster oder einen Ashram zurückzuziehen. Ich selbst habe mich zur Yoga-Szene nie hingezogen gefühlt, was meiner Ansicht nach auf Erfahrungen aus früheren Leben basiert. Entweder wirst du von einer Tradition, Kultur oder Religion nicht fasziniert, weil sie dir fremd ist oder weil du sie in- und auswendig kennst und etwas Neues erfahren möchtest. Ich möchte dich auch inspirieren, in jeder Hinsicht deinem persönlichen Aufstiegsweg zu vertrauen, den du aus gutem Grund eingeschlagen hast. Wie du meinen Literaturangaben entnehmen kannst, sind Kundalini-Erfahrungen zum Glück inzwischen auch zum Forschungsgegenstand der Psychologie geworden, vor allem in den Vereinigten Staaten.

Gerade weil die Erweckung der Kundalini in der christlichen Religion, in der Esoterik und bei spirituellen Heilern nicht genug Aufmerksamkeit bekommt, habe ich ihr einen Teil dieses Buches gewidmet. Immer mehr Menschen erfahren fundamentale Bewusstseinserweiterung als Rezipienten spiritueller Literatur oder als aktive Channeler, als Patienten medialer Therapeuten oder als praktizierende Tranceheiler. Der Bewusstseinserweiterung und Herzöffnung folgt dann die körperliche energetische Transformation. Es ist an der Zeit, sich intensiver mit den bioenergetischen Begleiterscheinungen des spirituellen Bewusstseinswandels zu beschäftigen.[15] Oft führt der mit der spontan aktivierten Kundalini einhergehende energetische und biochemische Prozess im Körper die betroffenen Menschen überhaupt erst zur Mediation, Religion und Spiritualität.

Dass sie sich schwer definieren oder beschreiben lässt, liegt in der Natur der Kundalini selbst. Da es sich um ein energetisches Phänomen handelt, entzieht sie sich der Alltagssprache und dem Verstand.[16] Außerdem eröffnet die Kundalini einen differenzierten biologischen, psychologischen und spirituellen Prozess.[17] Allerdings weist nicht jeder Energiefluss im Körper auf eine aktive Kundalini hin.[18] Ob es sich nur um energetische physische Wahrnehmungen oder tatsächlich um eine Kundalini-Erweckung handelt, lässt sich vor allem daran erkennen, dass die Kundalini sich in der Wirbelsäule bemerkbar macht. Dass eine starke Energie in der Wirbelsäule auf- und absteigt, ist für mich das Alleinstellungsmerkmal der Kundalini.

Wenn eine sehr körperlich wahrnehmbare Energiekugel die Wirbelsäule herauf- und herunterläuft, kannst du von einer Kundalini-Erweckung ausgehen. Außerdem erlebt man das Aufsteigen der Kundalini in der Wirbelsäule als besonders wohltuend und beglückend. »Die Kundalini-Energie fühlt sich in unserer Wirbelsäule ein bisschen wie eine starke, unkontrollierbare sexuelle Energie an. Doch während die sexuelle Energie etwas mit dem Schöpfungsprozess zu tun hat, wirkt die Kundalini-Energie auf unseren spirituellen Wachstumsprozess.«[19]

Zwei Phänomene treten oft im Zusammenhang mit der Erweckung der Kundalini auf und können meiner Ansicht nach auch als Beweise dafür dienen. Wenn die Kundalini das Herz-Chakra erreicht hat, stellen sich sphärische Töne ein.[20] Der hohe Ton könnte mit einem Tinnitus verwechselt werden, wird aber als angenehm erlebt. Bei mir ist der hellklingende Ton immer präsent, ohne dass ich mich natürlich in der Hektik des Alltags darauf konzentriere. Wenn ich in Stress gerate, verstärkt sich der Ton sogar und gibt mir ein Gefühl des Aufgehobenseins in der Welt.

Außerdem kann man das ganz und gar wundervolle Phänomen der »blauen Perle« erleben, ein überirdisches blaues Licht, das mit Entgrenzungs- und Einheitserfahrungen einhergeht. Blaues Licht im Gesichtsfeld während der Meditation tritt auf, wenn sich die Gehirnwellen im heilsamen Theta-Zustand befinden.[21] Die Erscheinung der »blauen Perle« weist darauf hin, dass sich nach der Reinigung des Energiekörpers durch die Kundalini der Lichtkörper manifestiert.[22]

Die aktive Kundalini krempelt in unvergleichlicher Weise alle Denkmuster und Vorstellungen von der Realität um. Sie reißt mentale Schranken ein und bringt göttliches Bewusstsein hervor.[23] Auf der anderen Seite fördert die Kundalini die Hinwendung zum Leben und erdet sehr stark. Sie »verwurzelt … den Himmel in der Erde«.[24] Dazu passt auch, dass sich die Kundalini in der Wirbelsäule von oben nach unten und umgekehrt bewegt.

Mit dem Aufstieg der Kundalini verändert sich unsere Beziehung zu uns selbst und zu den anderen Menschen.

Wir werden »uns unserer wahren Natur bewusst, unserer Größe und der Tatsache, dass wir nicht nur Gott angehören, sondern dass wir Gott *sind*.«[25] Dann können wir auch unsere Mitmenschen als göttlich anerkennen und ihnen tieferen Respekt und größere Zuneigung entgegenbringen.

Wenn immer mehr Menschen ihre Kundalini erwecken, wird dem auch ein außerordentlicher Beitrag für die Entwicklung der Menschheit zugeschrieben. Indem die Kundalini die «Schöpferkraft im Menschen"[26] anfacht, dient sie dem Fortschritt. Der indische Kundalini-Experte Gopi Krishna schwärmt: »Innerlich entfaltet sich der Mensch zu einem Schauenden, der Träger eines höheren Bewusstseins ist, mit einem geistigen oder sechsten Sinn begabt. Äußerlich wird er ein religiöses Genie werden, ein Prophet, eine geistige Größe mit einer unheimlichen Vielseitigkeit und Einsicht, mental vollständig verschieden von dem, was er vor der Erweckung war.«[27]

Mein spiritueller Lehrer Saint Germain, den ich ja viele Jahre gechannelt habe, hat immer wieder darauf hingewiesen, dass die Quelle der Heilung und der Glückseligkeit in jedem Menschen selbst liegt. Ich habe ihm das geglaubt, aber richtig erfassen konnte ich diese Wahrheit erst mit der aktiven Kundalini. Die Kundalini ist eine persönliche Quelle absoluter Freude, Weisheit und Liebe.[28] Sie ist perfekte(r) innere(r) Geliebte(r) und fürsorgliche Mutter. Traditionell wird die Kundalini als weibliche Kraft erfahren.[29] Vielleicht werden ihr aber in der hinduistischen Tradition auch nur deshalb weibliche Züge zugeschrieben, weil die Yoga-Meister Männer waren. Allerdings habe ich die Kundalini auch als die Innere Mutter erlebt, die mich, wenn ich nach einem anstrengenden Tag erschöpft im Bett lag, fürsorglich und liebevoll umhüllt hat. Die Kundalini initiiert eine natürliche »Therapie, die jeder äußerlichen Therapie überlegen ist«.[30] Sie ist die superintelligente Innere Heilerin.

Außerdem ist die Kundalini die Innere Priesterin, die in vollkommener Weise deine spirituelle Entwicklung steuert. Sie initiiert außerordentliche mystische Öffnungen immer zur rechten Zeit und am rechten Ort, so dass du dich anschließend ausbalancieren kannst. Sie unterstützt dich dabei, dich zu erden und den Bezug zur Welt nicht zu verlieren.

Sie kann dich erleuchten und wieder auf den Boden der Tatsachen zurückführen. Mit der Aktivierung der Kundalini durchschreitet man ein Portal der energetischen Transformation und betritt eine neue Ebene der mystischen Existenz.[31]

~ Die Auslöser

Bei vielen Menschen folgt die energetische Transformation der Kundalini-Aktivierung der Bewusstseinserweiterung durch meditative und spirituelle Praktiken. »Grundsätzlich lässt sich die Kundalini durch jede Art von spiritueller Erfahrung und Praxis erwecken.«[32] Meditation, Kontemplation, innere Reisen, spirituelle Rituale, energetisches Heilen, Yoga, Bioenergetik, Qigong und asiatische Kampftechniken können die Kundalini in Bewegung setzen. Wenn die regelmäßige spirituelle Praxis mit demütiger Hingabe an das Göttliche kombiniert wird, entsteht der perfekte Nährboden für den Aufstieg der Kundalini.[33] In großartiger Weise wirken kann die Kundalini, wenn sie gewürdigt und verehrt wird.[34]

Allerdings handelt sich bei der Kundalini-Erweckung um einen geheimnisvollen Akt reiner Gnade.[35] Es bleibt oft verborgen, warum der eine engagiert und hingebungsvoll Praktizierende das Geschenk der Kundalini empfangen darf und der andere nicht. Fest steht allerdings, dass die aktive Kundalini ansteckend wirkt. »Es ist daher nicht notwendig, Gruppierungen oder gar Sekten neu zu gründen, in denen spezielle Praktiken zur Kundalini-Erweckung ausgeübt werden; die Verbreitung erfolgt ausgehend vom einzelnen Erweckten wie von selbst.«[36] So konnten sogar nach einem Forschungskongress zum Thema Kundalini zahlreiche Erweckungen festgestellt werden.[37]

Das in der Yoga-Tradition weit verbreitete Ritual des »Shaktipat« beruht auf der Tatsache, dass sich die Energie der Kundalini von einem erleuchteten Lehrer durch »Berührung, Wort, Blick oder Gedanken«[38] auf andere Menschen übertragen lässt. Du kannst sicher nachvollziehen, dass Menschen allein durch ihre energetische Ausstrahlung andere beeinflussen.[39] Begegnungen mit anderen Menschen können einen in Hochstimmung verstzen (und natürlich auch abtörnen). Ob dem ritualisierten Vollzug des Shaktipat jedoch die gewünschte Wirkung folgt, lässt sich nicht kontrollieren. Die Erweckung der Kundalini folgt ihrem eigenen Rhythmus.

In der westlichen Zivilisation geschieht die Kundalini-Aktivierung allerdings oft absichtslos und unvermittelt. Dabei können körperliche oder seelische Traumen die Kundalini in Gang setzen. Es sieht so aus, als springe die Kundalini häufig in äußerst schwierigen Lebensumständen an – als Retter in der Not. Eine Nahtoderfahrung kann ein Auslöser sein, genauso wie die Geburt bei Frauen.[40] Drogenabhängige erleben oft eine spontane Erweckung der Kundalini, auch durch die Teilnahme am Zwölf-Schritte-Programm.[41] Aus meiner Sicht handelt es sich bei dem Zwölf-Schritte-Programm um eine geniale Erfindung, deren Inhalte das Leben nicht nur von Abhängigen oder Co-Abhängigen bereichern. Wahrscheinlich hat der Mitbegründer der Anonymen Alkoholiker William Griffith Wilson selbst eine Kundalini-Erweckung erlebt.[42]

Kreative Prozesse und intensive Konzentration können auch die Kundalini in Bewegung setzen. Im Flow künstlerischen Schaffens wirken wie bei der Meditation geistige Öffnung und Hingabe zusammen. Aus den Aufzeichnungen vieler berühmter Künstler, Musiker und Wissenschaftler lässt sich schließen, dass sie mit erweckter Kundalini lebten. »Kundalini ist die Kraft hinter Genies … wie Leonardo da Vinci, Mozart, Goethe, Newton, Einstein und vielen anderen.«[43]

Die einmal erweckte Kundalini ist auch nicht permanent aktiv. Auf dynamische Phasen folgen oft längere Ruhepausen, die der Integration dienen. Ich habe gute Erfahrungen damit gemacht, der innewohnenden Intelligenz der Kundalini zu vertrauen. So findet der Transformationsprozess »aus sich selbst heraus ein natürliches Tempo und Gleichgewicht.«[44]. Wenn ich das Gefühl hatte, dass meine menschliche und/oder spirituelle Entwicklung stagniert, dann habe ich immer wieder meinen inneren Fokus auf die heilsame Kraft der Kundalini gerichtet und sie eingeladen, an mir ihr Werk zu tun. Ich lernte, das subtile genauso wie das überwältigende Wirken der Kundalini anzunehmen. Man sollte »sich der Kundalini als einer geistigen Führerin anvertrauen, der man Aufmerksamkeit und Respekt zollt.«[45] Die Kundalini übt eine ganzheitliche Heilwirkung aus, die individuell zugeschnitten ist. Die Kundalini schenkt jedem Menschen zur gegebenen Zeit alles, »was er benötigt, um auf seinem ureigensten Weg das höchste Ziel zu erreichen.«[46] Häufigkeit und Intensität meiner spirituellen Praxis habe ich danach ausgerichtet, dass ich mich immer noch gut geerdet fühlte und meine alltäglichen Pflichten erledigen konnte. Wenn ich mich nach Phasen intensiver Aktivität der Kundalini so abgehoben fühlte, dass mir meine Hausarbeit schwerfiel, habe ich auf Meditation verzichtet und mich lieber in der Natur entspannt.

Ich habe mich selbst beobachtet, um festzustellen, wodurch die Aktivität der Kundalini wieder verstärkt wurde, nachdem sie einmal erweckt und aufgestiegen war. Die Kundalini schien entspannte und ruhige Lebensphasen auszunutzen, um den Transformationsprozess voranzutreiben. Außerdem ist mir aufgefallen, dass Sonnenbäder bei mir die energetische Wirkung der Kundalini intensiviert haben. Interessanterweise reagierte die Kundalini nach meiner Wahrnehmung öfter auch auf meine Aktivitäten in der Zukunft. Wenn mir eine anstrengende Begegnung mit anderen Menschen bevorstand, schien mich die Kundalini an den Tagen und in den Nächten vorher auszubalancieren, damit ich den Herausforderungen besser gewachsen war. Nachdem ich den Besuchstermin mit einer Bekannten, die im Sterben lag, ausgemacht hatte, erlebte ich zum Beispiel eine verstärkte Aktivität der Kundalini. Ähnliches konnte ich nicht nur erfahren, wenn ich mit kranken und schwierigen Menschen in Kontakt kam, sondern auch, wenn ich relativ normale, aber sehr gestresste Menschen traf, die ich nicht regelmäßig sah. Oft trat die Kundalini auch in Aktion, wenn ich von einer spontanen Begegnung, einem Kneipenbesuch oder einer Reise nach Hause kam, die mich angestrengt hatten.

~ Herausforderung Kundalini

Die Erweckung der Kundalini wird meistens als eine von unten die Wirbelsäule aufsteigende Energie erlebt. Sie wird daher mit einer im Wurzel-Chakra unterhalb des Steißbeins ruhenden Schlange verglichen, die sich aufrichtet. Viele Betroffene spüren aber die aufsteigende Energie nicht nur in der Wirbelsäule, sondern schon in den Beinen.[47] In der christlichen Tradition findet sich übrigens das Symbol der Taube für den vom Himmel herabsteigenden heiligen Geist, der zur Transformation des Individuums beiträgt.[48] Ich finde es sinnvoll, von einer Erweckung oder Aktivierung der Kundalini zu sprechen, was voraussetzt, dass es sich um eine im eigenen Körper schlummernde Energie handelt. Ich würde die Kundalini als den Funken Gottes bezeichnen, den wir in uns tragen. Wenn sich die Kundalini durch die einzelnen Abschnitte der Wirbelsäule und die Chakren, die Energiezentren des feinstofflichen Körpers, hocharbeitet, findet eine tiefgreifende Transformation auf allen Ebenen statt. Die Aktivität der Kundalini im physischen Körper und im Energiekörper produziert vielfältige körperliche, seelische und geistige Symptome.

Allerdings können die Aufstiegssymptome, die im Zusammenhang mit der Kundalini beschrieben werden, auch generell in spirituellen Krisen auftreten. Selbst wenn du noch keine Kundalini-Erweckung erlebt hast, kannst du daher davon profitieren, dich mit den hier beschriebenen Phänomenen zu befassen und dich darauf vorzubereiten, wie man mit ihnen umgeht. Ich erhebe keinen Anspruch, eine vollständige Liste der durch die Kundalini initiierten möglichen Symptome vorzulegen, sondern benutze bewusst den Begriff »spirituelle Symptome«. Die hier beschriebenen Erscheinungen können auch schon im Vorfeld einer Kundalini-Erweckung oder allgemein als Begleiterscheinung spiritueller Entwicklung auftreten. Es kann sein, dass du die im Folgenden genannten Symptome kennst, selbst wenn du noch nicht mit der Kundalini in Kontakt gekommen bist.

Die spirituelle Entwicklung bringt eine Bandbreite an Symptomen hervor, die inzwischen gut dokumentiert ist. Du findest lange Listen über Kundalini-Symptome im Internet oder in der Literatur. Besonders überzeugend ist die Literatur, die auf wissenschaftlichen Fallstudien mit einer größeren Anzahl an Fällen basiert.[49] Die kanadische Ärztin Dr. Yvonne Kason nennt aufgrund ihrer Forschungen folgende im Zusammenhang mit der Kundalini am häufigsten auftretende Symptome: entlang der Wirbelsäule oder im Körper aufsteigende Energieempfindungen, Episoden der Glückseligkeit, überwältigende Liebe, Episoden der Bewusstseinserweiterung, ungewöhnliche Lichterscheinungen, Wahrnehmung innerer Töne.[50]

Wenn Menschen sich mit zum Beispiel im Internet aufgeführten Kundalini-Symptomen identifizieren, glauben sie oft fälschlicherweise, dass sie schon eine Kundalini-Erweckung durchlebt haben, obwohl das noch gar nicht der Fall war. Ein untrügliches Zeichen für die Wirkung der Kundalini im Körper ist meiner Ansicht nach die auf- und absteigende Energiebewegung im Wirbelkanal des Rückgrats. Selbst wenn du dir nicht sicher bist, ob deine Kundalini bereits erweckt ist, kannst du dich in einem gravierenden spirituellen Transformationsprozess befinden und daher auch von den Informationen in den folgenden Kapiteln profitieren.

Ich präsentiere die spirituellen Symptome aus einer neuen Perspektive, nämlich aus Sicht der ganzheitlichen Heilkunde.

Auf diese Weise lassen sich Sinn und Zweck der spirituellen Symptome noch besser verstehen.

2 Körperliche Symptome

In der klassischen fernöstlichen Literatur zum Phänomen der Kundalini werden oft sehr drastische körperliche Symptome geschildert, die in den modernen Berichten fehlen. Das hängt sicher mit unserer gesünderen Lebensweise und ausgewogeneren Ernährung zusammen. Der körperliche Reinigungsprozess, der durch die Kundalini verursacht wird, geht in der heutigen Zeit wesentlich sanfter vonstatten.

~ Körperliche Sensationen und Krämpfe

Oft wird von schmerzhaften Krämpfen, unkontrollierbaren Zuckungen, Zittern, Taubheit und Missempfindungen in den Gliedmaßen als Folge der Kundalini-Aktivität berichtet. Auf diese Weise lösen sich Verspannungen und tiefsitzende körperliche Blockaden. Carl Gustav Jung schildert anschaulich, warum auch emotionale Turbulenzen körperliche Spuren hinterlassen: »Wenn zum Beispiel eine Emotion eine große Intensität erreicht, drückt sie sich nicht mehr durch Worte aus, sondern physiologisch. Sie verläßt den Körper nicht durch den Mund, sondern auf andern Wegen, beispielsweise durch die Blase.«[51]

Schon vor meiner Kundalini-Erweckung hatte ich meinem Körper und meiner Gesundheit gebührende Aufmerksamkeit geschenkt. Außerdem habe ich mich Zeit meines Lebens vollwertig ernährt. Dass ich auch in Zeiten starker Kundalini-Aktivität wenig mit den oben genannten Symptomen zu tun hatte, habe ich auch auf meinen guten Mineralhaushalt zurückgeführt. Allerdings kenne ich auch unvermittelt auftretende Krämpfe in Beinen und Armen. Diese Krämpfe sind immer sofort verschwunden, wenn ich entsprechende **Mineralien** als Nahrungsergänzung, als Schüsslersalz oder als homöopathisches Mittel eingenommen habe. Ich fand es sehr erleichternd, ein Kombinationspräparat aus Magnesium und Calcium in der Tasche zu tragen, um es im Akutfall bei plötzlich auftretenden Krämpfen einzunehmen.[52] Oft habe ich es aber auch wochenlang gar nicht gebraucht. Die energetische Transformation der Kundalini lässt phasenweise den Stoffwechsel, den Mineral- und den Hormonhaushalt durcheinandergeraten, um sie schließlich zu harmonisieren und zu stabilisieren.

Wenn der Körper sich auf eine höhere Frequenz einschwingt und mehr Lichtenergie aufnimmt, äußert sich das oft als ein inneres Vibrieren. Der Körper balanciert sich in einer höheren Schwingung aus. Wenn das Einheitsbewusstsein wächst, verschwinden die Grenzen zwischen dem Ich und der Welt. Das betrifft dann auch die Wahrnehmung der Körpergrenzen. Sie lösen sich auf, was mit unangenehmen Sensationen verbunden sein kann. Einzelne Körperteile oder der ganze Körper scheinen anzuschwellen. Die Haut kribbelt, juckt und brennt. Man möchte aus der Haut fahren. Diese Symptome können auftreten, ohne dass sich überhaupt ein Ausschlag zeigt.

Wenn das Gefühl für die eigenen Körpergrenzen verschwindet, fühlt man sich unwohl, weil man den Boden unter den Füßen zu verlieren glaubt. Man fürchtet, in Ohnmacht zu fallen, vor allem wenn diese Wahrnehmungen mit Schwindel kombiniert sind. Wenn der Körper sich aufzulösen scheint, was auch in Alltagssituationen auftreten kann, hilft dir **bewusstes Atmen**.[53] Wenn du bewusst in den Unterleib oder noch besser bis in die Zehenspitzen atmest, kannst du dich automatisch erden. Wenn die Energien zu stark werden und dir zusetzen, kannst du auch mit ihnen kommunizieren und sie bitten, dich eine Weile in Ruhe zu lassen. Du kannst dir die Kundalini als **Innere Heilerin** vorstellen, mit der du jederzeit sprechen kannst.[54]

Eines Tages überfiel mich ein plötzlich auftretendes Zittern der rechten Hand. Ich konnte nur zugucken, wie meine Hand flatterte. Weil sich das Zittern nicht abstellen ließ, war ich natürlich ziemlich geschockt. Ich habe mich dann entschieden, dass ich die Hand einfach auszittern lasse, bis der Anfall vorüber ist. Etwas anderes konnte ich sowieso nicht tun. Währenddessen stiegen Erinnerungen aus meinem Unterbewussten auf und liefen wie ein Film vor meinem inneren Auge ab. Ich erinnerte mich, dass ich als Schülerin in der Oberstufe und als Studentin seitenlange Aufsätze mit der Hand schreiben musste. Vor allem im Studium musste ich überlange Klausuren unter großem Zeitdruck absolvieren, was meine rechte Hand aufs Äußerste anstrengte. Der Prüfungsstress flatterte aus meiner Hand heraus, bis das Zittern auf einmal nachließ. Auf diese Weise löst die Kundalini körperliche Blockaden auf.

Ein typisches Symptom, dass das Aufwachen hervorbringt oder verstärkt, sind Schulter- und Nackenverspannungen. Es geht im Aufstiegsprozess darum, alles loszuwerden, was du dir aufgehalst hast, obwohl es dir nicht gehört. Der Körper lässt dich die Last spüren, die du dir auf die Schultern geladen hast. Das Leid der Welt, der Verwandten und Freunde, lastet auf den eigenen Schultern. Am tiefsten Punkt des Schmerzes kann dir bewusstwerden, was im Speziellen du loslassen kannst. Der Sinn der Verspannungen liegt darin, dass du körperlicher Blockaden gewahr wirst und sie sich im Zuge einer Verschlimmerung verflüchtigen können. Die verstärkte Anspannung setzt den Impuls für die Heilung.

In einer Zeit, als ich mit Nackenverspannungen zu kämpfen hatte, erwachte ich einmal plötzlich mitten in der Nacht, nur um mich frustriert im Bett zu wälzen. Auf einmal hörte ich eine klare Stimme, die sagte: »Weiße Schmerzen dienen der Besserung.« Den Begriff **»weiße Schmerzen«** habe ich sofort analog zur »weißen Magie« verstanden, die als heilsam angesehen und der zerstörerischen »schwarzen Magie« gegenübergestellt wird.

Seitdem gehört der Begriff »weiße Schmerzen« zu meinem Wortschatz. Anhaltende Schmerzen müssen unbedingt beim Arzt medizinisch abgeklärt werden. Es kann auch sein, dass man seinen Lebenswandel optimieren muss, um dauerhafte Heilung zu erreichen. Manchmal können bewährte physiotherapeutische Behandlungen wie Massagen und Bäder den Heilungsprozess unterstützen. Da die Kundalini selbst aber eine überaus erfolgreiche Heilerin ist, reicht es oft, sich vertrauensvoll dem Prozess der Verwandlung zu überlassen.

Oft werden Massagen und energetische Therapien, zum Beispiel Osteopathie, Craniosakraltherapie oder Chakren-Heilung sogar als kontraproduktiv erlebt. Selbst Umarmungen oder Geschlechtsverkehr können bei starken akuten Symptomen ein energetisches Chaos produzieren. Man fühlt sich nicht wohl dabei, wenn in den Prozess der **Selbstheilung**, den die Kundalini initiiert hat, starke äußere Impulse eingreifen. Sie stören den inneren, von einer höheren Intelligenz gesteuerten Ablauf der Heilung, der dem persönlichen Aufstieg dient.[55]

~ Symptome des zentralen Nervensystems

Die Kundalini-Aktivität wirkt vor allem auf das Gehirn und das zentrale Nervensystem und verursacht biochemische Modifikationen. Es kann als wissenschaftlich erwiesen gelten, dass intensive spirituelle Praxis das Gehirn verändert.[56] Allerdings wird meiner Ansicht nach bei den entsprechenden Studien der Anteil der aktiven Kundalini zu wenig berücksichtigt, da viele der Probanden mit einem erwachten Gehirn wahrscheinlich auch von einer erweckten Kundalini profitieren.

Mit der Veränderung des Gehirns gehen typische Symptome einher wie Schwindel, Benommenheit, Konzentrationsschwäche und Kopfschmerzen. Die Kopfsymptome kommen und gehen und müssen natürlich auch von einem Arzt begutachtet werden, vor allem wenn sie besonders stark auftreten oder länger anhalten.

Leben und arbeiten in unserer Kultur fordert besonders die linke Gehirnhälfte, also logisches und lineares Denken. Mit der durch die Kundalini-Aktivität ausgelösten **Integration** aller Teile des Gehirns wird die rechte Gehirnhälfte mobilisiert.[57] Du beginnst, anders zu denken und zum Beispiel Analogien intuitiv zu erfassen. Wenn sich das auf lineare Gedankengänge trainierte Gehirn umsortiert, wird es manchmal völlig unmöglich, konzentrierte Routinearbeiten zu verrichten.

Wenn es irgendwie geht, kannst du deinen Tagesablauf deiner Befindlichkeit anpassen. An einem Tag, an dem der Verstand verrücktspielt und du dich schwindelig und unkonzentriert fühlst, brauchst du nicht gerade zu versuchen, die Steuererklärung zu machen, sondern kannst lieber im Garten arbeiten oder den Keller aufräumen. Ich habe festgestellt, dass **manuelle Arbeiten** immer gut erden und so das Gehirn ausbalancieren.

Während sich mentale Schranken auflösen, kann man phasenweise schlecht in rationalen Strukturen funktionieren. In spirituellen Kreisen wird leider oft logisches Denken dämonisiert und es erscheint erstrebenswert, den Verstand auszuschalten und zu überwinden, um Intuition zu gewinnen. Es geht aber darum, alle Bereiche deines Gehirns zu integrieren und so dein volles Potenzial zu nutzen. Die Kunst besteht darin, das Bewusstsein zu erweitern, ohne den Verstand zu verlieren.

~ Heilreaktionen

In der Naturheilkunde kennt man das Phänomen der Heilreaktion oder Erstverschlimmerung. Da die Kundalini die größte Heilerin ist, die man sich vorstellen kann, lassen sich viele im Kundalini-Prozess auftretende Körpersymptome als Reaktionen auf die Heilwirkung der Kundalini interpretieren. Auch der Psychiater Lee Sannella glaubt, dass die äußerst unterschiedlichen Symptome, die im Zusammenhang mit einer Kundalini-Erweckung auftreten, »auf Unterschieden im genetischen

Bauplan beruhen oder auf Unterschieden in der persönlichen Entwicklungsgeschichte jedes Menschen.«[58] Die Auswirkungen der Kundalini auf der körperlichen Ebene lassen sich viel besser verstehen, wenn sie aus der Perspektive des ganzheitlichen Heilens betrachtet werden. Im energetischen Heilen wird das Phänomen der Heilreaktion, die zunächst Symptome an die Oberfläche bringt, meiner Ansicht nach zu wenig berücksichtigt. Heilreaktionen können natürlich nicht nur aufgrund erhöhter Kundalini-Aktivität auftreten, sondern zum Beispiel nach einer energetischen Heilbehandlung, einem spirituellen Ritual, einer Familienaufstellung oder verstärkter Meditation.

Bei vielen körperlichen Symptomen handelt es sich um altbekannte Beschwerden, die im Sinne einer Erstverschlimmerung noch einmal auftauchen, bevor sie ganz verschwinden. »Schmerz und körperliche Erschütterungen werden in den Zellen des Körpers abgespeichert, und wenn Energie ausgeschüttet wird, können infolgedessen auch der Schmerz, die Gefühle und die mit ihnen verknüpften Erinnerungen wieder freigesetzt werden.«[59] Die Kundalini bringt also Symptome an die Oberfläche, die du möglicherweise aus deiner Lebensgeschichte kennst. Es handelt sich um einen tiefgreifenden körperlichen Reinigungsprozess, dem du vertrauensvoll seinen Lauf lassen kannst.

Unter dem Einfluss der Kundalini litt ich unter wiederkehrendem Herpes-Ausschlag, natürlich ein äußerst unangenehmes Symptom. Als ich mich wieder einmal verzweifelt wegen meines Herpes im Spiegel betrachtete, kamen mir plötzlich meine ersten Herpes-Infektionen in der Pubertät und die damit verbundenen Schamgefühle in den Sinn. Außerdem erinnerte ich mich an eine schwere Windpockenerkrankung, die auch durch Herpes-Viren verursacht wird. Ich habe mich erst im Teenageralter bei meinen jüngeren Geschwistern mit Windpocken angesteckt. Die Krankheit verlief außerordentlich dramatisch und der juckende Hautausschlag am ganzen Körper trieb mich in den

Wahnsinn. Es handelt sich um eine Heilreaktion, wenn in den Nervenganglien ruhende Herpes-Viren oder andere unterdrückte Hautausschläge ausgeleitet werden.

Die Kundalini initiiert einen körperlichen Reinigungsprozess, so dass Schlacken und Giftstoffe über Magen und Darm, Niere und Blase, Leber und Haut, Rachen und Nase ausgeschieden werden. So können als spirituelle Symptome Erbrechen und Durchfälle, Nieren- und Blasenbeschwerden, Husten und Schnupfen oder starkes Schwitzen auftreten. Du kannst die **körperliche Entgiftung** unterstützen, indem du häufiger und in größeren Mengen als üblich klares Wasser trinkst. Wenn du möchtest, kannst du nach Bedarf auf Heilkräuter und homöopathische Mittel zurückgreifen.[60]

~ Künstliche Krankheiten

In der Literatur zur Kundalini wird immer wieder betont, dass die damit verbundenen Symptome bei jedem Menschen sehr unterschiedlich ausfallen können. Das erscheint mir vollkommen einleuchtend, wenn man sich die wunderbare Heilwirkung der Kundalini vor Augen führt. In Phasen starker Kundalini-Aktivität können Symptome auftreten, die eine Krankheit vortäuschen. »Ausbrüche latenter Krankheiten oder Pseudokrankheiten«[61] begleiten den Transformationsprozess.

Meiner Ansicht nach heilt die Kundalini gerade deshalb so effektvoll, weil sie unterdrückte Krankheiten hervorbringt und schlummernde Veranlagungen phasenweise verstärkt. Die Idee, dass solche künstlichen Krankheiten eine heilende Wirkung haben, wird auch von Samuel Hahnemann, dem Erfinder der Homöopathie, vertreten.[62] In der Homöopathie werden die künstlichen Krankheiten durch die Gabe passender homöopathischer Mittel ausgelöst. Meiner Meinung nach lässt sich der Mechanismus des Heilungsprozesses mit Erstverschlimmerungen und künstlichen Krankheiten, wie ihn die Naturheilkunde beschreibt, auch auf andere energetische Heilverfahren und auf die heilende Wirkung der Kundalini übertragen.

Die Kundalini klärt körperliche Dispositionen und genetische Veranlagungen für bestimmte Krankheiten. Manche Menschen haben so starke Herzschmerzen, dass sie glauben, einen Herzinfarkt zu erleiden. Manchmal treten Lähmungen auf, die an Multiple Sklerose erinnern. Solche ernsthaften Symptome sollten immer von einem Arzt abgeklärt werden. Im Laufe des Kundalini-Prozesses kann es aber vorkommen, dass der Arzt trotz auffälliger und konsistenter Symptome keine Krankheit diagnostizieren kann. Das Wohlbefinden stark beeinträchtigende Symptome ergeben trotzdem keine zum Beispiel durch ein Blutbild klar nachweisbare Krankheit.

Oft erscheinen phasenweise auch künstliche Krankheiten, die denen der eigenen Vorfahren ähneln. Mein Vater und meine Großmutter väterlicherseits sind an Magenkrebs gestorben. Ich hatte unter dem Einfluss der Kundalini monatelang sporadisch auftretende extreme Magenschmerzen. Als ich mich einer Magenspiegelung unterzog, hielt die Ärztin mich für eine Simulantin, weil mein Magen gar keine körperlichen Anzeichen irgendeiner Erkrankung zeigte. Einige meiner Verwandten litten im hohen Alter an Insulinresistenz oder es wurde ein Altersdiabetes diagnostiziert. Unter dem Einfluss der Kundalini hatte ich zeitweise mit starken Blutzuckerschwankungen zu kämpfen. Vorbeugend rüstete ich mich immer mit einen Fruchtriegel aus, wenn ich unterwegs war. Der Stoffwechsel mit aktiver Kundalini scheint auf mehr Kohlenhydrate angewiesen zu sein.[63] Allerdings kann es sich auch um einen Anpassungsprozess des Zuckerstoffwechsels handeln, wenn öfter der Blutzuckerspiegel absackt. Der Kundalini-Prozess wird häufig von metabolischen Symptomen begleitet.[64] Der Stoffwechsel verändert sich, um den Lichtkörper vorzubereiten. Bei mehreren Mitgliedern meiner Familie wurde eine atopische Konstitution und Neurodermitis diagnostiziert. Starke Aktivität der Kundalini brachte bei mir Hautaffektionen an begrenzten Arealen hervor, die der Hautarzt als Neurodermitis bezeichnete.

Bei den durch die Kundalini ausgelösten genetisch bedingten künstlichen Krankheiten handelt es sich um vorübergehende Zustände. Sie kommen und gehen, um schließlich ganz zu verschwinden. Sie folgen oft einem vollendeten Prozess der **Selbstheilung**, ohne dass es weiterer Therapien bedarf.[65] Es erscheint mir daher schlüssig zu sagen, dass die Kundalini die Gene verändert, denn Veranlagungen und Dispositionen für bestimmte Krankheiten lösen sich auf.

Nach einigen Jahren regelmäßiger Aktivität der Kundalini konnte ich feststellen, dass akute Krankheiten meistens einen beschleunigten Verlauf nehmen. Kaum ist eine Grippe im Anflug, ist sie schon wieder ausgestanden. Die Selbstheilungskräfte wachsen mit regelmäßiger spiritueller Praxis und der Präsenz der Kundalini und die Konstitution verbessert sich kontinuierlich. Chronische Krankheiten verlaufen meistens leichter, wenn sie nicht ganz verschwinden. Die Kundalini bereitet den Lichtkörper vor, der Umweltgifte und energetische Störungen, wie zum Beispiel Elektrosmog, besser verarbeiten kann.

Im Laufe des inneren Aufstiegsprozesses erreichst du immer wieder eine Weggabelung, an der du dich erneut für das Leben entscheiden musst. Gerade wenn du dich von karmischen Verstrickungen und Verpflichtungen befreit hast, musst du in regelmäßigen Abständen **Ja zum Leben** sagen. Weil das Leben nicht mehr nach einem selbst installierten Seelenplan vorprogrammiert ist, musst du in Freiheit immer wieder erneut deinen Dienst in der Welt wählen. Eine schwere Krankheit und eine aktive Kundalini schließen sich nicht aus. Daher solltest du unklare Symptome immer ärztlich untersuchen lassen. Wenn die Seele ihre Entscheidung getroffen hat, dass das Leben nun vollendet ist, kann es schnell zu Ende gehen.

~ Hypersensibilität

Durch Energiearbeit, Meditation oder die Aktivität der Kundalini kann auch eine Überempfindlichkeit auf alle möglichen Umweltfaktoren ausgelöst werden. Dabei handelt es sich oft um die oben erwähnten künstlichen Krankheiten, die aufflackern, um dann vollständig zu verschwinden. Zum Beispiel kann eine vorübergehende, aber auch sehr stark ausgeprägte Intoleranz oder Allergie gegenüber bestimmten Nahrungsmitteln auftreten. Milch und Weizen werden oft nicht gut vertragen und das berühmte Käsebrötchen bereitet dann Verdauungsbeschwerden. Die Kundalini verstärkt dein intuitives Körperwissen, das dir helfen kann, die Quelle der Unverträglichkeit ausfindig zu machen.

Auch Kosmetikprodukte, Hautpflegemittel, Deos und Waschlotionen können plötzlich ganz schlecht vertragen werden. Der Körper durchläuft einen tiefgreifenden Transformationsprozess und wird dann phasenweise durch chemische Stoffe irritiert, die vorher als harmlos empfunden wurden. Es handelt sich um einen grundlegenden Reinigungsprozess, bei dem auch die im eigenen Körper festgehaltenen Giftstoffe freigesetzt werden.

Viele Menschen meiner Generation sind noch mit Amalgamkronen versorgt worden oder haben die Schwermetallvergiftung der eigenen Mutter schon im Mutterleib abbekommen. Außerdem nehmen wir permanent Schwermetalle mit der Nahrung, zum Beispiel über Fisch und Meeresfrüchte, auf. Daher kann intensives Meditieren eine Heilreaktion in Form einer Schwermetallausleitung auslösen. Die Schwermetalle werden aus den Zellen entlassen und überfluten den Körper, was mit einem starken Krankheitsgefühl verbunden sein kann. Viel Wasser zu trinken fördert die normale Ausscheidung über Niere und Darm. Chlorella-Algen als Nahrungsergänzung, die inzwischen glücklicherweise schon in Drogerie- und Biomärkten angeboten werden, binden Schwermetalle und unterstützen deren **Ausleitung**. Es empfiehlt sich, die Dosierung der Chlorella-Algen kinesiologisch zu testen, um die richtige Menge zu treffen. Dabei zeigt es sich oft, dass eine Zeitlang auch große Mengen an Algen zur Ausleitung gebraucht werden.[66] Als Unterstützung meiner Entgiftung und in meiner Praxis haben sich in besonderer Weise individuell ausgewählte homöopathische Hochpotenzen bewährt.[67]

Die Hypersensitivität kann sich auch in verstärkten Sinneswahrnehmungen äußern. Alle Sinneswahrnehmungen, wie zum Beispiel Gerüche oder Geräusche, werden plötzlich als äußerst störend erlebt.[68] Der Körper reagiert übermäßig gestresst auf alle Stimulationen von außen. Es bleibt gar nichts anderes übrig, als sich eine Zeitlang in die eigenen vier Wände und eine ruhige Umgebung zurückzuziehen. Wenn ich in einen sehr überreizten Zustand geraten bin, hat mir oft schon eine ausgiebige Nachtruhe geholfen. Es lohnt sich zu überlegen, welcher Auslöser das Fass zum Überlaufen gebracht hat. Hypersensibilität führt dazu, letztlich mehr **Achtsamkeit** gegenüber den eigenen Bedürfnissen zu entwickeln und auch das Verlangen nach Abgrenzung und Ruhe ernst zu nehmen.

Manche Menschen nehmen auf einmal Elektrosmog so stark wahr, dass sie sich in ihrem Alltagsleben beeinträchtigt fühlen.[69] Wenn das der Fall ist, ist es hilfreich, zunächst alle chemischen Giftstoffe im Körper zu reduzieren, indem man auf ökologisch produzierte Nahrungsmittel und Naturkosmetik zurückgreift. Wenn Gifte und Schwermetalle im eigenen Körper ausgeleitet wurden, reagiert man auch oft auch viel weniger sensibel auf Elektrosmog.

Jedenfalls kannst du deine zunehmende Wahrnehmung von Energien ruhig begrüßen. Dann kannst du lernen, die verstärkte Sensibilität für Energien produktiv im Leben einzusetzen. Du darfst dich darin üben, die eigene Sensitivität zu deiner Heilung und zur Unterstützung anderer Menschen zu nutzen. Du kannst deine Aufmerksamkeit darauf richten, dich zu erden und abzugrenzen. Das gilt auch, wenn sich die Hypersensitivität im

Gefühlsleben äußert und du ständig die Gedanken und Gefühle anderer Menschen absorbierst.

Ich habe festgestellt, dass bei Hypersensitivität immer mangelnde **Erdung** im Spiel ist. Erdung ist sowieso ein großes Thema im spirituellen Aufstiegsprozess.

Der Erdung dienen handfeste Aktivitäten wie Garten- und Hausarbeit, Sport, Physiotherapie und Spaziergänge. Es erdet dich, die Erde zu fühlen und zu riechen.[70]

~ Sexuelle Symptome

Die ersten Symptome der Kundalini-Erweckung haben sich für mich wie Verliebtheit angefühlt. Allerdings fehlte ein klar greifbares Objekt der Begierde. Ich hätte die ganze Welt umarmen können. Wenn die Energie der Kundalini im Wurzel-Chakra freigesetzt wird und sich nach oben bewegt, passiert sie zunächst das Sexual-Chakra, das sich reinigt und öffnet. Vor allem Menschen, die sexuelle Impulse in ihrem Leben eher kontrolliert oder unterdrückt haben, können von starker Libido überflutet werden. »Während einer spirituellen Erweckung kann sich die sexuelle Energie verstärken, da sie zentraler Bestandteil eben jener Lebenskraft ist, die man dabei anregt.«[71] Manche leben dieses Verlangen aus, schämen sich aber womöglich anschließend ihrer Promiskuität. Andere erschrecken über ihre mächtigen Lustgefühle und misstrauen plötzlich sich selbst. Wenn sie dann noch erfahren, dass die Kundalini auch eine Wesensveränderung verursacht, wollen sie damit nichts mehr zu tun haben. Es kann vorkommen, dass sie dann ihrem Guru, Yoga-Trainer oder spirituellen Lehrer zu Unrecht energetische Manipulation oder Missbrauch anlasten. Letztlich fliehen sie vor ihren eigenen erotischen Impulsen oder der kraftvollen inneren Transformation, die die Erweckung der Kundalini initiiert. Man sollte sich bewusst sein, dass »der Anstieg der sexuellen Energie bei intensiver Andacht oder Meditation gar nichts Ungewöhnliches ist«.[72]

Eine der Heilwirkungen der Kundalini besteht darin, dass sie auch Blockaden auflöst, die die eigene Geschlechtsidentität betreffen. Die Kundalini unterstützt dich dabei, eine ganzheitliche Persönlichkeit zu werden, die ihre weiblichen und männlichen Seiten integriert hat. Während der Phase der Integration können Unsicherheiten auftreten, was die sexuelle Orientierung angeht. Obwohl sie immer eindeutig auf Männer stand, kann sich eine Frau plötzlich zu Frauen hingezogen fühlen. Oder ein Mann steht plötzlich auf Männer. Häufig kommt es auch vor, dass das Geschlecht der Person, die man liebt, keine Rolle mehr spielt, sondern die Persönlichkeit im Vordergrund steht. Oft handelt es sich bei den Unsicherheiten über die sexuelle Orientierung im Zusammenhang mit der Kundalini um ein vorübergehendes Phänomen.[73]

In tantrischen Schulen wird gelehrt, die Kundalini über das Sexual-Chakra zumindest bis ins Herz aufsteigen zu lassen oder in der Vorstellung hochzuziehen, ohne dem Bedürfnis nach einem Orgasmus durch Verkehr oder Selbstbefriedigung nachzugeben. Obwohl sich manche Menschen in ihrem spirituellen Prozess stark dazu hingezogen fühlen, keusch zu leben, sollte Enthaltsamkeit nicht zum Gesetz erhoben werden. Es gibt »keinen wirklichen Beweis dafür, daß sexuelle Aktivität die spirituelle Erweckung verhindert.«[74] Es bringt nichts, die eigene Sexualität zu unterdrücken oder zu verleugnen. »Während der Kundalini-Reinigung solltest du dich als ein geschlechtliches Wesen annehmen und erkennen, dass die sexuelle Energie ein sehr wichtiges Element deiner spirituellen Entwicklung ist.«[75]

Wenn die sexuellen Bedürfnisse mit den Herzensangelegenheiten ins Reine gebracht werden, können wunderbare Begegnungen gelebt werden, in denen sich sexuelle Freuden mit Liebe und Respekt verbinden.[76] Im Sufismus wird der Öffnung des Herz-Chakras eine bahnbrechende Wirkung auf den Kundalini-Prozess zugeschrieben.[77] Für die persönliche Entwicklung und die

Gestaltung glücklicher Beziehungen ist es unumgänglich, dass die Kundalini-Energie nicht im Sexual-Chakra stecken bleibt, sondern mindestens ins **Herz-Chakra** aufsteigt. Die amerikanische Expertin für den Kundalini-Prozess Bonnie Greenwell bezeichnet das Herz-Chakra als Quelle und Ziel der Kundalini.[78]

Orgiastische sexuelle Erfahrungen können auch die Erweckung der Kundalini auslösen. Es handelt sich dabei um entgrenzende Erfahrungen, die offenbar die Tür zu einer neuen Stufe der spirituellen Entwicklung öffnen können. Genauso kann die Intimität mit einer Person, deren Kundalini bereits aktiv ist, die eigene Kundalini erwecken. Da es sich bei der Kundalini um einen ganzheitlichen physich-psychisch-geistigen Prozess handelt, wird er allerdings nie ohne die Zustimmung der eigenen Seele initiiert werden können. Manipulation ist hier nicht möglich, auch wenn es verständlich ist, dass sich jemand, der sich bewusst noch nie für Spiritualität interessiert hat und von den Auswirkungen der Kundalini überfordert ist, verhext fühlt. **Verantwortung** ist hier der Schlüssel. Du kannst für deinen spirituellen Prozess genauso wie für deine sexuellen Beziehungen Verantwortung übernehmen gemäß der Goldenen Regel: »Behandle andere so, wie du von ihnen behandelt werden willst.«

~ Erschöpfung

Da der Körper sich so stark verwandelt, tritt im Aufstiegsprozess phasenweise abgrundtiefe Erschöpfung auf. Man fühlt sich körperlich müde, ohne spezielle Anstrengungen gemeistert zu haben. Die Erschöpfung erscheint aus dem Nichts und löst sich oft genauso schnell wieder auf, wie sie gekommen ist. Weil dauerhafte Müdigkeit auf schwerwiegende Erkrankungen wie Krebs hinweisen kann, solltest du den Grund deiner Abgeschlagenheit medizinisch untersuchen lassen. Zum Aufstiegsprozess gehört typischerweise, dass du zusammen mit der Müdigkeit auch lange Phasen mit außergewöhnlich viel Energie und Schaffenskraft erlebst. Daher sind Aufputschmittel natürlich keine Lösung. Wenn es möglich ist, gibst du deiner Müdigkeit nach, erlaubst dem Körper Regeneration, tankst die Seele auf und lässt den Geist innerlich einkehren.

Für Menschen, die spirituelle Herausforderungen durchleben und sich phasenweise schwertun, ihren Alltag zu bewältigen und Geld zu verdienen, gibt es in unserer Kultur nur wenig Auffangmöglichkeiten. Ich wünsche mir, dass dieses Buch auch dazu beiträgt, fundierteres Wissen und verstärkte Bewusstheit über den Aufstiegsprozess zu vermitteln.

Meistens werden Betroffene zum Glück im privaten Bereich unterstützt. Ich habe gute Erfahrungen damit gemacht, in allen Lebenslagen einfach Hilfe vom Universum einzuladen, wo auch immer sie dann herkommt. Entgegen den Unkenrufen in sozialen Medien fühlen sich viele Menschen als Gutmenschen wohl und unterstützen gerne ihre Verwandten, Freunde und Nachbarn, wenn sie gebraucht werden.

Viele spirituelle Kulturen kennen den »Tempelschlaf« als **Heilschlaf**. Wenn ich mich abends sehr erschöpft ins Bett gelegt habe, habe ich oft um einen Heilschlaf gebeten.

Fast immer bin ich dann am nächsten Morgen besonders ausgeruht und aufgetankt aufgewacht, zusätzlich noch mit erhellenden Träumen bereichert.[79]

~ Schlafstörungen

Schlafstörungen sind ein häufig auftretendes Aufstiegssymptom. Oft fängt der Prozess des Aufwachens buchstäblich mit nächtlichem Aufwachen an. Vorzugsweise zwischen drei und fünf Uhr liegt man wach und grübelt über Sinnfragen.[80] In unserer schnelllebigen Zeit ist der Tag oft zu vollgestopft, um sich noch mit sich selbst zu beschäftigen, daher dienen die nächtlichen Wachphasen der inneren Einkehr. Anstatt sich über den fehlenden Schlaf zu sorgen, kann ich nur empfehlen, sich bewusster auf die Themen einzulassen, die einem in der Nacht im Kopf herumschwirren.

Auf tiefgreifende Erleuchtungserlebnisse und die verstärkte Aktivität der Kundalini folgt oft ein energetisches Hoch. Man fühlt sich voller Energie und Tatkraft und das Bedürfnis nach Ruhe, Schlaf und Nahrung ist reduziert. In dieser Phase könnte man Bäume ausreißen und das Leben umarmen, kommt aber auch sehr schlecht zur Ruhe. Wenn man schließlich einschläft, wacht man schon nach kurzer Zeit hellwach wieder auf. Ich konnte erfahren, dass sich dieser Zustand nach einiger Zeit wieder ausgleicht. Jedenfalls lohnt es sich, sein Schlafverhalten in Zeiten des energetischen Hochs sehr genau zu beobachten, um nicht aus Schlafmangel durchzudrehen. Wie aus der Beschreibung dieses Phänomens schon ersichtlich wird, geht es dabei auch um fehlende Erdung.

Wenn die körpereigene Schwingung sich unter dem Einfluss der Kundalini phasenweise sehr stark erhöht, balancieren die Selbstheilungskräfte einen normalerweise nach einer gewissen Zeit wieder aus. Die Aktivität der Kundalini lässt dann oft eine Zeitlang nach. Ansonsten musst du deinen Fokus auf **Erdung** richten. Du kannst dich zum Beispiel mit einfachen manuellen Tätigkeiten wie Haus- und Gartenarbeit oder durch Aufenthalt in der Natur bewusst erden. Bewegung und Sport tragen auch dazu bei, dass sich die Energie gleichmäßig im Körper verteilt. Erdende Nahrungsmittel wie Kartoffeln, Wurzelgemüse, Getreide, Milchprodukte oder Fleisch unterstützen auch die körperliche Ausbalancierung. Es ist ganz einfach: der Kontakt mit der Erde erdet, zum Beispiel indem du dich auf einen Felsen oder eine Wiese legst.[81]

Wenn du gar nicht mehr schlafen kannst, solltest du eine Weile völlig aufhören zu meditieren oder Energiearbeit zu praktizieren. Der Baum, der seine Äste in den Himmel streckt, braucht Wurzeln. Trotz der Euphorie, die die Kundalini hervorruft, darfst du deinem Körper Aufmerksamkeit schenken.

Ich habe das nächtliche Erwachen zwischen drei und fünf Uhr schätzen gelernt. Wenn ich unvermittelt mitten in der Nacht aufwache, kann ich entweder einen erhellenden Traum erinnern oder eine bahnbrechende Einsicht oder Erleuchtung empfangen. Aus dem Schlaf heraus habe ich schon viele Alltagsprobleme aus neuer Perspektive anschauen oder eine unerwartete, aber einleuchtende Lösung empfangen können. Selbst das Durchdenken von Konflikten mitten in der Nacht bringt mich weiter, manchmal nur dadurch, dass ich aus tiefstem Herzen »Stopp!« sagen kann, wenn ich die alten Wege nicht mehr gehen möchte.

Im Laufe des Aufstiegs ist es nicht ungewöhnlich, dass einen mitten in der Nacht dunkle und beängstigende Visionen überfallen. Sie können in einer Schlafparalyse münden, bei der man das Gefühl hat, dass ein dunkler Geist auf der eigenen Brust sitzt, während man sich nicht mehr bewegen und kaum atmen kann. Durch Meditation, Kontemplation, Energiearbeit oder die Kundalini öffnet sich das Unbewusste und die persönlichen tiefsitzenden Ängste werden an die Oberfläche gespült. Wenn es dir möglich ist, solltest du zum neutralen Beobachter des eigenen Schattenkabinetts werden. Jedenfalls empfiehlt es sich nicht, mit den inneren Dämonen zu kämpfen.

Gelingt dir das, kannst du ihnen auch Liebe und Mitgefühl entgegenbringen. Sobald der **Innere Beobachter** aktiv ist und man sich selbst nicht mehr zu ernst nimmt, kann sich die Befreiung durch **Humor** und Lachen einstellen. »Das ist der Trick der Meister – zum Lachen fähig zu sein, wenn der Druck der Kundalini-Verwirklichung zu groß wird.«[82]

Die erweckte Kundalini fördert unvermittelte nächtliche Astralreisen und außerkörperliche Erfahrungen, die oft von intensiven Einheitsgefühlen begleitet werden. Die Körpergrenzen lösen sich auf und man fühlt sich eins mit dem ganzen Universum. Dem begrenzten menschlichen Bewusstsein fällt es oft schwer, diesen Kontrollverlust zuzulassen. Oder es stellt eine Herausforderung dar, die als beglückend erlebten Einheitserfahrungen in den Alltag voller lächerlicher Konflikte und Kollisionen herein zu tragen. Letztlich darfst du deine persönlichen Erfahrungen der Bewusstseinserweiterung aber als Geschenke der Gnade wertschätzen. Nächtliche Panikattacken oder außerkörperliche Erfahrungen ähneln Nahtoderfahrungen, die einen bekanntlich und inzwischen wissenschaftlich erwiesen zufriedener und mitfühlender zurücklassen.[83]

3 Psychische Symptome

Wenn Licht in die Seele fällt, beleuchtet es die dunklen Ecken. Im Aufstiegsprozess kommen die inneren Schatten ans Licht. Meditation, Energiearbeit und die Aktivität der Kundalini können persönliche Traumata und ausgeblendetes seelisches Leid aktivieren.[84] Wenn persönliche Schwächen und Begrenzungen offengelegt werden, wird dadurch eigentlich ein Heilungsprozess eingeleitet. Allerdings neigt der Mensch gerade dann, wenn ein verdrängtes Trauma im Unterbewusstsein gärt, dazu, vor seinen Schmerzen wegzurennen, indem er in Ablenkungen, Sucht oder auch exzessive spirituelle Praxis flieht. Psychologen sprechen vom spirituellen Bypass, wenn spirituelle Aktivitäten der Verdrängung dienen.[85] Spiritualität wird eingesetzt, um die Konfrontation mit den eigenen emotionalen Schatten zu vermeiden. Auf Dauer funktioniert der spirituelle Bypass sowieso nicht, denn ernsthafte spirituelle Praxis mündet immer in der Schattenarbeit. Bevor der Held den heiligen Gral gewinnt, muss er dem Drachen begegnen.[86] »Wir können die Dämonen nur auslöschen, indem wir uns ihnen stellen und ihre Energie verwandeln.«[87]

Bei seelischen Symptomen gilt dasselbe wie bei körperlichen Krankheiten: Auch wenn du auf dem spirituellen Weg bist, viel meditierst oder Energiearbeit praktizierst, kann es sein, dass dich nicht nur Aufstiegssymptome plagen, sondern du auch unter einer psychischen Erkrankung leidest und davon profitieren würdest, eine medizinische Therapie zu bekommen. Einer meiner Lehrer in der Ausbildung zum Heilpraktiker hat immer gesagt: »Man kann Flöhe *und* Läuse haben.« Daher solltest du dich untersuchen lassen, bevor du deine Schwierigkeiten leichtfertig als spirituelle Symptome diagnostizierst. Wenn du zu den Menschen gehörst, bei denen eine psychische Störung oder Erkrankung festgestellt wurde und behandelt wird, brauchst du dich allerdings auch nicht zu sehr mit deiner Diagnose identifizieren. In der heutigen Zeit sind manche Menschen angesichts beständigen Selbstoptimierungsdrucks regelrecht erleichtert, wenn bei ihnen zum Beispiel ADHS, Depression oder Burnout festgestellt werden. Endlich gibt es eine Erklärung dafür, dass sie bisher nicht hundertprozentig erfolgreich mit anderen mithalten konnten! In meiner Praxis ist mir aufgefallen, dass viele Menschen nach solchen Entschuldigungen gieren. Weil psychische Erkrankungen kein Tabu mehr darstellen, kann man sich mit ihnen identifizieren. Wenn nur die Krankheit die Persönlichkeit definiert, kann sich eine Opferhaltung oder ein negatives Selbstbild verfestigen. Am besten wäre es, du schenkst dir selbst und deinen Bedürfnissen so viel Aufmerksamkeit, Mitgefühl und Fürsorge, dass du gut mit deinen Symptomen leben kannst. Dazu gehört auch, dir therapeutische Unterstützung zu gönnen. Ansonsten widmest du dich der Gestaltung deines Lebens und übst deine spirituelle Praxis in dem Maße aus, wie sie dich stabilisiert.

Wenn du an die Grenze kommst, deine inneren Turbulenzen, egal wodurch sie bedingt sind, zu bewältigen, solltest du dir auf jeden Fall Hilfe holen. Es kommt vor, dass Menschen »mit manchen Teilen ihrer Persönlichkeit eine hohe Entwicklungsebene erreichen und dennoch von unbewußten Konflikten beherrscht oder von gewissen infantilen Fixierungen behindert werden.«[88] Die etablierte Psychotherapie kann dich dabei unterstützen, dass du dir erlaubst zu fühlen, ohne negative Stimmungen und Erfahrungen zu verleugnen oder zu verdrängen. Selbst wenn du noch so spirituell fortgeschritten bist, lohnt sich dieser Lernprozess, denn ohne deine Gefühle zuzulassen, wirst du auch auf dem spirituellen Weg nicht vorankommen.

Ein wesentlicher Unterschied zwischen rein emotionalen und spirituell bedingten Krisen besteht darin, dass im zweiten Fall das Beobachterbewusstsein beständig erhalten bleibt. Das Zeugenbewusstsein funktioniert, wenn du dich selbst und deine Gefühle immer noch mit etwas Distanz und von einer höheren Warte aus betrachten kannst. Du lernst im Laufe deiner spirituellen Entwicklung immer besser, dich weder mit deinen Gedanken noch deinen Gefühlen zu identifizieren.[89]

Die Beständigkeit des Zeugenbewusstseins stellt ein verlässliches Kriterium für die Abgrenzung behandlungsbedürftiger seelischer Krisen und Krankheiten von spirituellen Durchgangsphasen dar.[90] Wenn der **Innere Beobachter** immer noch etwas Abstand zu den emotionalen Turbulenzen wahren kann, wirst du auch nicht vollständig vom Drama deiner Projektionen und Wahnideen hinweggetragen.

~ Stimmungsschwankungen

Auf dem spirituellen Weg können wie aus dem Nichts extreme Stimmungsschwankungen auftauchen. Während sich der Emotionalkörper reinigt, spuckt er offensichtlich alles jemals Verdrängte aus. Auffällig ist, dass die spirituell bedingte Affektlabilität nicht einmal einen äußeren Trigger braucht. Gerade im Zuge der Kundalini-Aktivität ist es nicht ungewöhnlich, dass man plötzlich von unbändiger Wut, abgrundtiefer Angst und grundlosen Heulattacken ergriffen wird, ohne dass es irgendeinen Anlass gegeben hätte.[91] Manchmal sind die starken Gefühlsanwandlungen von Erinnerungen und Einsichten begleitet. Es können nicht nur verdrängte Ereignisse aus der eigenen Biografie in luzider Klarheit erscheinen, sondern auch Erlebnisse aus früheren Leben einfließen. Manchmal entlädt sich aber auch ein rein emotionales Gewitter ohne jegliche logische Einbettung. Natürlich kämpft der Verstand mit diesen gefühlsmäßigen Ausnahmezuständen. Besonders unter dem Einfluss der Kundalini wechselte mein psychischer Zustand an manchen Tagen im Viertelstundenrhythmus von paranoid zu manisch zu depressiv und wieder zurück. Nach meiner Erfahrung hilft nichts anderes, als sich den Gefühlen hinzugeben. Irgendwann ebben die hohen Wellen ab und du tauchst gereinigt und geklärt daraus hervor.

Zentrierung auf die Körpermitte kann überbordende emotionale Energie ausbalancieren. Normalerweise fließt die Kundalini-Energie in einem Energiekanal in der Mitte des Körpers entlang der Wirbelsäule. In der Yoga-Tradition werden zwei weitere Energiekanäle, Ida und Pingala, seitlich der Wirbelsäule beschrieben. Links der Wirbelsäule verläuft der Energiekanal Ida, in dem die Mondenergie fließt. Rechts fließt die Sonnenenergie in der Pingala. Wenn sich zu viel Energie auf einer Körperseite konzentriert, kann das auch das psychische Gleichgewicht stören. »Wenn die Ida einen zu starken Energieschub bekommt, erlebt man einen Überschuss von Energie im emotionalen und intuitiven Körper, die zu Weinerlichkeit, der Neigung zu viel zu essen, Frösteln und Schwierigkeiten, warm zu bleiben, führen und dich in emotionale Angelegenheiten und übertriebenes Mitleid verstricken kann. Wenn die Pingala zu stark mit Energie überflutet wird, kann es zu Anomalien auf der mentalen und Wille/Geist-Ebene kommen. Hitzewellen, Schlafstörungen, Appetitlosigkeit, übersteigerte mentale Bilder (üblicherweise geometrische Formen und Lichter) oder übersinnliche, spirituelle Klänge können die Folge sein.«[92] Zum Ausgleich der Mond- und Sonnenenergie im Körper reicht es meiner Erfahrung nach aus, sich auf den Zentralkanal zu konzentrieren. Der Energiefluss folgt der Aufmerksamkeit. Dem Ausgleich der Mond- und Sonnenenergie im Körper dient auch mein Channel »Soluna« mit dem Universellen Rat der Weisen.[93]

Von Saint Germain habe ich gelernt, vor dem Einschlafen um einen **Heilschlaf** zu bitten, wenn ich es für nötig halte. »Wenn ich am Tag zerrüttet und traurig war, dann suchte ich die Heiligkeit des Schlafes, um mich von Sorge und Furcht zu befreien«[94], schreibt auch der indische spirituelle Lehrer Gopi Krishna. Über Nacht konnte ich tatsächlich oft Erleichterung finden und am nächsten Morgen waren die Dämonen verschwunden.

Verdrängte negative Gefühle, die in unserer Gesellschaft besonders tabuisiert sind, wie Trauer, Wut und Angst fordern ihr Recht. Ich selbst durchlebte auch eine sehr schwierige Phase mit außerordentlichem Ekel. Es kam mir so vor, als hätte ich die Erfahrung von Ekel vorher gar nicht gekannt. Wahrscheinlich hatte ich echten akuten Ekel schon seit meiner Kindheit aus reiner Wohlanständigkeit so stark verdrängt, dass sie sich jetzt mit Macht zeigte. Ich ekelte mich vor banalem Schmutz und konnte einen kleinen Fleck auf der Tischdecke nicht ertragen, ohne sie sofort zwanghaft in die Waschmaschine zu stopfen. Mein Putzwahn erwuchs aus einem sehr konkreten und körperlich spürbaren Gefühl von Ekel. Phasenweise konnte ich mich kaum kontrollieren und neigte leider auch dazu, meine Mitmenschen zu drangsalieren. Kein schmutziges Geschirr durfte herumstehen. Vor allem den Biomüll wollte ich immer sofort entsorgen. Das Klo und das Bad putzte ich regelmäßig, erstrecht wenn Gäste es benutzt hatten. Wenn Geschirr oder Gläser im Restaurant winzige Gebrauchsspuren aufwiesen, verdarb mir das vollends den Appetit. Wenn ich hässliche und verkommene Ecken meiner Stadt passierte, verkrampfte sich mein Magen. Ich hatte die Gelegenheit, den zwanghaften Aspekt meiner Selbst zu entdecken, der von Sauberkeits- und Ordnungswahn gepeinigt wurde. Leider hielt das Phänomen mehrere Wochen an. Mir blieb nichts anderes übrig, als auch diesen verdrängten Teil meiner Selbst anzunehmen, während Erinnerungen aus meiner Kindheit und Jugend in mir aufstiegen. Ich sah die verkommenen Häuser älterer Nachbarn, verschimmeltes Geschirr in der Küche des Studentenwohnheims und überbordendes Chaos in den Wohngemeinschaften meiner Freunde.

Vor der betongrauen Hässlichkeit deutscher Innenstädte konnte ich nicht mehr die Augen verschließen. Manchmal gelang es mir dann, **Mitgefühl** mit mir selbst aufzubringen, während ich innerlich gegen unkontrollierbares Durcheinander und überwältigende Hässlichkeit ankämpfte. Je mehr Mitgefühl ich mir selbst entgegenbrachte, umso besser schaffte ich es, auch mal fünfe gerade sein zu lassen und meinen inneren Zwangsneurotiker einfach mal zu ignorieren.

Dabei war mein sehr konkreter und körperlich spürbarer Ekel mit einem allgemeinen Weltekel gepaart, den ich einfach annehmen musste. Einerseits blieb mir nichts anderes übrig, als in aller Demut die Realität so zu akzeptieren, wie sie war, und mich der Unvollkommenheit zu beugen. Andererseits befeuerte der Ekel meinen Wunsch nach Erlösung.[95] Ich sehnte mich ja zu Recht nach einer ästhetischer gestalteten, ordentlicheren und harmonischeren Welt.

Übrigens entwickelte ich, je mehr ich die Erfahrung des Ekels annahm und integrierte, ein gesteigertes ästhetisches Bewusstsein. Mein ästhetischer Sinn schärfte sich. Es schien mir, als würden verschüttete Talente und Fähigkeiten wieder freigelegt. Ich konnte mich an der Schönheit der Welt auf so unschuldige Weise freuen, wie ich es aus meiner Kindheit kannte. Wenn ich durch ein Kaufhaus schlenderte, konnte sich meine Seele an den schönen von Menschen hergestellten Dingen laben. Ich verneigte mich innerlich vor der menschlichen Kreativität und konnte kulturelle Leistungen ganz unvoreingenommen anerkennen. Tara Springett erwähnt in diesem Zusammenhang, dass einen die Schönheit einer Stuhllehne überwältigen kann.[96]

Auch andere negative Gefühle wie Angst, Wut und Traurigkeit tauchten bei mir plötzlich ohne äußeren Anlass auf. Die Kundalini unterstützt uns bei dem fundamentalen Lernprozess, dass wir unsere Gedanken und Gefühlsmuster auf die Realität projizieren. Darauf hat schon Carl Gustav Jung in aller Klarheit hingewiesen: »Wir müssen einsehen, daß all unsere psychischen Gegebenheiten nichts mit äußeren Tatsachen zu tun haben.«[97]

Ich kann Daniel Ingrams Rat bekräftigen, dass du dich während des spirituellen Aufstiegs in Phasen überbordender Stimmungen und Gefühle und neurotischer und paranoider Anwandlungen nicht auf Kosten von anderen Menschen austoben solltest.[98] Mir fiel das manchmal gar nicht so leicht. Tatsächlich brauchst du ein gutes Maß an Disziplin, um deine inneren Turbulenzen nicht an unschuldigen Beteiligten auszulassen und auf diese Weise Beziehungen zu zerstören, was du später bereuen könntest.

Bei mir wechselten unvermittelte Heulattacken mit Phasen tiefer innerer Zufriedenheit ohne jeden äußeren Einfluss. Auf stürmische Wutanfälle folgte absolute Gelassenheit. Ich wunderte mich selbst, wie sich meine eher aufbrausende und ungeduldige Persönlichkeit in ein Vorbild für Toleranz und Gelassenheit verwandelte. Wenn dich deine Gefühle durchschütteln, kannst du auch um Hilfe bitten und deine emotionalen Verletzungen bewusst dem Schöpfer von allem, was ist, zur Heilung übergeben.[99]

Von meinen geistigen Helfern habe ich gelernt, mich als freie und bewusste Schöpferin meines Lebens zu verstehen und daher für alles in meinem Leben **Verantwortung** zu übernehmen. Ich kann nur empfehlen, für die eigenen Gefühle und Handlungen gerade zu stehen.[100] Wenn ich andere für mein Leid und meinen inneren Kampf verantwortlich mache und ihnen die Schuld für alles Elend in meinem Leben gebe, bleibe ich in Projektionen und im Täter-und-Opfer-Spiel gefangen. Ich mache mich selbst zum Opfer und den anderen zum Täter. Dann wird der Spieß umgedreht und ich soll für andere Verantwortung tragen und büßen. So hört das Täter-und-Opfer-Spiel nie auf. Saint Germain empfiehlt den heilsamen inneren Satz »Ich bin weder Täter noch Opfer«, um dem alltäglichen Machtkampf zu entkommen. Stattdessen kommunizierst du von Herz zu Herz und von Seele zu Seele mit anderen Menschen.

Wenn du beginnst, die Ursachen für deinen Stress und deine Konflikte mit anderen Menschen in dir selbst zu suchen, dann wirst du eines Tages Carl Gustav Jung zustimmen können, dass dir die Menschen, die du am meisten ablehnst, innere Anteile spiegeln. »Vielleicht sind wir sogar mit unseren ärgsten Feinden identisch, oder mit anderen Worten: unser schlimmster Feind könnte in uns selbst sitzen.«[101] Die Kundalini fördert deinen Entwicklungsprozess, wie ihn Jung wohl aus eigener Erfahrung beschreibt: »Sie fangen an, das Spiel der Welt als Ihr eigenes Spiel und die Menschen, die von außen an Sie herantreten, als Exponenten Ihres eigenen psychischen Zustandes zu betrachten. Was immer Ihnen zustößt, welche Erfahrung Sie auch machen oder welches Abenteuer Sie in der äußeren Welt zu bestehen haben – es sind Ihre ureigensten Erfahrungen.«[102]

Du gewinnst einen ganz neuen Blick auf die Welt, wenn sie »zu einem Abbild der Psyche«[103] wird.

~ Langeweile

Mit dem fortschreitenden Bewusstseinswandel lösen sich anerzogene Vorlieben und gesellschaftlich geprägte Präferenzen auf. Die Leidenschaften des wahren Selbst brechen sich Bahn. Dieser Prozess bringt Phasen absoluter Langeweile und innerer Leere mit sich, wenn zunächst die alten Interessen verblassen, aber noch keine neue Passion greifbar erscheint.[104] Für mich war ein Gefühl von bodenloser Langeweile sogar die schwerste Herausforderung meines Aufstiegsprozesses. Wahrscheinlich hing das auch damit zusammen, dass ich aufgrund meiner Erziehung und Ausbildung immer nach einer sinnvollen und befriedigenden Tätigkeit gestrebt habe. Außerdem hatte ich das Glück, ohne materielle Sorgen meine Interessen verfolgen zu können. Die bodenlose Lähmung oder spirituelle Katatonie wechselte allerdings mit Phasen der Glückseligkeit oder tiefen inneren Zufriedenheit und wurde durch die Hochphasen sogar noch verstärkt.[105]

Saint Germain hat mir auch vermittelt, dass die Schwingungsanhebung im Körper, die mit dem Bewusstseinswandel einhergeht und die durch die aktive Kundalini potenziert wird, automatisch ausbalancierend und heilend auf meine Umgebung wirkt, ohne dass ich etwas Spezielles tun muss. In Saint Germains Durchgaben wurde das so oft betont, dass ich irgendwann tatsächlich fühlen konnte, dass ich keine andere Aufgabe mehr habe, als am Leben zu bleiben. Ich kann die absolute Freiheit fühlen, dass ich auf der Erde tun und lassen kann, was ich möchte. Vor mir breitet sich ein leerer Raum der Zukunft aus. Für mich war das tatsächlich ein neues Lebensgefühl, denn ich hatte immer persönliche Ziele und Projekte mit Leidenschaft verfolgt. Mit meiner Hinwendung zur Spiritualität hatte sich meine Vorstellung, dass ich der Welt etwas Sinnvolles und Einzigartiges zu geben habe, noch verstärkt. Als sich alles auflöste, was ich früher als meine Passion bezeichnet hätte, fühlte ich mich ganz schön verloren. Die innere Leere gehört zum Aufstiegsprozess, wie ich jetzt weiß. In unserer Kultur, die dermaßen auf Selbstverwirklichung und Leistung gepolt ist, ist es gar nicht einfach, damit umzugehen. Der Erleuchtete muss die ständige Suche nach dem Sinn loslassen, um in Allem die innewohnende Bedeutung zu erfahren.[106]

Außerdem langweilte mich das menschliche Spiel der Eitelkeiten von Tag zu Tag mehr. Es machte keinen Sinn mehr, nur deshalb aktiv zu werden, um andere Menschen zu beeindrucken oder ihren Applaus zu bekommen. Dass die Quelle der Freude und der Liebe in mir selbst liegt, konnte ich durch die aktive Kundalini ganz physisch erfahren. Natürlich veränderten sich dadurch auch meine Beziehungen grundlegend. Nur Aktivitäten, die anderen Menschen dienten, aber gleichzeig auch mich selbst erfreuten, machten noch Sinn.

Wenn du die innere Leere akzeptierst und ihr Raum gibst, entsteht ein Nährboden für wunderbare **Synchronizitäten**, die dir den Weg weisen und dazu beitragen, dich immer wieder neu auszurichten. Du lernst dann, deiner inneren Stimme zu vertrauen und zu folgen.[107]

Fast parallel zur existenziellen Erfahrung der Langeweile hat sich in mir auch immer öfter ein allumfassendes Gefühl der **Zufriedenheit** ausgebreitet. Tiefe Gelassenheit, Gleichmut und sogar Glückseligkeit konnte ich im Alltag ohne äußeren Anlass erfahren. Ich erlebe immer häufiger einen Gemütszustand, dass ich mich im Leben aufgehoben fühle, ohne dass noch etwas in Ordnung gebracht oder erreicht werden muss.

~ Die dunkle Nacht der Seele

Im Laufe des spirituellen Aufstiegs wird die menschliche Identität zerstört, um höherem Bewusstsein Platz zu machen. Wenn sich das Ego dekonstruiert, bleibt nichts mehr davon übrig, was ihm bisher Halt und Sinn verliehen hat. »Ein häufiges Symptom bei der Kundalini-Reinigung ist die Orientierungslosigkeit, das Gefühl, dass man den Anschluss verloren hat und es nichts mehr gibt, was einem ein Gefühl von Stabilität oder Sicherheit verleihen kann.«[108] Das alte Ich stirbt und wie Phoenix aus der Asche wird ein neuer Mensch geboren.

Der spanische Karmelitermönch und christliche Mystiker Johannes vom Kreuz (1542–1591) hat den Begriff von der dunklen Nacht der Seele geprägt.[109] Meiner Ansicht nach handelt es sich bei der dunklen Nacht der Seele um ein kulturübergreifendes Phänomen, obwohl der Begriff eher in katholischen Kreisen zur

Interpretation einer Glaubenskrise herangezogen wird.[110] Wie in dem Terminus impliziert, betrifft der Transformationsprozess nicht nur die menschliche Identität, sondern ergreift sogar den Geist und die Seele.[111] Auf der Ebene der Seele müssen Licht und Dunkelheit integriert werden. Das Bild von der dunklen Nacht der Seele beinhaltet aber auch, dass die Nacht ganz automatisch ein Ende nimmt und der Morgen wieder dämmert.

So wie nach dem Tag immer wieder von neuem die Nacht hereinbricht, handelt es sich bei der dunklen Nacht der Seele auch keineswegs um eine einmalige Durchgangsphase, sondern sie kann immer wieder über dich hereinbrechen, bevorzugt dann, wenn du es am wenigsten erwartest.

Einerseits handelt es sich bei der dunklen Nacht der Seele um eine Nahtoderfahrung. Die Seele hat bestimmte Entwicklungsziele und einen Grad der Vollendung erreicht, so dass sie sich in Freiheit noch einmal für das Dasein auf der Erde entscheiden muss. Weil die Seele in ihrer spirituellen Entwicklung immer wieder von Neuem das Leben annehmen muss, wird in vielen religiösen Kulturen auch von Wiedergeburt gesprochen. Wenn nach der dunklen Nacht der Seele der Morgen dämmert, hast du eine neue Beziehung zum Leben entwickelt, verbunden mit innerem Frieden und ausgeglichener Lebensfreude.

Andererseits lösen sich in der dunklen Nacht der Seele deine Seelenverbindungen auf. Identität konstruiert sich aus Beziehungen und die Persönlichkeit entwickelt sich in der Kommunikation mit der Außenwelt. Deine Prägungen, die sich im Zusammensein mit nahestehenden Menschen entwickelt haben, brechen während der dunklen Nacht der Seele zusammen. Viele Menschen funktionieren, ohne dass es ihnen bewusst ist, als perfektes Rädchen im Getriebe der Kollektivseele ihrer Familie und Freunde. Auf Laufe des inneren Aufstiegs müssen sie sich aus Familienverstrickungen und überlebten Freundschaften lösen, um ihr wahres Selbst realisieren zu können. Daher kann selbst die

Liebe zu nahestehenden Familienmitgliedern kann ohne jeden äußeren Anlass verblassen, so wie es Gopi Krishna eindrucksvoll beschreibt: »Ich verlor alle Liebe zu meiner Frau und zu meinen Kindern.... Es schien, als ob ein versengender Sturm durch alle Poren meines Körpers raste, der jede Spur der Liebe hinauspeitschte. Ich blickte wieder und wieder auf meine Kinder und versuchte das tiefe Gefühl zu erwecken, mit dem ich sie früher betrachtet hatte – vergeblich. Meine Liebe zu ihnen schien unwiderruflich tot zu sein. Sie waren für mich Fremde.«[112] Da es sich bei der dunklen Nacht der Seele um eine Durchgangsphase handelt, erstrahlen die liebevollen Gefühle zu den Nächsten später wieder in neuem Glanz.

Wenn in der dunklen Nacht der Seele alle Leidenschaften untergehen, die die Persönlichkeit bisher angetrieben haben, dann hängt es damit zusammen, dass Anteile entlassen werden, die dem kollektiven Seelenplan der Familie folgten.[113] Ebenso verflüchtigen sich die Persönlichkeit prägende Seelenaspekte, die in der eigenen Kultur und dem Zeitgeist wurzeln. Die reine Seelenessenz, die keinen äußeren menschlichen Zielen, sondern nur der Spur der Liebe folgt, kann nun heller erstrahlen.

Dass alle Vorlieben und Leidenschaften ausgelöscht werden, verunsichert Menschen in besonderer Weise, die bisher ihrem Seelenplan gefolgt sind. Vielen unglücklichen Menschen konnte ich in meiner Praxis helfen, indem ich sie inspiriert habe, sich mit ihrer Seele zu verbinden und ihren Seelenbedürfnissen nachzuspüren. Sie sollten danach suchen, was die Seele braucht, jenseits des menschlichen Strebens und der sozialen Verpflichtungen. So konnten sie sich neuen Aktivitäten und Hobbys zuwenden, die ihre Seele nährten und ihrem Leben Sinn verliehen.

Sie konnten sogar erfahren, dass sie, indem sie einfach der Leidenschaft ihrer Seele folgten, am meisten Erfolg hatten und Anerkennung bekamen. Wenn die dunkle Nacht der Seele dämmert, funktioniert das leider nicht mehr.

Die meisten Menschen haben Hobbies. Oft pflegen sie diese Aktivitäten in ihrer Freizeit in einem Verein oder einer Gruppe, die auch einen wesentlichen Teil ihrer zwischenmenschlichen Kommunikation ausmacht. Manche Menschen lieben ihren Beruf wie ein Hobby und engagieren sich mit Herzblut für ihre Arbeit. Mit dem Aufstieg der Kundalini kann plötzlich jeder Spaß am Beruf, den eigenen Hobbies und sogar an der geliebten Familie verloren gehen. Alles, wofür du mit Leidenschaft gelebt hast, verliert seine Anziehungskraft. Innere Leere und Antriebslosigkeit machen sich breit, was schon mit einer Depression verwechselt werden kann. Dass ihr bisheriger Lebensinhalt jede Attraktivität verliert, stellt für viele Betroffene nach dem Aufwachen den zentralen Angelpunkt ihrer massiven spirituellen Herausforderung dar. Sie möchten einfach ihr altes Leben zurückhaben. Hinzu kommt, dass es sich nach Einschätzung der etablierten Medizin bei einer Depression um eine genetisch bedingte Persönlichkeitsstörung mit krankhaft veränderter Gehirnchemie handelt, die oft nur mit Medikamenten gelindert werden kann. Daher solltest du zu deinem eigenen Schutz Symptome von anhaltender Antriebslosigkeit, Traurigkeit und Verstimmtheit vom Hausarzt oder Facharzt abklären lassen. Allerdings wirkt im Aufstiegsprozess und im Fall einer Kundalini-Erweckung die dauerhafte Einnahme von Psychopharmaka kontraproduktiv.[114] Die dunkle Nacht der Seele würde mit Psychopharmaka nur verlängert. Der amerikanische Psychiater Lee Sannella bezeichnet den Kundalini-Prozess als einen »Aspekt der psycho-spirituellen Entwicklung des Menschen und eindeutig wünschenswert«.[115] Daher sollte er nicht mit Medikamenten unterdrückt werden. Oft fühlt auch der Betroffene selbst, dass Psychopharmaka seinen Heilungsprozess nicht fördern, sondern stagnieren lassen.[116] Ich plädiere daher dafür, dass Psychotherapeuten, Psychologen und Mediziner sich mit dem Phänomen der Kundalini auskennen sollten.

Die dunkle Nacht der Seele ist deshalb so dunkel, weil sogar die Leidenschaften der Seele hinter dem Horizont verschwinden. Die innere Sonne geht unter. Wenn die Sonne untergegangen ist, erscheinen allerdings Mond und Sterne am Firmament und weisen den Weg. Der innere Kompass justiert sich neu und steuert universelle Ziele jenseits der einzelnen Seele und des persönlichen Seelenkollektivs an. Manchmal scheint die dunkle Nacht der Seele endlos zu dauern, bis der Morgenstern aufgeht. Mit dem Sonnenaufgang hat sich der innere Kompass schließlich neu ausgerichtet und zeigt den Kurs wieder verlässlich an.

Ich bestehe darauf, dass nicht von der dunklen Nacht der Seele gesprochen werden sollte, wenn es äußere Anlässe der Trauer gibt. Wir leben in einer Gesellschaft, die unfähig ist zu trauern. Daher bietet es sich an, Trauerphasen zu überspielen, indem sie als spirituelle Herausforderungen verbrämt werden. Wenn akute Trauer ignoriert oder verdrängt wird, bricht sie sich eines Tages umso dramatischer Bahn – wie eine übergangene Grippe Komplikationen verursachen kann. Wenn du dir keine Zeit nimmst, um ein Haustier, einen Freund oder Partner zu verabschieden, chronifiziert der Kummer und ein vages Gefühl der Traurigkeit wird zum ständigen Begleiter. Akute oder chronische Trauer können nur überwunden werden, wenn du dich dem ursprünglich verdrängten schmerzhaften Ereignis zuwendest.

Dem gegenüber erscheint die dunkle Nacht der Seele aus dem Nichts. Sie kann auch nicht durch intensive Trauerarbeit oder Therapie geheilt werden, weil sie weder durch Trennungen und schmerzhafte Verluste noch durch Beziehungsprobleme verursacht wird. Auch ein Burnout-Syndrom kann mit der dunklen Nacht der Seele verwechselt werden. Aber auch beim Burnout findet sich ein äußerer Auslöser in Überarbeitung, Überforderung, chronischer Erschöpfung oder Selbstverleugnung.

Viele Menschen wachen auf, nachdem sie einen schrecklichen Schicksalsschlag erlitten haben, zum Beispiel eine schwere Krankheit, einen Todesfall oder finanziellen Bankrott. Sie fühlen sich dann vom Schicksal betrogen, von Gott verlassen und der Frage nach dem Warum ausgeliefert. Obwohl durch eine dramatische Lebenswende eine schwere spirituelle Krise ausbrechen kann, würde ich grundsätzlich nicht von der dunklen Nacht der Seele im eigentlichen Sinne sprechen, wenn es auch einen äußeren Auslöser gibt, der bearbeitet und bewältigt werden will. In spirituellen Krise können Seelsorger und Therapeuten helfen, die dunkle Nacht der Seele muss dagegen allein gemeistert werden. Es handelt sich weniger um eine zu bewältigende Herausforderung, sondern eher um eine Durchgangsphase.[117]

Die dunkle Nacht der Seele zeichnet sich durch intensive Gefühle der Verlorenheit, Verlassenheit, Einsamkeit und Haltlosigkeit aus, ohne dass jedoch die Beobachterposition verloren geht. Der **Innere Beobachter** schaut dem menschlichen Ich bei seinen emotionalen Kämpfen zu.[118]

Du gehst nicht vollständig im inneren Drama unter, sondern behältst den Überblick. Der Leitstern des eigenen Bewusstseins navigiert dich durch die Dunkelheit.

Bei der dunklen Nacht der Seele handelt es sich um eine spirituelle Passage, die im Grunde der Selbstermächtigung dient. Du fühlst dich von Gott und allen guten Geistern verlassen und von Gott und der Welt getrennt, eine bodenlose Erfahrung der Welt- und Gottesferne.[119] Auf einmal funktionieren sogar eingeübte und routinierte religiöse Praktiken nicht mehr. Der Zugang zu den spirituellen Quellen der Entspannung, Heilung, Inspiration und Liebe scheint plötzlich fest verschlossen.

Die dunkle Nacht der Seele wird zu Recht auch als Wüstenerfahrung bezeichnet.[120] Wenn der Wanderer nach dem Gang durch die Wüste die Oase erreicht und sich an der erfrischenden Quelle labt, fühlt er sich wie neu geboren. Weil es sich um eine **spirituelle Passage** handelt, kannst du nichts anderes tun, als geduldig abzuwarten und nach innen zu schauen. Die Vorboten der Morgenröte erscheinen in deinem Inneren. Wenn du sie begrüßt, geht schließlich die Sonne wieder auf.

~ Künstliche Persönlichkeitsstörungen

Auch psychische Symptome passen oft in das von mir im Zusammenhang mit der Kundalini vorgestellte Konzept der künstlichen Krankheiten. Wenn auffällige psychische Verhaltensweisen aufflackern, dann weisen sie auf Dispositionen zu Persönlichkeitsstörungen oder psychiatrischen Erkrankungen hin. Der Aufstieg der Kundalini kann »schwelende seelische Störungsmuster wie Angstneurosen, schizoide Tendenzen oder Narzißmus zutage fördern.«[121] Da die meisten Therapeuten auf Krankheitsdiagnosen fixiert sind und den spirituellen Prozess ignorieren, neigen sie dazu, alles von der Norm abweichende zu pathologisieren.[122] Ein entscheidender Unterschied zwischen spirituellen Herausforderungen und Durchgangsphasen gegenüber ernsthaften und behandlungsbedürftigen Krankheitszuständen liegt darin, dass sie nur kurze Zeit andauern und das Alltagsleben des Betroffenen und seines Umfeldes nicht wesentlich beeinträchtigen.[123]

Es ist nicht unwahrscheinlich, dass die dunkle Nacht der Seele etwas länger andauert, wenn in der Familie eine genetische Disposition zur Depression vorliegt.

Im Zusammenhang mit der Kundalini wird auch oft vor einer »Ich-Inflation« gewarnt, bei der narzisstische Persönlichkeitsanteile zum Vorschein kommen. Die Kundalini kann außerdem dissoziative Zustände verursachen, bei denen sich das Ich-Gefühl und die Körpergrenzen auflösen. Bei anderen überwiegen Visionen und illusionäre Stimmungen.

Ich selbst konnte nach meiner Kundalini-Erweckung meine zwanghafte Seite entdecken, die mir selbst fremd erschien. Zum Glück konnte mein höheres Selbst meine perfektionistischen Anwandlungen noch kontrollieren. Ein Teil von mir wusste genau, dass mein Bedürfnis nach vollkommener Reinheit und Schönheit wohl übertrieben war. Mit der Zeit lösten sich die zwanghaften Impulse wieder auf und machten der realistischen Erkenntnis Platz, dass sich das Leben sowieso nicht kontrollieren ließ und immer unperfekt bleiben würde. Ich konnte mein Bedürfnis, überall Ordnung schaffen zu wollen, mit Liebe annehmen und auch loslassen. Letztlich hat wohl die Kundalini, die große Innere Heilerin, meine Disposition zur Zwangsstörung aufflackern lassen, damit sie sich verflüchtigen kann. Auf diese Weise trägt die Aktivität der Kundalini dazu bei, dass sich **genetische Dispositionen auflösen** können.

4 Mentale Symptome

~ Konzentrationsstörungen

Ich bin sicher, dass es zu meiner Kundalini-Erweckung beigetragen hat, dass ich die Trance-Techniken, die ich erlernt hatte, regelmäßig praktiziert habe. Zu meiner eigenen Entspannung habe ich mich fast täglich für kurze Zeit in Trance versetzt und außerdem regelmäßig gechannelt. Die mentalen Übungen haben mein Gehirn verändert, was inzwischen für verschiedene Meditationstechniken nachgewiesen ist.[124]

Meditation kann die Kundalini erwecken, weil sie das Gehirn verändert. Umgekehrt löst auch die Aktivität der Kundalini mentale Symptome aus. Der indische Autor Gopi Krishna beschreibt »gesteigerte Konzentrationsfähigkeit, hocheffektive Gedächtnisleistungen sowie eine sensibilisierte Intuition in allen zwischenmenschlichen Belangen« als wesentliche Auswirkungen der »erleuchtete(n) Geisteshaltung«,[125] die er durch seine Kundalini-Erweckung erlangte.

Während ich einerseits plötzlich mit kristalliner Klarheit auf lange schwelende innere oder äußere Konflikte schauen konnte und tiefgreifende Einsichten ins Bewusstsein strömten, kämpfte ich an anderen Tag damit, einfache und routinierte Denkaufgaben zu bewältigen.[126] Mir fiel es phasenweise unheimlich schwer, mich auf geistige Arbeiten zu konzentrieren. Mit der Zeit konnte ich meine mentalen Aussetzer aber akzeptieren. Wenn ich mich schlecht konzentrieren konnte, widmete ich mich erst einmal manuellen Tätigkeiten.

An manchen Tagen setzte mein Kurzzeitgedächtnis plötzlich aus. Ich sah mich mit unerwarteten Blackouts konfrontiert. Schließlich begann ich, die Leere und Stille im Kopf sogar zu genießen. Was ich als Denkstörung empfand, führte mich in eine sehr entspannende **Gedankenleere**.

Immer wieder überraschte es mich, dass mein Gehirn hervorragend funktionierte, wenn ich es wirklich brauchte. Ich hatte zum Beispiel schon immer ein schlechtes räumliches Orientierungsvermögen. Aber wenn ich mich verlaufen hatte, tauchten auf einmal ganz neue Fähigkeiten auf. Um meinen Weg zu finden, schien ich ein fotografisches Gedächtnis für alle möglichen Details entwickelt zu haben, das mich führte.

Ich kenne auch einen vollständigen Verlust des Zeitgefühls.[127] Es scheint so, als sei man losgelöst von Raum und Zeit und vollkommen schwerelos. Die Leichtigkeit des Körpers war bei mir manchmal mit Schwindel assoziiert. Es fühlte sich so an, als werde der Körper von sanften Energiewellen durchströmt.

Ich kann nur raten, mit der medizinischen Abklärung anhaltender Gehirnsymptome, Konzentrations- und Denkstörungen nicht zu sparen. Wenn nichts Krankhaftes gefunden wird, kann man nur abwarten und die Zeiten der **Klarheit** und **Stille** genießen.

Das Gehirn und das zentrale Nervensystem als Teil des physischen Körpers balancieren sich aus. Die Aktivitäten der rechten und der linken Gehirnhälfte verschmelzen und es eröffnen sich neue Dimensionen der Wahrnehmung und des Bewusstseins.

Bei der Erforschung der Gehirnwellen von Protagonisten mit Kundalini-Symptomen konnte Anna Wise Muster des »Awakened mind«, des erwachten Gehirns finden. Wie bei häufig meditierenden Mönchen, erleuchteten Meistern und besonders kreativen Künstlern fand sie eine charakteristische Verbindung von Beta-, Alpha-, Theta- und Delta-Wellen im Gehirn. Dass die verschiedenen Bewusstseinszustände parallel existieren können, macht offensichtlich **das erwachte Gehirn** aus. Durch die Aktivität der Kundalini verändern sich die Gehirnwellen, wodurch unbewusste, bewusste und kosmische Teile des menschlichen Geistes miteinander verschmelzen.[128]

~ Umdenken

Ich habe während meines inneren Aufstiegs gelernt, in **Analogien** zu denken. In der Kommunikation mit anderen Menschen erlebe ich es oft als sehr hilfreich, mit Beispielen argumentieren zu können, die meinem Gegenüber geläufig sind. Steven Upton, einer meiner Lehrer in energetischem Heilen, spricht zum Beispiel gerne vom »Link« zur geistigen Welt, wenn er die enge Zusammenarbeit mit geistigen Helfern beschreibt.

Außerdem werde ich ständig mit **Paradoxien** konfrontiert. Wenn ich mich gerade mit der einen Wahrheit identifiziert habe, muss ich mich mit dem Gegenteil auseinandersetzen. Wie viele andere habe ich mich auch deshalb mit spirituellen Themen beschäftigt, um in meinem Alltag Unterstützung zu finden und anderen Menschen helfen zu können. Dass ich die Schöpferin meiner Realität bin, hat mich von Anfang an inspiriert. Gerade in der Zeit, als ich mich intensiv damit beschäftigt habe, das Gesetz der Anziehung besser zu verstehen und meine Realität zu gestalten, hat das Leben mir viele Gelegenheiten beschert, um Demut zu üben. Ich strebte also nach Macht und bin der Demut begegnet.[129] Unvorhergesehene Ereignisse, die meine Absichten durchkreuzten, musste ich als das Unvermeidliche akzeptieren, auch wenn ich den größeren Plan dahinter noch nicht durchschauen konnte.

Immer wieder musste ich umdenken. Nach der Wende hatte ich mich gerade mit der Vorstellung eingerichtet, dass alle Ostdeutschen materialistisch und wenig umweltbewusst wären, als ich eine weise und humorvolle Frau aus Thüringen in einem schamanischen Kurs kennenlernte. Das Leben bot mir immer wieder die Gelegenheit, meine Ansichten zu relativieren oder zu revidieren. »Während die Kundalini den mentalen Körper reinigt, kann ein Mensch starke, bislang unbekannte Vorurteile bei sich entdecken und sich lebensbestimmender Einstellungen bewusst werden, die seit langer Zeit seine Handlungen und Reaktionen bestimmen.«[130] Die Kundalini trägt dazu bei, unbewusste Vorurteile und mentale Begrenzungen zu überwinden.

5 Geistige Symptome

Die in Asien als Kundalini beschriebenen Phänomene werden im christlichen Abendland als Wirkung des Heiligen Geistes verstanden. Kein Wunder also, dass die Kundalini auch geistige Veränderungen mit sich bringt.[131]

~ Expandierte Wahrnehmung

Mit der verstärkten Aktivität der Kundalini hat sich nicht nur meine Sensitivität gegenüber allen Außenreizen verstärkt, sondern der Radius der Sinneswahrnehmungen hat sich erweitert. Mich hat das zunächst sehr irritiert, da ich gewohnt war, in meiner Praxis mit einer auf die anwesenden Patienten fokussierten Aufmerksamkeit zu arbeiten. Ich hatte das Gefühl, als hätte ich meine sensitiven und medialen Fähigkeiten verloren.

Mit der Zeit realisierte ich aber, dass sich meine Achtsamkeit erweitert hatte, und ich lernte, damit umzugehen. Expandierte Aufmerksamkeit und Sensitivität erschienen mir auf einmal sogar viel realistischer und den Umständen angemessener. Wenn ich zum Beispiel auf einer Party war, nahm ich die Stimmungen der anwesenden Personen als ein Konglomerat verschiedener Gefühle und manchmal sogar als Einheit wahr. Ich war mit der Atmosphäre im gesamten Raum verbunden, statt mit wechselnden Eingebungen, je nachdem, wer gerade neben mir stand oder saß. Ich konnte, wenn ich es wollte, auf die vorherrschende Stimmung im Raum eingehen, zum Beispiel mit einem lockeren Spruch darauf hinweisen, dass jetzt wohl langsam das Buffet eröffnet werden könnte.

Meine Aufmerksamkeit erweiterte sich, als sich mit der Expansion des Dritten Auges der Beobachterstatus fest etabliert hatte. Vorausgegangen waren lange Phasen, in denen ich einen permanenten Druck in der Mitte der Stirn und um die Augen herum spürte. Über längere Zeit fühlte es sich so an, als drücke eine überdimensionale Brille auf meine Nasenwurzel, meine Augen und meine Stirn. Außerdem vibrierte der Bereich in der Mitte der Stirn, das Dritte Auge. Manchmal schien sich das Stirn-Chakra plötzlich zu öffnen und Visionen, Einsichten und Erkenntnisse strömten ein.

Die Sensationen im Bereich des Dritten Auges veränderten meine Wahrnehmungs- und Sichtweisen. Der Beobachterstatus verstetigte sich, so dass ich immer gleichzeitig fühlend und teilnehmend in der Welt präsent sein und alles wie ein neutraler Zeuge registrieren konnte.[132] Während die Energien beider Augen im Dritten Auge verschmelzen, findet auch eine Überwindung der Dualität statt. Dadurch wird eine Voraussetzung für den Lichtkörper geschaffen, worauf schon die Bibel hinweist: »Wenn dein Auge einfältig ist, so wird dein ganzer Leib licht sein.«[133]

Während der Schauspieler und der Zuschauer in meinem Drama des Lebens vollständig verschmolzen, expandierte der Radius meiner Sensitivität. Ich erlebte es einige Male, dass ich mich plötzlich wie von einem Schlag in die Magengrube getroffen fühlte. Mein Solarplexus verkrampfte sich, mir wurde schlecht und ich wäre beinahe umgekippt. Es dauerte eine Weile, bis ich mich von diesem energetischen Schlag erholt hatte. Mit der Zeit stellte ich fest, dass dieses Symptom genau zu der Zeit aufgetreten war, als in europäischen Städten schwere Attentate passierten, zum Beispiel in Brüssel, Paris, Berlin und Wien. Ich erlebte ein ähnliches Phänomen bei Amokläufen. Natürlich lösten nicht alle Attentate und Schießereien auf der Welt solche körperlichen Symptome bei mir aus, sondern eher die Ereignisse, die in den deutschen Medien Wellen schlugen oder die in Städten passierten, zu denen ich einen besonderen Bezug hatte.

Meine geistigen Helfer erklärten mir, dass meine Aufmerksamkeit und mein **Mitgefühl** in diesen Fällen gebraucht würden. Mein Mitgefühl sei die Brücke, die es den Engeln erlaube, helfend einzugreifen und die verstorbenen Seelen an die Hand zu nehmen und ins Licht zu führen.

Viele nach der Jahrtausendwende geborene Kinder haben ein geöffnetes Drittes Auge und eine expandierte Wahrnehmung von Geburt an mit in ihr Leben gebracht.

Kinder mit diesen Attributen sind mir in meiner Praxis oft begegnet, weil ihre Eltern deshalb bei mir Hilfe suchten. Den Kindern wurde die Diagnose Aufmerksamkeitsdefizit- und Hyperaktivitäts-Syndrom (ADHS) verpasst. Im Kindergarten und in der Schule kanalisierten sie den Stress und die Unruhe der ganzen Gruppe und verhielten sich daher auffällig. Mit homöopathischen Mitteln konnte ich die Kinder dabei unterstützen, sich besser abzugrenzen und zu zentrieren.

Um den Kindern zu helfen, habe ich auch oft auf einer inneren Reise bei geistigen Helfern und Engeln um Informationen gebeten, was der Seele der Kinder fehlt und wie ihre Bezugspersonen sie unterstützen können. Ich habe dann immer wieder erlebt, dass die Kinder vor und nach den Sitzungen in der Praxis ausführlich telepathisch mit mir kommuniziert haben. Manchmal habe ich auch von ihnen geträumt. Martha, ein achtjähriges Mädchen, das mit seiner Mutter wegen Konzentrationsschwäche in der Schule meine Praxis aufsuchte, teilte mir telepathisch mit, dass sie eine sehr hohe Schwingung habe und sich daher durch Unruhe und eine angespannte Atmosphäre in der Klasse oft sehr gestört fühle. In unserem telepathischen Gespräch demonstrierte sie mir ihre hohe Schwingung, indem sie mir zeigte, wie sie sich wie ein Affe von Baumwipfel zu Baumwipfel schwang.

Von der inneren Reise, die ich dann in der Praxis für sie machte, brachte ich ihr einen Affen als Krafttier mit. Ihre Mutter erzählte mir später, wie sehr sie dieses Krafttier liebte, und freimütig und begeistert davon erzählte, dass es sie in allen Lebenslagen unterstützen könne. Sie steckte sogar ihre Freunde an, die sich nun auch ein persönliches Krafttier suchten. Durch Martha habe ich gelernt, wie bedeutsam es für die mit erweitertem Bewusstsein geborenen Kinder ist, dass ihre Besonderheit anerkannt und die **telepathische Kommunikation** mit ihnen ernst genommen und gepflegt wird.

Während meiner Heilpraktiker-Ausbildung arbeitete ich in Teilzeit als Lehrerin und unterrichtete auch eine sechste Klasse mit elf- und zwölfjährigen Kindern. Kurz nachdem ich meine Heilpraktiker-Prüfung bestanden hatte, wurden in der Schule Vergleichsarbeiten geschrieben. Das bedeutete, das alle Parallelklassen dieselbe Arbeit schreiben mussten und dann der Erfolg der Schüler in den verschiedenen Klassen verglichen wurde. Mit den Vergleichsarbeiten wurden also eigentlich vor allem die Lehrer getestet. In der sechsten Klasse war eine Grammatikarbeit angesetzt worden und ich fühlte mich auf diesem Gebiet vollkommen sicher. Ich bereitete meine Schüler dem Lehrplan entsprechend vor und kontrollierte regelmäßig den Lernerfolg mit einem Test. Daher sah ich der Vergleichsarbeit gelassen entgegen. Einer unsicheren Kollegin redete ich noch gut zu und empfahl ihr die Materialien, von denen ich besonders profitiert hatte. Meine Zuversicht wuchs noch, als bei einer anderen

Vergleichsarbeit, die ich in einer höheren Klasse zu schreiben hatte, meine Schüler gut abschnitten.

Als ich jedoch wenig später am Schreibtisch saß und die Arbeit der sechsten Klasse korrigierte, traute ich meinen Augen nicht. Ich konnte praktisch nur Fünfen und Sechsen vergeben. Fast alle Schüler hatten die Arbeit völlig verhauen. Ich war fassungslos, denn auch die Schüler, die im Unterricht den Lernstoff sicher beherrschten und im Test gut abgeschnitten hatten, hatten nur Fehler produziert. Schon während ich die Arbeit korrigierte, sah ich die Gesichter einiger Schüler vor mir, die mich angrinsten. Ich fürchtete, den Verstand zu verlieren. In der Nacht träumte ich, dass mich die ganze Klasse feixend und wissend ansah. Allerdings durchlebte ich anschließend eine schreckliche Zeit, denn ich musste mein Versagen den Kollegen, den Eltern und der Schulleitung offenbaren.

Während ihre Eltern zu Recht wegen der schlechten Noten Sturm liefen, verhielten sich die Schüler auffällig entspannt. Zum Glück bekamen wir schließlich die Möglichkeit, die Arbeit zu wiederholen, so dass die Schüler im Zeugnis keine Nachteile mehr wegen der verhauenen Arbeit hatten.

Zu dieser Zeit hatte ich schon meine Beurlaubung für das nächste Schuljahr beantragt, um mit meiner Familie eine Zeitlang in den USA zu leben. Dort lernte ich dann die schamanischen Methoden zur Bewusstseinserweiterung und Heilung kennen. Nach der Rückkehr aus den USA widmete ich mich, während meine Beurlaubung noch andauerte, dem Aufbau meiner Heilpraxis, die dann erstaunlich gut lief. Ich kehrte nie mehr in die Schule zurück, kündigte mein Beamtenverhältnis und arbeitete von da an als Heilpraktikerin. Manchmal, wenn ich mir mehr Erfolg als Heilpraktikerin wünschte oder irgendwie mit meiner Arbeit haderte, träumte ich wieder von den Kindern in der sechsten Klasse, die mich ermutigend angrinsten. Diese Erfahrung hat mir gezeigt, wie sich Menschen mit expandiertem Bewusstsein gegenseitig auf ihrem Lebensweg unterstützen können. Außerdem kommt es oft vor, dass dramatisches Versagen oder eklatanter Misserfolg in weltlichen Belangen das innere Erwachen und die spirituelle Entwicklung befördern.

Zu den Phänomenen der erweiterten Wahrnehmung gehört auch die Synästhesie, das heißt die Verflechtung verschiedener Sinneswahrnehmungen. Die Veränderung des Gehirns, die die verstärkte Kundalini-Aktivität bewirkt, kann dieses Phänomen hervorrufen. Es führt zum Beispiel dazu, dass Worte und Zahlen farbig gesehen werden, Bilder und andere visuelle Eindrücke mit Tönen kombiniert sind und Musik in Bildern erscheint.

Auch sinnliche Halluzinationen können spontan auftreten. Ich höre öfter sphärische Klänge oder bin plötzlich von Blumenduft eingehüllt, ohne dass eine Quelle für diese Sinneswahrnehmungen auszumachen ist. In schwierigen Situationen, wenn Angst und Zweifel überhandnehmen, spüre ich oft eine leichte Berührung, so als wenn ein Engel oder ein geistiger Begleiter seine Hand auf meinen Arm oder meine Schulter legt, um mich zu trösten und daran zu erinnern, dass ich nicht allein bin. Wenn ich an einen anderen Menschen oder eine bestimmte emotionsgeladene Situation denke, empfange ich oft ein Konglomerat an Sinneswahrnehmungen, zum Beispiel Farben, Lichtspiele und Gerüche. Wenn ich mich davon verabschiede, meine Eindrücke nicht in gewohnter verstandesbetonter Weise zu analysieren, kann ich auf diese Weise die Wirklichkeit tiefer erfahren. Die Kundalini fördert die **ganzheitliche Erfassung der Realität**.

Zu Beginn meiner Kundalini-Erweckung hörte ich eines Abends, während ich entspannt an meinem Computer saß, plötzlich tosende Geräusche wie von einem Wasserfall. Ich erschrak, sprang auf und rannte in die Küche, weil ich befürchtete, dass es dort einen Wasserrohrbruch gegeben hätte. Als ich in der Küche nichts Auffälliges fand, rannte ich auch noch ins Bad und sah in der übrigen Wohnung nach. Es dauerte eine Weile, bis ich realisierte, dass es sich bei dem Wassergeräusch um eine reine Sinnestäuschung handelte. Dann wurde ich von einer energetischen Welle durchströmt. Es fühlte sich tatsächlich so an, als wenn ein Wasserfall an Energie tosend auf mich herabfiel, um dann genauso schnell die Wirbelsäule entlang wieder aufzusteigen. Dass die Kundalini-Erfahrung von spezifischen Geräuschen begleitet wird, wie zum Beispiel Klingeln, Zischen, Prasseln oder Flügelschlagen, gehört zu ihren besonderen Merkmalen.[134]

Das Wort Kundalini kommt von der Bezeichnung für »gerollt« oder »gewunden« im Sanskrit. Die Kundalini wird mit einer zusammengerollten Schlange assoziiert, die sich erhebt.[135] Auch die gefiederte Schlange, der aztekische Schöpfergott, und der Drache in der orientalischen Mystik erinnern an die Kundalini.[136] Oft wurde meine Erfahrung intensiver Kundalini-Aktivität von einem zischenden Geräusch, das den Lauten einer Schlange glich, begleitet.[137]

Der Aufstieg der Kundalini ist oft mit starken übersinnlichen Wahrnehmungen verbunden. Er muss allerdings nicht gradlinig von einem Chakra zum anderen erfolgen.[138] Ich gehe davon aus, dass die Kundalini in allen Chakren gleichzeitig wirkt, aber in unterschiedler Intensität.[139] Wenn die transformierende Energie von oben in das Scheitel-Chakra oder das Dritte Auge in der Stirnmitte eintritt, dann erinnert die Erfahrung »an die Beschreibungen von Christen, auf die der Heilige Geist sich herabgesenkt hat: ein Abwärtsstrom spiritueller Energie«.[140]

Die Kundalini lässt sich auch mit einem flüssigen Feuer vergleichen, »das gleichzeitig heiß und kalt, einerseits elektrisch, aber auch lähmend das ganze Sein öffnet, das schließlich in eine Art von Erleuchtungs- oder Erlösungszustand führt.«[141]

Übersinnliche Erfahrungen und außergewöhnliche körperliche Sensationen gehören als essentieller Bestandteil zur Kundalini-Erweckung und weisen auf eine **geistige Öffnung** hin.

~ Fehlende Erdung

Der Aufstieg muss sich in der Balance von Geist und Materie vollziehen. Wenn man in lichtvollen Visionen und Glückseligkeit schwelgt, verlieren die irdischen Belange ihre Anziehungskraft. Es fällt schwer, sich auf die Herausforderungen des gegenwärtigen Alltags zu konzentrieren, weil sie so bedeutungslos und nichtig erscheinen. Unter dem Einfluss der Kundalini kann es geschehen, dass nichts wichtiger erscheint als spirituelle Höhenflüge. Nach stundenlanger Meditation lösen sich Zeit und Raum auf. Die körperlichen Bedürfnisse wie Essen, Trinken und Schlafen werden vergessen. Es kann vorkommen, dass man in einen Zustand gerät, in dem Erleuchtung und Wahnsinn nahe beieinanderliegen. Die Aufgabe eines spirituellen Lehrers wäre es, immer wieder darauf hinzuweisen, dass die Erleuchtung nur etwas wert ist, wenn sie im alltäglichen Leben ihren Widerhall findet. Carl Gustav Jung formuliert einen entschiedenen Anspruch, dem Meditierende und Tranceheiler gerecht werden sollten: »Es ist ganz selbstverständlich, daß Sie nicht ständig in der Meditation oder in Trance leben können. Man muß sich in der Welt bewegen, bewußt werden und die Götter schlafen lassen.«[142]

In meiner schamanischen Ausbildung habe ich gelernt, dass täglich eineinhalb Stunden Meditation genug sind. Sheila French, ein englisches Medium, bei der ich Tranceheilung gelernt habe, hat zehn Minuten Tieftrance für die tägliche Praxis empfohlen. Meine persönliche Erfahrung hat mir gezeigt, dass tatsächlich mehr nicht mehr bringt.

Ignoranz gegenüber dem Körper kann sich zu einer handfesten spirituellen Krise ausweiten, denn der Körper wird früher oder später sein Recht fordern. Daher lohnt es sich, von vorneherein Körperhygiene, gesunde Ernährung und einen ausbalancierten Lebenswandel zu pflegen.

Die Energien, die die Kundalini freisetzt, müssen geerdet werden, sonst bleibt der Körper auf der Strecke.

Wie kannst du dich erden?

Zunächst einmal wirkt der direkte Kontakt mit der Erde hervorragend, also der Aufenthalt an ruhigen Plätzen in der **Natur**, an denen sich möglichst wenig Menschen aufhalten. Außerdem unterstützt du deinen Körper, indem du pflanzliche und frisch zubereitete **Nahrungsmittel** zu dir nimmst. Gemüsesorten, die direkt aus dem Boden kommen, zum Beispiel Wurzelgemüse, Zwiebeln oder Kartoffeln, erden besonders gut. Wenn du das Gefühl hast, den Boden unter den Füßen zu verlieren, kannst du auch Milchprodukte oder Fleisch zu dir nehmen. Das kann bei fehlender Erdung nützlich sein, selbst wenn du dich ansonsten vegetarisch oder vegan ernährst.

Dich erdet alles, was dazu beiträgt, dass du deinen Körper spürst, zum Beispiel **manuelle Arbeiten** im Haushalt, Gartenarbeit oder sportliche Aktivitäten.[143]

Wenn du viel meditierst oder innerlich reist, kannst du diese Form der erweiterten Wahrnehmung dadurch ergänzen, dass du ganz bewusst um Mitteilungen deines Körpers bittest. Du lauschst der **Stimme deines Körpers** und folgst ihren Anweisungen. Auf diese Weise lebst du im Einklang mit deinen körperlichen Bedürfnissen. Denke immer daran: Dein Körper ist das Gefäß deiner Seele und dein bester Freund. Du kannst mit ihm wie mit einem guten Freund sprechen.

Mein Körper kommuniziert auch gerne durch **Träume** mit mir. Öfter träume ich kurz vor dem Aufwachen von Nahrungsmitteln, die mich jetzt gerade unterstützen können und dem Körper guttun. Dadurch, dass diese Träume bei mir kurz vor dem Aufwachen auftreten, habe ich mich auch gut daran erinnert. Gopi Krishna beschreibt in seinem Buch über die Kundalini, wie er in einer besonders schwierigen Phase seines Transformationsprozesses mit extremer Appetitlosigkeit eines Tages von Fleisch träumte und ihn eine Fleischmahlzeit rettete.[144] Im Kundalini-Prozess kann der Verzehr von Fleisch zur Erdung beitragen.

Allerdings berichten auch viele Betroffene, dass sie nach der Erweckung der Kundalini spontan auf Fleisch, Alkohol und Stimulanzien wie Kaffee oder Tee verzichtet haben.[145]

Besonders spannend empfand ich es, dass ausgerechnet die Lebensmittel, von denen ich geträumt hatte, in dem Bioladen, in dem ich meistens einkaufe, aktuell angeboten wurden. So habe ich von Himbeeren geträumt, als es gerade frische Himbeeren gab. Meistens handelte es sich um pflanzliche Lebensmittel, von denen ich träumte. Wenn ich den Eingebungen des Traums folgte, hatte ich tatsächlich das Gefühl, dass mein Körper es mir dankte. Die Träume häuften sich, als ich sie konsequent umsetzte. Natürlich reagierte ich auch, als ich eines morgens träumte, dass ich durch einen Schokoladensee watete und mich mit einer Schöpfkelle daraus bediente.

Im Prozess des Aufstiegs stellt die Balance zwischen Körper und Geist immer wieder eine große Herausforderung dar. Wenn du dein Bewusstsein erweiterst, hebt sich automatisch die Schwingung in deinem Gehirn und in jeder Zelle deines Körpers an. Vor allem nach Phasen starker Aktivität der Kundalini muss sich der Körper wieder an die neue Frequenz anpassen. Der Körper braucht dann viel Aufmerksamkeit. **Bewusstes Atmen** stärkt deine Verbindung von Körper und Geist. Jeder bewusste Atemzug in deinen Unterleib oder noch besser in deine Zehenspitzen bringt deinen Energiekörper in den physischen Körper hinein und erdet dich.[146]

Außerdem musst du dein erweitertes Bewusstsein mit den Anforderungen deines Alltags in Einklang bringen. Nach geistigen Höhenflügen kann es unendlich schwerfallen, sich auf banale, aber notwendige alltägliche Tätigkeiten zu konzentrieren. Wenn es dir so ergeht, darfst du es zunächst einmal annehmen und dir selbst **Mitgefühl** entgegenbringen. Hinzu kommt, dass die Seele sich vom Körper entfernt, wenn Menschen in einer unsicheren, bedrohlichen, hässlichen und unordentlichen Situation leben.

Wenn du für dich ein **harmonisches Umfeld** gestaltest, trägt es zu deiner Erdung bei.

Damit du deine geistige Reise auf der Erde glücklich vollenden kannst, solltest du dich auch auf die Anforderungen einlassen, die zu deinem **Lebensalter** passen.[147]

In jungen Jahren löst man sich von den Eltern und pflegt Beziehungen mit seinen Altersgenossen. Es steht an, sich Freunde und einen Lieblingsmenschen zu suchen, um gemeinsam durchs Leben zu gehen. Wenn in dieser Phase zu viel meditiert und soziale Kontakt gemieden werden, kommt spätestens nach einiger Zeit das Gefühl auf, etwas versäumt zu haben.

In den mittleren Lebensjahren wünscht man sich normalerweise eine Familie und baut sich ein eigenes Leben auf. Auch wenn deine spirituelle Entwicklung deinen Lebensmittelpunkt darstellt, lohnt es sich, sehr bewusst zu entscheiden, ob du Kinder haben möchtest oder nicht. So trauerst du später unumkehrbaren Versäumnissen wenigstens nicht nach.

Im Einklang mit dem Leben kann in mittleren Jahren die Erziehung der Kinder und das eigene Familienleben Vorrang vor vertiefter geistiger Entwicklung haben.

In meine Praxis kamen öfter junge Frauen in den ersten Jahren ihrer Berufstätigkeit und wünschten sich, dass ich sie bei ihrer Visionssuche unterstützte. Sie fragten nach neuen Betätigungsfeldern für ihre Kreativität, nachdem sie sich beruflich einigermaßen etabliert hatten. Ich begab mich auf eine innere Reise und überbrachte ihnen Anregungen für neue berufliche Ambitionen oder Hobbies in Zusammenarbeit mit ihrer Seele und der geistigen Welt. Die meisten teilten mir mit, wie sehr sie diese Inspirationen begrüßten, selbst wenn sie mir manchmal ziemlich banal erschienen. Aber es handelte sich um auf die Seelenbedürfnisse der Klientin zugeschnittene Hinweise. Nur in seltenen Fällen wurde das Thema Kinderkriegen und Familiengründung direkt angesprochen. Trotzdem wurden viele dieser jungen Frauen schwanger und kamen anschließend mit ihrem Baby zu mir in die Praxis. Ich konnte nur staunen, wie umgehend das Universum auf die schlichte Frage nach der Kreativität die passende Antwort geschickt hatte.

In der Lebensmitte ist es Zeit, Bilanz zu ziehen, um sich anschließend bewusst auf bisher vernachlässigte Ziele zu konzentrieren. Viele Menschen erkennen in dieser Lebensphase, dass sie ihr Bestreben zu sehr auf Materielles gerichtet haben und wenden sich nun geistigen Aktivitäten zu. Es entspricht dem natürlichen Lebenslauf, dass in der Lebensmitte viele Menschen aufwachen und auf einmal nach dem Sinn ihrer Existenz fragen, selbst wenn sie sich vorher darum nicht gekümmert haben. Sobald die Lebenskraft nachlässt, wird einem klar, dass das Leben endlich ist. Wenn Menschen in dieser Zeit ihre geistigen Bedürfnisse verleugnen, versäumen sie ihre Transformation zur Weisen Frau oder zum Weisen Mann.

Im Alter geht es darum, die eigenen Lebenserfahrungen zu integrieren und mit allem, was passiert ist, Frieden zu machen. Es steht an, mit sich selbst ins Reine zu kommen. Die Weisheit, die man aus dem bewusst gelebten Leben geschöpft hat, steht nun den Nachgeborenen zur Verfügung. Ist alles so gelaufen, wie es sollte, kann man im Alter auch gelassen der letzten Passage, dem Tod, ins Auge schauen.

Wenn du dein Leben im Einklang mit deinem Körper und deinem Alter gestaltest, vollziehen sich Bewusstseinserweiterung und irdisches Glück in Balance.

~ Einsamkeit

Eines Tages träumte ich davon, einen Bus mit einer Reisegruppe zu lenken. Wir waren schon auf dem Rückweg von der Reise, auf dem Weg nach Hause. Die Menschen im Bus waren zufrieden und genossen die Reise, während ich mich ganz schön bemühen musste, den Weg zu finden und den Bus zu navigieren. Manchmal bat ich einen der Mitreisenden, einen Blick auf die Karte zu werfen und mir zu helfen, den richtigen Weg zu finden. Wir fuhren auf einsamen Landstraßen. Ich verzweifelte, weil es kilometerlang keine Schilder gab, an denen ich mich orientieren konnte. Dann musste ich den Bus wieder durch einen Stau auf einer mehrspurigen Straße in einer Großstadt schleusen. Trotz eines Unwetters mit prasselndem Regen und äußerst schlechter Sicht gelang es mir, den Bus sicher zu manövrieren. Wir kamen trotz allem gut voran. Schließlich hatte der Bus sein Ziel erreicht. Die Reisenden stiegen aus und versicherten mir, dass sie nun gut zu Fuß oder mit öffentlichen Verkehrsmitteln heimkämen.

Ich selbst bestieg für den Rest des Weges ein Rennrad. Ich radelte mit großer Anstrengung einen steilen Berg hinauf. Der Weg war mir unbekannt. Er war schmal und schwer befahrbar. In einigem Abstand folgten weitere Radfahrer, mit denen ich aber keinen Kontakt hatte. Ich wusste, dass ich diesen Teil des Weges ohne Begleitung absolvieren und nur nach vorne schauen musste. Ich bemerkte aber zu meiner Überraschung, dass ich die Nachfolgenden mitzog, wenn ich beschleunigte. Um voranzukommen, warf ich mich ganz schön ins Zeug und strampelte mit aller Kraft. Wenn ich schneller wurde, fuhren auch alle, die hinter mir kamen, schneller. Schließlich erreichte ich einen Berggipfel mit wundervoller Aussicht. Dort oben war ich allein, aber auf den verschiedenen Wegen, die zum Gipfel führten, konnte ich viele Menschen sehen. Teilweise bewegten sie sich allein, teilweise in größeren Gruppen oder Familien.

Als ich erwachte, erinnerte ich mich, dass sich der Traum, eine Reisegruppe zu navigieren, wiederholt hatte. Ich hatte den Traum zum ersten Mal, als ich begann, spirituelle Selbsterfahrungsgruppen zu leiten. Damals half er mir, die verantwortungsvolle Rolle der Gruppenleiterin anzunehmen. Zugleich konnte ich durch die Träume erkennen, dass wir zusammen unsere spannende Reise während der Seminare planten.

Der zweite Teil des Traums war mir neu und machte mir den einsamen Part des Aufstiegs erst so richtig bewusst. Ich freute mich aber auch darüber, dass ich den Weg für andere bahnte, die mir folgten. Während des Traums beglückte es mich, auf die Kolonnen der Radfahrer und Wanderer zu schauen, die mir folgten. Während ich vom Gipfel herabschaute, würdigte ich es auch, dass andere aus ganz anderen Richtungen und auf ganz anderen Wegen zum Gipfel fanden.

Schon in der Zeit nach meinem Aufwachen hat sich mein Freundeskreis völlig verändert. So geht es vielen Menschen nach einer spirituellen Öffnung, was oft als persönliche Krise erlebt wird. Meine Interessen haben sich gewandelt und mein Umfeld musste sich auf diese Veränderungen einstellen. Oft zerbrechen daran langjährige Freundschaften und Beziehungen. Manche frisch Erwachte tragen selbst dazu bei, wenn sie im Überschwang der Begeisterung für ihre neuen Einsichten und Erleuchtungen versuchen, andere zu missionieren. Ich habe aber auch erlebt, dass Freunde neugierig und interessiert reagiert haben, wenn ich authentisch von meinen neuen Erkenntnissen und Erfahrungen erzählt habe. Die Enttäuschung, dass Menschen sich oft sang- und klanglos abwenden, wenn du selbst neue Wege gehst, wird dir aller Wahrscheinlichkeit nach nicht erspart bleiben. In meiner ersten schamanischen Ausbildungsgruppe gab es ein Forum zum Austausch, das mich damals sehr bereichert hat. Das Internet bietet herrliche Möglichkeiten, sich mit Gleichgesinnten zu vernetzen.

Allerdings toben in spirituellen Kreisen meistens dieselben Machtspiele und Eifersüchteleien wie in anderen Gruppen und Kreisen auch. Bedauerlicherweise werden sie in manchen spirituellen Ausbildungsgruppen von den Lehrern obendrein noch gefördert, indem strenge Hierarchien etabliert werden. Dann gibt es Anfänger und Fortgeschrittene oder einen inneren Zirkel, zu dem man sich den Zugang verdienen muss.

Meistens stehen die Privilegien denjenigen zu, die mehr Geld investiert haben.

Wenn die Energiearbeit die eigenen Schatten ans Licht bringt, bieten spirituelle Kurse einen geschützten Rahmen, in dem Verletzungen und Traumata ausgesprochen und angenommen werden können. Jeder Ausbildungsleiter kann aber nur das zulassen, was ihn selbst nicht ängstigt und wovor er nicht wegläuft, weil er es bereits integrieren konnte. Es ist wunderbar, wenn ein spiritueller Lehrer auch eine psychotherapeutische oder psychologische Ausbildung vorzuweisen hat, aber leider selten zu finden. Wenn die eigenen Gefühle verrücktspielen und du dich in deinen Projektionen und einschränkenden Verhaltensmustern im Kreis drehst, kann ich nur empfehlen, dir professionelle Hilfe zu holen. Es dient deinem ganzheitlichen Wachstum, wenn du die spirituelle Ausbildung mit psychologischer Unterstützung kombinierst.

Ich habe parallel zahlreiche Selbsterfahrungskurse und Ausbildungen im psychotherapeutischen Bereich sowie spirituelle und energetische Kurse absolviert. Zum Beispiel habe ich mich in Psycho-Kinesiologie und familiensystemischer Therapie fortgebildet, während ich auch schamanische Methoden der Energiearbeit und Trancetechniken erlernt habe. Für mein persönliches Wachstum war diese Kombination außerordentlich hilfreich.

Meine spirituelle Entwicklung hat sich vor allem durch meine Tätigkeit als Medium und durch die Zusammenarbeit mit Saint Germain und anderen geistigen Helfern vertieft. Hinzu kam meine tägliche spirituelle Praxis mit Trancereisen und Meditation. Wie viele spirituell Praktizierende und Kundalini-Erweckte kam ich an einen Punkt, an dem ich die Welt nicht mehr verstanden habe. Weil ich selbst so viele faule Kompromisse und falsche Ansprüche an mich und andere aufgegeben und Opferhaltungen und Verblendungen überwunden hatte, erschienen mir die Spiele, die die Menschen spielen, nichtig und leer. Ich war hin- und hergerissen zwischen abgrundtiefem Überdruss am Spiel der Eitelkeiten und tiefem Mitgefühl und Respekt gegenüber dem Leben und seinen Absonderlichkeiten. Mit diesem inneren Konflikt fühlte ich mich sehr einsam. Ich wollte eigentlich dazugehören, konnte aber nicht mehr mitspielen.

Ich spürte oft den unendlich starken Sog, mit dem andere Menschen mich in den komplementären Part ihres Täter- oder Opfer-Szenariums hereinziehen wollten. Wenn sie den Opferstatus pflegten, brauchten sie einen Täter, also jemanden, den sie für irgendetwas anklagen konnten. Wenn sie eher einen Täter-Aspekt repräsentierten, suchten sie ständig nach jemanden, den sie herumkommandieren und ausnutzen konnten. Oft war Rückzug die einzige Rettung, um dem alten Spiel zu entgehen, was aber größere Einsamkeit mit sich brachte. Aber es half alles nichts, ich musste mich auf die wenigen Beziehungen konzentrieren, die ich als bereichernde Win-Win-Kommunikation erlebte.

Außerdem lernte ich, es zuzulassen, dass andere Menschen mich bedingungslos unterstützten, vielleicht weil ihre Seele das so wollte. Ich lernte auch, wie viel ich für andere Menschen einfach in meiner Präsenz tun konnte, indem ich zuhörte und achtsam, zugewandt, mitfühlend und authentisch reagierte.

Die befreiende Energie der Kundalini wird im spirituellen Ritual des Shaktipat durch Berührung, Blicke oder Worte des Lehrers übertagen, aber sie wirkt ebenso im Alltag in der zwischenmenschlichen Kommunikation. Die Kundalini-Expertin Genevieve Lewis Paulson sagt dazu: »Deine Energien werden anderen Menschen helfen, innerlich zu wachsen und in ihrer eigenen persönlichen Evolution weiterzukommen.«[148]

In Phasen sehr aktiver Kundalini ging es mir tatsächlich am besten, wenn ich mir sehr viel **Rückzug** gönnte. Jedenfalls musste ich immer eine für mich passende Balance zwischen Alleinsein und Kommunikation mit anderen Menschen finden. Ich habe Termine abgesagt, ohne das Gefühl zu haben, dass ich etwas verpasse. Letztlich habe ich schmerzhaft aus meinen Fehlern gelernt, dass es sowieso nichts bringt, irgendwo hinzugehen, wenn ich schon vorher weiß, dass mir die Veranstaltung oder das Treffen nichts gibt oder dass es zu diesem Zeitpunkt einfach nicht passt. Im Englischen kennt man für die selbst gewählte und wohltuende Form der Einsamkeit das schöne und passende Wort »solitude« – im Gegensatz zu »loneliness«.

Nach meiner Erweckung der Kundalini fühlte ich mich noch einsamer als nach meinem Aufwachen. Weil es die wichtigste Erfahrung in meinem Leben war, habe ich manchmal nahestehenden Personen davon erzählt. Worüber hätte ich sonst sprechen sollen? Die Reaktionen ähnelten sich. Entweder hat mein Gegenüber das Phänomen heruntergespielt und mir erklärt, dass er das alles auch schon erlebt hätte, obwohl ich wusste, dass es nicht stimmt. Oder sie wollten alles über die Kundalini wissen und waren sehr neugierig, konnten aber letztlich doch nichts damit anfangen, weil die Erscheinung so einzigartig und in gewisser Weise unbeschreiblich ist. Wir blieben dann beide ratlos zurück: ich, weil ich mich nicht wirklich erklären konnte, und mein Gegenüber, weil es mich nicht wirklich verstehen konnte.

Für die meisten Betroffenen gilt also, dass sie diese speziellen Erfahrungen mit niemandem teilen können. In aller Demut darfst du, wenn es dich betrifft, deine herausragende Rolle annehmen. Für mich waren allerdings die Bücher von Menschen, die sich mit der Kundalini auskannten und/oder sie erforscht hatten, eine große Stütze.

Meine eigene Einsamkeit hat mich motiviert, dieses Buch für Menschen außerhalb der Yoga-Szene zu schreiben.

Inzwischen sind meine Beziehungen zu anderen Menschen durch wunderbare Synchronizitäten geprägt. So habe ich unvermittelt mehrere Menschen mit erweckter Kundalini nach meiner eigenen Erweckung getroffen. Du kannst darauf bauen, dass du diese Menschen erkennen kannst. Es ist sehr spannend zu beobachten, wie sich Menschen mit erweckter Kundalini anziehen.

Saint Germain hat uns immer wieder erklärt, dass Liebe überall zu finden ist. Mit diesem Gefühl gehe ich jetzt durch die Welt. Trotz aller äußerlichen Einsamkeit habe ich nichts vermisst, weil ich mit Saint Germain und meinen anderen geistigen Helfern jederzeit über alles kommunizieren konnte. Der Aufgestiegene Meister Saint Germain hat mir den physisch inkarnierten Meister oder Guru ersetzt, der Adepten in den unterschiedlich geprägten religiösen Schulen einweist und begleitet. Es ist eine berechtigte Frage, ob man für den persönlichen Aufstieg den Kontakt zu einem physisch inkarnierten Meister braucht. Meistens beantwortet sich diese Frage allerdings von selbst, weil kein Meister verfügbar ist. Ein Medium, das ein klarer Kanal ist, oder ein Psychotherapeut können den spirituellen Meister ersetzen.[149] Die amerikanische Psychotherapeutin Bonnie Greenwell fand in ihren Fallstudien, »dass offenbar viele Leute bei ihrer Kundalini-Erfahrung von spirituellen Führern und Lehrern aus einer anderen Dimension begleitet werden.«[150] Außerdem findet man heute auch vielfältige Inspiration im Internet, muss allerdings sorgfältig auswählen, was die eigene Seele nährt und erbaut.

Für mich hatten meine **geistigen Freunde** jedenfalls immer ein offenes Ohr. Außerdem habe ich zunehmend meine unterhaltsamen Selbstgespräche genossen.

Ich würde sie als Gespräche zwischen meinem menschlichen Ich und meiner Inneren Meisterin beschreiben. Ich wurde mir selbst die bevorzugte Freundin und Lehrerin.

6 Differentialdiagnosen

Kundalini-Symptome scheinen oft auf bestimmte Krankheiten hinzuweisen. In diesem Kapitel geht es um Krankheiten, mit denen eine Kundalini-Erweckung verwechselt werden kann. Manchmal erweist sich die Diagnose dann als nicht zutreffend, manchmal manifestiert sich trotz des spirituellen Aufstiegsprozesses eine schwerwiegende Krankheit und die passende Diagnose trägt zur Heilung bei. Ich schreibe dieses Kapitel für Menschen, die ihre Symptome nicht ausschließlich auf ihren spirituellen Aufstiegsprozess zurückführen, sondern von einem Facharzt näher diagnostizieren lassen sollten. Ich schreibe dieses Kapitel auch für dich, wenn du eine der aufgeführten Krankheitsdiagnosen bekommen hast, aber noch gar nicht weißt, dass du eine Kundalini-Erweckung erlebt hast.

~ Restless-Legs-Syndrom

Die Erweckung der Kundalini kann mit Krämpfen, Zuckungen und Missempfindungen in den Beinen einhergehen, die mit dem Restless-Legs-Syndrom verwechselt werden können. Das Restless-Legs-Syndrom tritt in Ruhephasen auf, zum Beispiel im Kino oder vor dem Schlafengehen, und die angespannten und unruhigen Gliedmaßen verursachen Schlaflosigkeit. Da das Restless-Legs-Syndrom auch durch Eisenmangel, Vitaminmangel, Nierenerkrankungen, Schilddrüsenfunktionsstörungen, Arthritis oder Morbus Parkinson ausgelöst werden kann, sollten die Symptome unbedingt abgeklärt werden.[151]

~ Restless-Genital-Syndrom

Das Restless-Genital-Syndrom ist eine körperliche Erkrankung des peripheren Nervensystems, die dem Restless-Legs-Syndrom verwandt ist. Die Krankheit wurde erst 2001 als solche definiert. Dabei handelt es sich um eine Dauererregung im Intimbereich, die durch mechanische Reize oder Vibrationen ausgelöst werden kann und von den Betroffenen als störend und sogar schmerzhaft empfunden wird. Sie kann zu spontanen Orgasmen ohne sexuelle Stimulation oder sexuelles Interesse führen. Meistens tritt die Erkrankung nach den Wechseljahren auf. Sie kann auf Verletzungen und Nervenschädigungen im Beckenbereich, auf hormonelle Störungen oder Nebenwirkungen von Medikamenten zurückgeführt werden.[152] Auch die Kundalini-Energie kann das Sexual-Chakra aktivieren und öffnen und zu gesteigerter Libido führen.[153] Im Laufe des Kundalini-Prozesses balanciert sich die Libido allerdings von selbst aus. Meiner Ansicht nach können die Symptome, die als Restless-Genital-Syndrom diagnostiziert werden, auf einer nur bis zum Sexual-Chakra aufgestiegenen Kundalini basieren. Wenn das der Fall ist, müsste Kundalini-Yoga die Symptome verbessern.

~ Multiple Sklerose

Krampfartige Lähmungen und Taubheitsgefühle können auf Multiple Sklerose hinweisen. Außerdem gehören Erschöpfung und Konzentrationsstörungen zu den Frühsymptomen der Multiple Sklerose. Wenn die genannten Symptome länger anhalten, solltest du daher deinen Hausarzt aufsuchen, der entscheidet, ob Untersuchungen beim Neurologen angebracht sind.[154]

~ Parkinson-Syndrom

Auch die Frühsymptome des Parkinson-Syndroms überschneiden sich mit den Auswirkungen einer Kundalini-Erweckung. Dazu gehören Müdigkeit, Missempfindungen, Zittern, Schlaf- und Konzentrationsstörungen sowie depressive Verstimmungen. Wenn entsprechende Symptome längere Zeit anhalten, ist eine medizinische Abklärung erforderlich.[155]

~ Herzerkrankungen

Im Zuge des Kundalini-Prozesses werden die Chakren, die Energiewirbel in der Körpermitte, in besonderer Weise transformiert. Die Existenz dieser Energiezentren im Körper ist wissenschaftlich nicht anerkannt, sondern die Lehre von den Chakren basiert auf Konzepten des Hinduismus, Buddhismus und Yoga. Allerdings habe ich gerade durch die Erweckung der Kundalini am eigenen Körper spüren können, dass diese Energiezentren tatsächlich existieren. Im Bereich der Chakren konnte ich nach einer starken Aktivität der Kundalini oft tagelang eine energetische Dynamik wahrnehmen. Dass insbesondere das Herz-Chakra sich durch Energiearbeit befreit, klärt und öffnet, habe ich auch unabhängig von der Kundalini erlebt und bei meinen Klienten in der Praxis beobachtet.

Mit der Öffnung des Herz-Chakras können auch transformierende Schmerzen einhergehen.[156] Es ist möglich, dass Druck, Anspannung und Schmerz im Bereich des Herz-Chakras Wochen oder gar Monate anhalten. Bis sich alles gelöst hat, was das Herz verschlossen hielt, kann es eine Weile dauern. Unzählige Male haben mir Menschen im Prozess des spirituellen Aufstiegs berichtet, dass sie längere Zeit mit Herzproblemen und Herzrhythmusstörungen zu kämpfen hatten, ohne dass ein Kardiologe ein Krankheitsgeschehen finden konnte. Gerade weil Herzerkrankungen oft lebensbedrohlich verlaufen, solltest du bei Symptomen des Herz-Chakras sichergehen, dass kein medizinisches Problem vorliegt. Wenn das nicht der Fall ist, kannst du dein Herz durch Erdung ausbalancieren, zum Beispiel indem du dich in der Natur auf den Boden legst.[157]

Auf dem spirituellen Weg fordert das Herz Aufmerksamkeit. Der Aufstieg in die Meisterschaft bedeutet nicht nur Bewusstseinserweiterung, Erleuchtung und Weisheit, sondern auch Herzöffnung und Expansion der Liebesfähigkeit. Von einem erleuchteten Meister erwarten die meisten Menschen, dass er Liebe, Güte und Mitgefühl ausstrahlt.[158]

~ Depression

Die dunkle Nacht der Seele kann leicht mit einer Depression verwechselt werden.[159] Dass jemand sich selbst als psychisch krank oder verrückt einstuft, passiert natürlich viel öfter, wenn er die Auswirkungen der Kundalini auf seine Befindlichkeit ignoriert oder verleugnet. Körperliche und seelische Herausforderungen können die Kundalini unvermittelt erwecken. Es kann also Menschen treffen, die sowieso schon mit vielen Schwierigkeiten in ihrem Leben kämpfen. Dass sie eine spirituelle Öffnung erfahren, haben sie gar nicht auf dem Schirm. Daher bin ich sicher, dass viele Menschen mit einer Kundalini-Erweckung automatisch in psychiatrischen Praxen oder Kliniken landen. Wenn sie dann an einen Therapeuten geraten, der sich auch mit spirituellen Aufstiegssymptomen auskennt, können sie sich glücklich schätzen. Die heute schon von Hausärzten meiner Ansicht nach zu leichtfertig verschriebenen Antidepressiva helfen im Falle einer spirituellen Depression nicht. Sie blockieren nur den geistigen Wandlungsprozess, so dass die Symptome eher stagnieren. Auf der anderen Seite sollte eine behandlungsbedürftige Depression medizinisch betreut werden. Dass der Betroffene nicht völlig in seiner Krankheit versinkt, noch seinen Alltag bewältigen und die Beobachterposition einnehmen kann, unterscheidet wie bei den Psychosen die spirituelle Krise von der psychischen Erkrankung.[160]

~ Bipolare Störung

Meiner Ansicht nach können die Folgen der Kundalini-Erweckung am ehesten mit einer bipolaren Störung, bei der Manie und Depression alternieren, verwechselt werden.[161] Die Kundalini-Aktivität ist mit starken Hochgefühlen verbunden, auf die dann eine Phase der Integration und Ausbalancierung folgt. Zeiten des energetischen Hochs mit Glücksgefühlen, Selbstvertrauen und Power wechseln sich mit Zeiten der Apathie, Leidenschaftslosigkeit und Depression ab. »Das Einströmen von Licht und Liebe folgt einem Rhythmus, wie alles im Universum. Nach einer gewissen Zeit wird es weniger oder hört auf, und auf die Flut folgt eine Ebbe.«[162] Wenn jemand keinen blassen Schimmer davon hat, was jetzt gerade mit ihm vorgeht, könnte eine entsprechende Krankheitsdiagnose sogar als entlastend empfunden werden. Auch in diesem Fall gilt, dass Medikamente bei einer Erkrankung der Genesung dienen, sich bei einer spirituellen Öffnung aber kontraproduktiv auswirken.[163]

~ Psychose

Es ist eine Frage der Interpretation, ob du deine außersinnlichen Wahrnehmungen als Vision, Wachtraum, innere Eingebung und Erleuchtung oder als Halluzination, Stimmenhören und Wahnvorstellung bezeichnest. Zur Kundalini-Erweckung gehören tatsächlich oft Zustände, die einer Psychose ähnlich sind, zum Beispiel Visionen und mystische Entgrenzungserfahrungen. Zur Differenzialdiagnose von psychischen Erkrankungen und spirituellen Herausforderungen wurde von Psychiatern bereits ein Kriterienkatalog entwickelt. Dazu gehört vor allem, dass bei Gesunden steuernde Ich-Funktionen erhalten bleiben und grundlegende Alltagspflichten erfüllt werden können.[164] Stimmen werden im Kundalini-Prozess »als von innen kommend wahrgenommen und nicht für äußere Wirklichkeit gehalten«.[165] Im Gegensatz zu den oft gebieterischen und destruktiven Stimmen während psychischer Erkrankungen wirken die »Stimmen des Kundalini-Prozesses … oft besänftigend, richtungsgebend und heilend«.[166] Außerdem hat sich mit ernsthafter spiritueller Praxis normalerweise ein moralischer Kompass entwickelt, der auch während der Krise erhalten bleibt.[167] Allerdings kann im Falle einer Psychose der Betroffene meistens leider nicht mehr beurteilen, wie gefährlich und behandlungsbedürftig sein Zustand ist. Daher sollte im Einzelfall ein Psychiater eine Diagnose stellen und beurteilen, ob eine medikamentöse Therapie notwendig ist.

~ Perspektive

Wenn es dem eigenen Seelenplan entspricht und die Zeit gekommen ist, kann die Kundalini durch den Kontakt mit einem anderen Menschen, der sie erweckt hat, übertragen werden, zum Beispiel durch intimes Zusammensein, Blickkontakt oder Handauflegen. Warum sollte deine Kundalini daher nicht auch durch die Lektüre dieses Buches erweckt werden, das ich mit Liebe und Respekt für den spirituellen Aufstieg geschrieben habe?

Noch wichtiger erscheint mir allerdings, dass du, wenn es soweit ist, die Kundalini mit einer klaren Entscheidung oder einer tiefen aus dem Herzen geborenen Sehnsucht, ihr begegnen zu wollen, in Bewegung setzen kannst. Um dich dafür zu motivieren, möchte ich dir jetzt zeigen, was du mit der erweckten Kundalini gewinnst und wie sich dein Leben dadurch verändert.

7 Die erweckte Kundalini

~ Heilung

Die Kundalini hat eine tiefgreifende heilende Wirkung. Es findet ein körperlicher Reinigungsprozess statt und der persönliche Schatten wird integriert. Du kannst die unterschiedlichen und wechselhaften Symptome, die nach der Kundalini-Erweckung auftreten, als Heilreaktionen interpretieren. Hinzu kommt, dass der Heilungsprozess meistens nicht linear verläuft, sondern in Wellen. Wenn zum Beispiel alte Ängste wiederauftauchen, die du schon überwunden glaubtest, brauchst du dich nicht entmutigen zu lassen. Mit der Zeit flauen die Wellen ab. Da es sich um einen ganzheitlichen Prozess der Regeneration handelt, sind parallel Körper, Psyche und Geist betroffen. Aus diesem Grund kann die aktive Kundalini einen ganz schön durchrütteln, um »ihr Ziel – die spirituelle Verwirklichung des Menschen – zu erreichen«.[168] Es bleibt nichts anderes übrig, als die heilsame Transformation als Geschenk anzunehmen.

Nach einiger Zeit regelmäßiger Kundalini-Aktivität habe ich mich sehr verändert gefühlt. Mein neuer Zustand kam mir aber auch irgendwie bekannt vor und ich habe mich gefragt, woher ich ihn eigentlich kenne. Plötzlich ging mir ein Licht auf: aus meiner frühen Kindheit! Ich begegnete der Welt so, wie ich es aus meiner Kindheit kannte, mit einem großen Staunen und der Erwartung, dass hinter jeder Ecke spannende Abenteuer und wundersame Begegnungen lauern. In der Bibel heißt es: »Wenn ihr nicht umkehrt und werdet wie die Kinder, so werdet ihr nicht ins Himmelreich kommen.«[169] Wenn ich meinen Zustand reflektierte, konnte ich dem Satz nur zustimmen.

Ohne dass ich es steuern konnte, wurden durch die Kundalini regelmäßig Erinnerungen aus meinem Leben in mein Bewusstsein gespült. Ich musste mich damit auseinandersetzen. Eine Zeitlang träumte ich regelmäßig, dass ich als Lehrerin eine Vertretungsstunde abzuhalten hatte und die Schüler über Tische und Bänke sprangen. In der Klasse herrschte Chaos, dem ich nur hilflos zuschauen konnte. Meine größte Angst war, dass die Tür aufging und jemand Zeuge meines Versagens wurde. Meine Referendarzeit in der Schule als junge Lehrerin habe ich als sehr anstrengend und belastend erlebt, obwohl ich alle Lehrproben und Prüfungen mit sehr guten Noten abschließen konnte. Die Träume brachten den Stress meiner Jugendjahre an die Oberfläche und auf einmal konnte ich sogar darüber lachen. Mir fiel auf, dass die sich wiederholenden Träume über die Versagensangst aus meiner Lehrerausbildung sich mit der Zeit veränderten. Ich konnte am Ende des Traums eine Lösung und eine gelassene Haltung finden, manchmal indem ich einfach eine Zeitlang abwartete, bis die Schüler auf einmal meinen Anweisungen folgten. Manchmal war mir im Traum schon bewusst, dass ich nur träumte. Ich beamte mich dann einfach aus der schwierigen Situation heraus und gestaltete meinen Traum nach meinen Wünschen. Währenddessen begannen auf einmal die Farben im Traum überirdisch zu leuchten. Man nennt das wohl luzides Träumen.

Es tauchten auch verstärkt Erinnerungen daran auf, dass ich in meiner Jugend manchmal ein unfaires Spiel mit Männern gespielt hatte. Ich hatte mich an ihren Avancen ergötzt und sie dann sang- und klanglos stehen lassen. Oder ich hatte Beziehungen zu schnell wegen der kleinsten Auseinandersetzungen aufgegeben. Als mich diese Erinnerungen überfielen, musste ich gegenüber mir selbst bekennen, dass es schlicht nicht nötig gewesen wäre, sich so zu verhalten. Ich hätte es besser gekonnt. Wie du siehst, integriert die Kundalini Aspekte von Angst und Schuld. Das meine ich mit Heilung.

Der allein durch die Aktivität der Kundalini ausgelöste Heilungsprozess befreit von psychischen Altlasten und Traumen und reinigt und energetisiert den Körper. Insofern kann der Kundalini sogar ein verjüngender Effekt zugeschrieben werden. Die Kundalini unterstützt dich dabei, zu werden, wie du gemeint bist.[170] Du befreist dich von deinen Beschränkungen und Blockaden, um der Welt deine ureigenen Talente und Gaben zu präsentieren. Deine Seele gewinnt in deinem Leben die Oberhand und weist verängstigte und verzweifelte Aspekte wie das verletzte Kind in seine Schranken. Du kannst die Geschenke deiner Seele in der Welt zum Ausdruck bringen.

Aber die Kundalini leistet noch mehr, denn sie installiert in dir das universelle Selbst. Dein universelles Selbst ist sich nicht nur seines Eigenwertes als unendlich lebende Seele bewusst, sondern weiß, dass es mit allem verbunden ist. Das universelle Selbst agiert in der vollkommenen Vernetzung mit der Welt und allem, was ist. Es steht im Dienst der universellen Intelligenz. Es lebt im Einklang mit dem göttlichen Plan. Die Kundalini ist der göttliche Funke, den du in der trägst und der sich immer wieder von Neuem selbst entfacht.

~ Kreativität

Die Kundalini bereichert die persönliche Kreativität in unermesslicher Weise. Damit sich deine ureigene Kreativität entfalten kann, dekonstruiert die Kundalini allerdings die gesamte Persönlichkeit, was noch mehr verunsichern und ängstigen könnte, wenn sie einen andererseits nicht so beglücken würde. Außerdem begleitet einen dauernd das unbestimmte Gefühl, dass alles schon einen tieferen Sinn haben werde.

Was die Kreativität angeht, drückt die Kundalini praktisch die Reset-Taste. Nichts mehr geht, bevor alles wieder von vorne anfangen kann. Ich konnte erfahren, dass an diesem Punkt schon der Begriff der dunklen Nacht der Seele befreiend wirkt, weil er ja impliziert, dass die Nacht irgendwann vorbei ist und der Tag wieder anbricht. Das gibt Hoffnung.

Ich möchte zur Verdeutlichung ein technisches Bild benutzen, um den durch eine Kundalini-Erweckung ausgelösten Prozess zu beschreiben. Wenn die Kundalini die Reset-Taste gedrückt hat, dauert es eine Weile, während die Festplatte mit den Prägungen und Gewohnheiten der menschlichen Persönlichkeit gelöscht wird. Das Leben geht weiter und währenddessen installieren sich neue Programme wie von selbst. Mit der Reset-Taste wird der Computer auf seinen ursprünglichen Zustand zurückgesetzt. So tauchen nach einer Phase der Leere auch oft Vorlieben wieder auf, die du schon aus früher Kindheit und Jugend kanntest. Du befreist dein wahres Selbst von den Programmierungen deiner Erziehung und Sozialisation.

Aber es können nach dem Reset auch ganz neue Programme aufgespielt werden, was bedeutet, dass du dich bisher völlig ignorierten Interessen zuwendest. Du kannst dir in der Morgendämmerung nach der dunklen Nacht der Seele selbst zuschauen, wie du auf einmal deinen Tag gestaltest. Im fortgeschrittenen Stadium führt die Kundalini zur »Entfaltung neuer Talente und Fähigkeiten« und fördert »das uneigennützige Dienen«.[171]

Mein Berufsleben war von der Kommunikation mit Menschen geprägt. Das galt sowohl für die Phase, in der ich als Lehrerin gearbeitet habe, wie auch für meine Tätigkeit als Heilpraktikerin und Dozentin. Mit der Kundalini ist bei mir ein großes Interesse an der gegenständlichen Welt wiedererwacht, welches ich wohl durch meine langjährige Beschäftigung mit Menschen und ihren Anliegen, ihrem Leid und ihren Krankheiten eher verdrängt hatte. Ich konnte mich wieder richtig für schöne Gegenstände, Kleider, Räume, Kunst und Gestaltung begeistern. Ich erschauderte also nicht nur in den hässlichen Ecken meiner Stadt, sondern freute mich an jedem Ausdruck der Schönheit, an harmonisch, kreativ und inspirierend angeordneten Farben und Formen. Mein ästhetischer Sinn war wiedererwacht.

Mit dem Erwachen der Kundalini wurde ich mir bewusst, dass ich meinen Dienst auf der Erde vor allem als spirituelle Lehrerin erfüllen sollte. Ich verspürte einerseits eine unendliche Freiheit, einfach nur zu tun und zu lassen, wozu ich Lust hatte. Meine Präsenz auf der Erde war schon Dienst genug. Ich hatte im Leben keine andere Verpflichtung mehr, als mich am Leben zu freuen, meine Lebensfreude ausstrahlen zu lassen und den anderen Menschen mein herzliches Mitgefühl entgegenzubringen. Andererseits brannte mein Herz wieder dafür, Menschen in ihrer spirituellen Entwicklung so zu unterstützen, wie ich es mir auf meinem Weg gewünscht hätte, und sie in ihre Selbstermächtigung zu begleiten. Ich konnte klar und deutlich sehen, dass Online-Kurse, Videos und Bücher mehr Menschen ansprechen konnten, als wenn ich jedem einzelnen in meiner Praxis immer wieder dasselbe erklärte. Ich konnte auch wieder in aller Deutlichkeit meinen Auftrag oder meine auf der Seelenebene selbst gewählte Ambition sehen, mit inspirierenden und heilenden Worten zu wirken.

Alle Menschen macht der kreative Flow als Ausdruck ihrer Seele glücklich. Mit dem Aufwachen bleibt die Kreativität nicht nur ein Instrument der Seelenessenz des einzelnen Menschen, sondern sie wird mit dem universellen Geist synchronisiert. In diesem Zusammenhang wird auch von transpersonaler Selbstverwirklichung gesprochen.[172] Die eigene Kreativität vollzieht sich nun im Einklang mit dem Universum. Die Synchronisierung passiert in der ambitionslosen Phase der Orientierungslosigkeit nach dem Reset. Eine starke Aktivität der Kundalini kann diesen Prozess erneut initiieren und vertiefen. Die Kundalini baut eine »Brücke zwischen reinem Geist und physischer Manifestation«.[173]

In der dunklen Nacht der Seele fühlte ich mich abgrundtief allein und auch die Stimmen der Meister, Engel und Erzengel, mit denen ich schon lange so gerne zusammengearbeitet hatte, schienen zu verstummen. Ich musste mich notgedrungen meiner eigenen göttlichen Stimme zuwenden. In gewisser Weise musste ich mich gleichberechtigt in den Kreis der Meister, Engel und Erzengel stellen, um mit ihnen in vollkommener Weise kooperieren zu können.

~ Glückseligkeit

Dass die Quelle der Liebe und der Freude in uns selbst liegt, hat mein Lehrer Saint Germain mir oft übermittelt. Ich habe es ihm geglaubt, aber erst durch die Kundalini konnte ich die Tragweite dieser Aussage erfassen. Ich wurde auch davon überrascht, dass tiefe mystische Erlebnisse ganz körperlich erfahren werden können. Dass der Körper als Instrument der geistlichen Öffnung dient, darin liegt das einzigartige Erleben der Kundalini. Allerdings wird die Bedeutung des Körpers für den spirituellen Aufstieg in der westlichen Religion und Mystik meistens unterbewertet oder verleugnet.[174] Mit der Kundalini durchströmt mich im entspannten Zustand eine unermessliche Flut orgiastischer Empfindungen. Die durch die Kundalini ausgelöste Erfahrung der Glückseligkeit lässt sich schwer in Worte fassen. Oft wird sie mit einem Ganzkörperorgasmus verglichen. Am besten lässt sie sich wohl in poetischer Form beschreiben.[175]

Die Erfahrung der Glückseligkeit, die die Kundalini ermöglicht, hinterlässt tiefe Spuren im Bewusstsein und in der Lebenseinstellung. Mich hat die Erfahrung von Euphorie ohne äußere

Stimulanzien tief geprägt. Das Wissen, dass ich Glück unabhängig von anderen Menschen und äußeren Einflüssen erfahren kann, verkörpere ich im wahrsten Sinne des Wortes. Dadurch fühle ich mich völlig unabhängig von Suchtmitteln aller Art, auch von Alltagssüchten wie Süßigkeiten oder Fernsehen. Ich trinke ab und zu gerne den in meiner Region biologisch angebauten Wein, fühle mich aber davon nicht abhängig. Es scheint so, als könne die Erfahrung der Glückseligkeit auch die Vergangenheit »überschreiben« und körperliche Blockaden, Traumen, Süchte, Neurosen und Ängste hinwegspülen.[176] Wenn die Quelle der Liebe in mir liegt, bin ich nicht mehr angewiesen auf die Zuwendung anderer Menschen, um glücklich zu sein. Ein neuer Horizont der Freiheit hat sich mir eröffnet. Es geht darum, Glückseligkeit als Geburtsrecht des Menschen zu verkörpern.[177]

Allerdings sollte man nicht vergessen, dass »das Herz aller spirituellen Entwicklung Liebe ist und nicht Glückseligkeit« und es darum geht, »im täglichen Leben liebevoller und barmherziger«[178] zu sein, wie Tara Springett sagt und viele spirituelle Lehrer bilanzieren. Die Kundalini etabliert eine harmonische Balance zwischen Selbstliebe und Nächstenliebe.

~ Mittler zwischen den Welten

Die Kundalini verbindet Himmel und Erde. Auf der körperlichen Ebene steigt die Kundalini vom Wurzel-Chakra unterhalb des Damms bis zum Scheitel-Chakra auf. Sie erzeugt meistens eine entlang der Wirbelsäule im Körper auf und ab fließende Energie. Dabei verbindet sie Oben und Unten, Herz und Verstand, Erde und Geist.

Die Kundalini klärt in einzigartiger Weise auch die unteren mit der Materie verbundenen Chakren. Sie unterstützt uns dabei, den eigenen Schwächen und Begrenzungen ins Auge zu schauen und sie mit Mitgefühl anzunehmen. Auf diese Weise wird der persönliche Schatten integriert. Erst dann haben wir eine Wahl und können über uns selbst hinauswachsen. Indem wir Vertrauen in unsere geistigen Fähigkeiten gewinnen, fällt es leichter, Verhaltensmuster und Gewohnheiten loszulassen, die in niederen Beweggründen motiviert sind. Unsere egoistischen Anwandlungen werden vom göttlichen Bewusstsein überlagert. Das menschliche Ich und der innere Engel verschmelzen.

Mit der Aktivität der Kundalini lösen sich die mentalen Grenzen der individuellen Persönlichkeit auf. Carl Gustav Jung hat festgestellt, dass wir »die Kundalini erwecken, um dem individuellen Bewußtseinsfunken das Licht von den Göttern klarzumachen.«[179] Oft mündet die Aktivität der Kundalini in einer Erfahrung der Auflösung der Körpergrenzen. Innen und außen verschmelzen und ein Gefühl grenzenloser universeller Verbundenheit breitet sich aus. »Die Ganzheit unseres Selbst wird zugunsten der Erfahrung einer umfassenderen Ganzheit aufgelöst: der ersten und ewigen Ganzheit des universellen Selbst.«[180] Die Kundalini eröffnet uns Zugang zu überpersönlichem Wissen. Wir erlangen neue Ebenen der Weisheit und Kreativität im Einklang mit dem großen Ganzen. Unter dem Einfluss der Kundalini erfährt das Ich sein Einssein mit dem Urgrund, der Quelle allen Seins. Du beginnst, im Einklang mit der Welt zu leben.

Eine typische spirituelle Erfahrung stellt auch die innere Hochzeit dar. Animus und Anima, die inneren männlichen und weiblichen Anteile, vereinigen sich hierbei. »Diese Vereinigung des männlichen und weiblichen Prinzips ist Voraussetzung für das Erlangen der heiligen Glückseligkeit.«[181] Die innere Hochzeit wird von Lustgefühlen und beglückenden Visionen begleitet. Mit der Verschmelzung unserer inneren männlichen und weiblichen Anteile erlangen wir eine ganz neue Ebene des Seins jenseits der im Leben wirkenden Dualität. Es wird möglich, das Beste aus beiden Welten zu leben. Als typisch weiblich oder männlich angesehene Verhaltensweisen und Stärken stehen einem gleichermaßen zur Verfügung.

Ich habe es oft erlebt, dass Menschen nach einer spirituellen Initiation plötzlich einen völlig veränderten Charakter an den Tag legten. Sie haben sich ganz anders verhalten, als ich es bisher von ihnen kannte. Zum Beispiel traten eher zurückhaltende und ängstliche Persönlichkeiten plötzlich draufgängerisch und forsch auf. Oder eine selbstbewusste Person kämpfte mit gravierenden Selbstzweifeln. Die Seele balanciert sich aus, indem sie Extreme auslebt. So hat die Kundalini eine ausgleichende Wirkung, je nachdem, was wir bisher in unserem Leben verwirklicht haben. »Ein Mensch, der sich auf den Weg des Verstandes konzentriert, wird, wenn er sich auf die Einheit zubewegt, immer mehr Liebe, Herzensweisheit und Mitgefühl entwickeln, während jemand, der sich auf den Pfad der Liebe begeben hat, immer mehr Wissen durch geistige Erkenntnis und Herrschaft über seinen Entwicklungsprozess bekommen wird. Letztlich sind wir alle gefordert, beide Seiten zu entwickeln.«[182]

Mit der Kundalini wird Jede Zelle unseres Körpers von der universellen Energie Allumfassender Liebe durchdrungen. Sie unterstützt uns dabei, Liebe mit Macht zu verbinden.[183] In allen mystischen Traditionen wird die herausragende Rolle des Herzens für die Selbstrealisation und die Erfahrung der göttlichen Liebe bekräftigt.[184] Mit der Expansion der Herzkraft können wir andere Menschen, die uns am Herzen liegen, noch besser unterstützen. Wir können Mitgefühl und Anteilnahme für andere aufbringen, ohne uns dabei selbst zu vernachlässigen. Indem wir Illusionen über uns selbst und selbstzerstörerisches Verhalten loslassen, können wir wahre Selbstliebe leben. So finden wir zu unserem ureigenen Selbstausdruck, um die Welt zu gestalten.

Die Kundalini hilft uns, Erleuchtungserfahrungen zu verkörpern, so dass wir optimal in der Welt wirken können. »Unsere spirituelle Reise führt nicht durch irgendein Paralleluniversum, sondern mitten durch unser alltägliches Leben hindurch.«[185] Oft beendet die Erweckung der Kundalini eine Phase des meditativen

Rückzugs. Wir können gar nicht anders, als uns wieder verstärkt auf die Welt um uns herum zu konzentrieren. Die Kundalini als unsichtbare Macht scheint uns schlafwandlerisch dahin zu führen, wo wir gebraucht werden und in Freiheit und mit Freude segensreich in der Welt wirken können. »Sie träumen nicht einmal mehr davon, etwas anderes als das zu tun, als was diese Macht von Ihnen fordert, und sie fordert nicht, weil Sie es schon tun.«[186] Das universelle Selbst erfüllt mühelos den göttlichen Plan.

In jedem Menschen schlummert die Kundalini als Verheißung auf die Zukunft und ein Leben in einer neuen Welt. Nach Carl Gustav Jung ist die »Kundalini, das schlafende Dornröschen, ... die Möglichkeit einer Welt, die noch nicht da ist.«[187] Wenn immer mehr Menschen mit erwachter Kundalini leben, dann verändern sich nicht nur die Individuen, sondern die ganze Welt. Es entsteht eine utopische »Welt der Ewigkeit«.[188]

8 Kundalini-Meditationen

Meditation bedeutet »das Selbst kultivieren«,[189] wie Joe Dispenza sagt. Um deine Aufmerksamkeit nach innen zu richten, nimmst du eine bequeme Körperhaltung ein und entspannst deinen Körper und deinen Verstand. Die folgenden Übungen wurden mir selbst während eines meditativen Zustands eröffnet und zur Veröffentlichung in diesem Buch geschenkt. Übungen mit heilenden Räumen findest du bereits in meinen gechannelten Büchern mit Saint Germain.[190] Erst nachdem ich die heilenden Räume gechannelt hatte und erfahren konnte, wie wirkungsvoll sie sind, bin ich einer Erklärung begegnet, warum sie so gut wirken. Sie schaffen einen »offenen Fokus«,[191] indem sie die Wahrnehmung des Körpers und des Raums synchronisieren. Dadurch führen sie dich schnell und einfach in einen entspannten Alpha-/Theta-Zustand der Gehirnwellen.

Zu Beginn der Meditationen kannst du mit einer klaren mentalen Entscheidung eine **Einladung an die Kundalini** aussprechen. Du verbindest dich bewusst mit ihrer Präsenz. Wenn es dir angemessen erscheint, sagst du innerlich: Ich lade die Kundalini ein. Wenn du nicht sicher bist, ob diese Einladung jetzt angebracht ist, verschiebe sie auf einen späteren Zeitpunkt.

Nimm hierzu eine bequeme Körperhaltung ein. Du kannst dich auf den Rücken auf dein Sofa oder Bett legen. Wenn du weißt oder feststellst, dass du dabei immer schnell einschläfst, kannst du dich auf einen Stuhl setzen und beide Füße hüftbreit parallel auf den Boden stellen. Mache es dir einfach bequem, lasse bewusst deinen Atem fließen. Stelle dir vor, dass du jetzt mit jedem Atemzug deinen Körper und auch dein Gehirn entspannst. Wenn Gedanken auftauchen, lässt du sie einfach wie Wolken am Himmel vorbeiziehen und richtest deinen Fokus auf den gleichmäßigen Fluss des Atems.

~ Raum des Unendlichen Lichts

Nun sagst du innerlich: »Ich eröffne den Raum des Unendlichen Lichts in mir und außerhalb von mir.« Eine Weile konzentrierst du dich darauf, den Raum des Unendlichen Lichts in dir und außerhalb von dir zu spüren. Dann fühlst du, wie mit jedem Atemzug das Unendliche Licht aus dem Raum über deinem Kopf in dich hineinfließt. Es fließt im Rhythmus deines Atems die Wirbelsäule und deine Beine hinunter bis in die Erde. Anschließend steigt es wieder auf bis über deinen Kopf. Das Licht durchströmt deinen Körper im Rhythmus deines Atems und fließt die Wirbelsäule entlang auf und ab.

Wenn es dir angemessen erscheint, sagst du im Raum des Unendlichen Lichts innerlich: Ich lade die Kundalini ein.

Genieße deinen Aufenthalt im Raum des Unendlichen Lichts und den auf- und absteigenden Fluss des Lichts, solange es dir Freude bereitet.

~ Lichtkanal

Lege deine Hände entspannt auf deine Oberschenkel, wenn du sitzt. Im Liegen legst du deine Hände neben deinen Körper. Nun fokussierst du mental auf deine Daumenspitzen. Wenn du eine Weile deine Aufmerksamkeit auf deine Daumenspitzen gerichtet und dich auf sie konzentrierst hast, spürst du automatisch, wie Licht von oben in dein Scheitel-Chakra einströmt.

Nun lässt du das Licht aus dem Raum über deinem Kopf in dich einfließen. Es fließt im Rhythmus deines Atems die Wirbelsäule und deine Beine hinunter bis in die Erde. Anschließend steigt es wieder auf bis über deinen Kopf. Das Licht durchströmt deinen Körper im Rhythmus deines Atems und fließt die Wirbelsäule entlang auf und ab. Auch diese Übung kannst du so lange praktizieren, wie du möchtest.

~ Raum der Allumfassenden Liebe

Du konzentrierst dich auf deinen Herzraum in der Mitte deiner Brust und sagst innerlich: »Ich eröffne den Raum der Allumfassenden Liebe in mir und außerhalb von mir.« Du spürst, wie sich die Allumfassende Liebe in dir und um dich herum ausbreitet. Im gleichmäßigen Rhythmus deines Atems badest du in der Allumfassenden Liebe in dir und außerhalb von dir. Wenn es dir angemessen erscheint, sagst du im Raum der Allumfassenden Liebe innerlich: Ich lade die Kundalini ein. Genieße deinen Aufenthalt im Raum der Allumfassenden Liebe, solange du magst.

Wenn du möchtest, kannst du die Kundalini-Meditationen täglich praktizieren. Für deine tägliche spirituelle Praxis kannst du dir jeweils eine der drei Übungen aussuchen. Zwanzig Minuten Meditation reichen dabei völlig aus. Wenn du Termine hast, kannst du dir einen Wecker stellen, um wieder rechtzeitig aufzutauchen. Wenn es dir gefällt, kannst du auch gut vor dem Einschlafen meditieren.

Lichtkörper

Die Kundalini bereitet den Lichtkörper vor und darin besteht ihr größter Verdienst.[1] Dass Erleuchtungserfahrungen starke körperliche Auswirkungen hatten, konnte ich während meiner spirituellen Entwicklung immer wieder erleben. Oft fand vor und nach meinen Channeln mit Saint Germain ein körperlicher Reinigungsprozess statt, zum Beispiel in Form von Erkältungs-, Verdauungs- und anderen Ausleitungssymptomen. Mit der Auflösung mentaler Schranken durch meine Bewusstseinsarbeit befreite sich der Körper von steckengebliebenen Energien und toxischem Ballast. Auf spirituelle Höhenflüge und lichtvolle mystische Erfahrungen folgte oft eine Phase des körperlichen Unwohlseins, bis die aus den Zellen in die Zwischenzellräume freigesetzten Giftstoffe und Schwermetalle endgültig ausgeleitet waren. Als Unterstützung meiner Entgiftung haben sich in besonderer Weise individuell ausgewählte homöopathische Hochpotenzen bewährt.[2]

Die aktive Kundalini verstärkte den körperlichen Reinigungsprozess und beförderte die Energieanhebung in jeder Zelle des Körpers. Ich verstehe die Kundalini auch als einen inneren

Transformator, der gebraucht wird, wenn das Bewusstsein eine bestimmte Stufe erreicht hat, um universelles Licht in ausbalancierter Form dem Körper zur Verfügung zu stellen. Der Lichtkörper zeichnet sich dadurch aus, dass er besonders viel Energie durchleiten kann. Wenn der Lichtkörper stetig seine Schwingung erhöht und immer größere Anteile des persönlichen Seelenlichts aufnimmt, können ureigene Seelenbedürfnisse und -leidenschaften ohne Einschränkungen gelebt werden. Dadurch dass der Lichtkörper universelle Energie kanalisiert, lässt sich ein Leben im Einklang mit der Welt realisieren.

Mein nicht-physischer Lehrer Saint Germain hat mich immer wieder auf die besonderen Attribute und Potenziale des Lichtkörpers aufmerksam gemacht.

Wenn du dich auf die neuen Möglichkeiten des Lebens mit dem Lichtkörper konzentrierst, kann es dich motivieren, deiner spirituellen Praxis treu zu bleiben. Dein Wissen über die Geschenke der Transformation unterstützt dich darin, die spirituellen Herausforderungen anzunehmen.

Meine Bekanntschaft mit der Kundalini hat mich gelehrt, dass der eigentliche Aufstieg des menschlichen Bewusstseins im Körper stattfindet. Die Aktivität der Kundalini eröffnet in dir eine Quelle der Liebe und Glückseligkeit, die du jederzeit anzapfen kannst, wenn du sie brauchst.

Weil die »eher höheren Emotionen wie Liebe, Freude oder Dankbarkeit … eine höhere Frequenz«[3] haben, wird die Schwingung in deinem Körper angehoben.

In Zukunft werden die Menschen durch neue Erkenntnisse und Forschungen über den Lichtkörper sich selbst ganz neu interpretieren. Immer mehr Menschen werden sich als das göttliche Wesen, das sie sind, verstehen. Für dich lohnt es sich, allen Anzeichen für die Geburt deines Lichtkörpers deine ungeteilte Aufmerksamkeit zu schenken.

1 KÖRPERWISSEN

Ich konnte lernen, dass dem Körper eine eigene Intelligenz innewohnt und dass man dem Körperwissen vertrauen kann. Die Kundalini als innerer Transformator arbeitet im Dienst der höheren Weisheit des Körpers. Mit der Zeit konnte ich immer besser dem wechselhaften Rhythmus der Kundalini vertrauen. Als ich mir eines Tages wünschte, die glückseligmachende Aktivität der Kundalini wieder deutlicher zu spüren, habe ich von einer Stoffschlange geträumt. Übrigens bringt die Erweckung der Kundalini häufig Schlangenträume mit sich. Die Stoffschlange in meinem Traum lag als Zugluftstopper vor meiner Zimmertür. Ich sah also eine leblose Schlange, die mich beschützte, und ich konnte durch den Traum deutlich erkennen, dass das Abflauen der Kundalini-Energie meinem Besten diente.

Das heilsame Körperwissen hat sich mir oft in meinen Träumen offenbart. Während des Erwachens der Kundalini träumte ich oft von der Farbe Rot, was offenbar nicht ungewöhnlich ist.[4] Ich sah mich selbst in leuchtend roten Kleidern. Eine Freundin, die mir öfter von ihren Träumen über mich erzählt, träumte auch eine Zeitlang von mir in roten Kleidern.

Nach der Erweckung der Kundalini hörte ich ganz selbstverständlich damit auf, Fleisch zu essen. Ich spürte auf einmal noch stärker, wie die Aufnahme von toten Lebewesen meine Körperschwingung reduzierte. Nach einer üppigen Fleischmahlzeit fühlte ich mich schwer und depressiv. Andererseits tröstete mich auch die Vorstellung, dass ich mir bewusst eine Fleischmahlzeit zubereiten konnte, wenn ich unter fehlender Erdung litt. Außerdem reagierte ich noch intensiver auf Alkohol, so dass ich automatisch nur noch sehr kleine Mengen konsumierte. Übrigens fiel es mir gar nicht schwer, meine Ernährung im Einklang mit meinem Körper zu gestalten. Die Kundalini hatte meine Süchte aufgelöst. Die Alltagssüchte, die ich bisher mit einiger Anstrengung unter

Kontrolle gehalten hatte, waren verschwunden. Unter Sucht verstehe ich, dass man immer dieselben Gewohnheiten wiederholt, obwohl man spürt, dass sie einem gerade schaden. Außerdem dient die Sucht dazu, aktuelle Gefühle zu verdrängen, anstatt sich mit ihnen auseinander zu setzen. »Egal um welche Sucht es sich handelt: Die Betroffenen glauben immer, sie könnten mit etwas Äußerem das innere Gefühl wegdrücken.«[5] Der Kundalini-Prozess lässt es nicht zu, dass du deine Emotionen verleugnest. Er konfrontiert dich schonungslos mit deinen authentischen Gefühlen. Auch dadurch werden Suchtmuster unterbrochen. Auf diese erstaunliche Erfahrung kannst du dich freuen: der Lichtkörper kennt keine Sucht.

Nach der Erweckung der Kundalini träumte ich oft von Nahrungsmitteln. Die Träume waren sehr klar und handelten von Früchten und Gemüse, aber auch von kompletten Gerichten. Wenn ich mir diese Nahrungsmittel dann besorgte und zubereitete, konnte ich erfahren, dass mir das Essen sehr guttat und ich es besonders genoss. Mein Energielevel stieg an. Wenn der Körper mehr Licht aufnimmt, wird der Stoffwechsel phasenweise stark beschleunigt, so dass der Körper mehr Vitamine, Spurenelemente und Eiweiße verbraucht. Die Vorschläge für meine Ernährung, die mir mein Körperwissen präsentierte, unterstützten mich in diesem Prozess. Oft äußert sich das Körperwissen auch einfach durch gesteigertes Verlangen, zum Beispiel nach bestimmten Kräutern, weil sie eine heilsame, nährende oder entgiftende Wirkung haben.

Ich habe auch gelernt, meinem Körper zu vertrauen, wenn er ein gesteigertes Bewegungs- oder Ruhebedürfnis entwickelte. Manchmal musste ich mehr schlafen und ruhen, um dem Körper Raum für die tiefgreifende Transformation des Lichtkörperprozesses zu geben. Manchmal musste ich dringend einen Spaziergang machen, damit sich die universellen Energien im Körper verteilen konnten.

2 Klarheit

Der Lichtkörper offenbart mit schonungsloser Klarheit persönliche Schwächen und Schattenseiten. »Man wird in die Lage versetzt, die Dynamik des persönlichen Selbst und die Oberflächlichkeit seiner weltlichen Neigungen mit einer Klarheit zu erkennen, die weit über jede Rationalität hinausgeht.«[6] Du kannst die Begrenzungen deines menschlichen Ichs aus der Sicht deines Inneren Meisters sehen. Es gibt zwar kein Ausweichen, was die Begegnung mit dem persönlichen Schatten angeht, aber das göttliche Bewusstsein erlaubt dir einen immer neutraleren und weniger urteilenden Blick auf dich selbst. Du siehst dich selbst nicht nur mit der kristallinen Klarheit des Verstandes, sondern kannst dir mit grenzenloser Annahme, bedingungsloser Liebe und vorurteilsfreiem Mitgefühl begegnen.

Wenn du dich immer wieder der inneren Stille überlässt, werden daraus Achtsamkeit, Bewusstheit und Klarheit geboren.[7] Die mystische Erfahrung der Stille ist ein Geschenk, dass du immer bei dir hast und nie verlierst, auch nicht in turbulenten Situationen und während der Dramen des Alltags. Du bleibst innerlich zentriert und mit der Quelle deiner Weisheit verbunden, auch wenn das Schicksal dich überrascht oder herausfordert.

Innere Einsichten und Erfahrungen gewinnen die Oberhand gegenüber äußeren Eindrücken. Klare Eingebungen werden zur Richtschnur für deine persönliche Entscheidungen. Du baust eine »Verbindung zur inneren Führungsinstanz«[8] auf, die den Alltag bereichert. Du schöpfst aus dem unendlichen Wissensschatz deines erweiterten Bewusstseins. So verlässt du die ausgetretenen Pfade menschlicher Denkmuster. Wenn du in deinem persönlichen Leben Rat suchst, gibt es nur ein Rezept: »Bittet, so wird euch gegeben; suchet, so werdet ihr finden; klopfet an, so wird euch aufgetan.«[9] Meistens reicht es, mit einem starken Wunsch nach einer Lösung nach innen zu gehen und eine Weile abzuwarten. Du kannst der Klarheit deines Lichtkörpers vertrauen.

Mit der Zeit realisierst und verkörperst du auch die wichtigste Wahrheit: »Der große kosmische Witz aller Zeiten ist natürlich, daß wir bereits erleuchtet sind. In christlicher Terminologie leben wir bereits im Christusgeist.«[10]

3 Telepathie

Viele Menschen kennen telepathische Phänomene, wenn zum Beispiel ein Freund anruft, an den sie gerade gedacht haben. Der Lichtkörper eröffnet eine neue Ebene der Telepathie, so dass auch lange Zwiegespräche und essenzielle Kommunikation mit völlig fremden Menschen möglich werden. Allerdings kann es einen auch erschrecken, wenn plötzlich die Gedanken anderer Menschen hörbar werden, was im Aufstiegsprozess keine ungewöhnliche Erfahrung darstellt.[11]

Ich habe diese Form der Telepathie häufig mit den um und nach der Jahrtausendwende geborenen Kristallkindern erlebt, die von ihren Müttern in meine Praxis zur Behandlung gebracht wurden.[12] Wenn der Termin abgemacht war und bevor ich die Kinder überhaupt getroffen hatte, haben sie meist schon telepathisch mit mir Kontakt aufgenommen. Der elfjährige Jonas, der ein paarmal in meiner Praxis war, kam in der Nacht zu mir und hat mir eine Heilbehandlung gegeben. Er verkehrte die Rollen, indem er der Heiler und ich die Behandelte war. Dabei konnte ich klar erkennen, wer er war, weil er ganz physisch erschien. In den Gesprächen mit seiner Mutter habe ich dann den Satz untergebracht: »Ihr Sohn hat große heilende Fähigkeiten.« Die Mutter sah mich einen Moment verblüfft an, dann stiegen ihr die Tränen in die Augen und sie sagte: »Ja, das stimmt.«

Der achtjährige Viktor erzählte mir, dass er eine hohe Schwingung habe und daher auch sehr sensibel reagiere. Er zeigte mir seine große leuchtende Aura und ließ mich spüren, wie sich für ihn die alltägliche Nervosität und Unruhe in seiner Schulklasse anfühlten. Die Mutter war auch deshalb mit ihm in die Praxis gekommen, weil er sich in den Pausen weigerte, auf den Schulhof zu gehen, und meistens am Nachmittag keine Freunde einladen wollte. Ich konnte dann als Vermittlerin auftreten und seiner Mutter erklären, warum er diese Rückzugsmöglichkeiten brauchte. Oft konnte ich die Eltern der Kristallkinder dabei unterstützen, dass sie ihre Kinder wertschätzten, obwohl ihr Verhalten nicht der Normalität entsprach und ihr Umfeld irritierte.

Isabel offenbarte mir, dass der Druck, den ihre Mutter jetzt schon auf sie ausübte, weil sie unbedingt wollte, dass sie am Ende der Grundschule eine Gymnasialempfehlung erhielt, für sie unerträglich sei. Als ich mit der Mutter wegen der angeblichen Schulprobleme ihrer Tochter telefonierte, fragte ich sie nach ihrer eigenen Schulkarriere. Die Mutter haderte damit, dass sie nicht Abitur gemacht und studiert hatte, und musste mit diesem Thema Frieden schließen. Nach unserem Gespräch eskalierte die Situation, weil die Tochter unter rezidivierenden Infekten litt. Auch der Kinderarzt warnte die Mutter eindringlich, Stress im Leben des Kindes zu reduzieren und ihr ausreichend Freiraum zur Erholung zu lassen. Auf einmal konnte auch die Mutter mehr Gelassenheit gegenüber der Schulkarriere ihrer Tochter entwickeln.

Ich erlebe es auch öfter, dass mir in einem entspannten Moment das Gesicht eines Menschen vor Augen steht, den ich dann später treffe. Es handelt sich um Menschen, die ich gar nicht kenne und die mir einfach über den Weg laufen. So habe ich einmal das Gesicht eines Teenagers mit blonden Zöpfen gesehen. Ich entdeckte sie dann einige Stunden später, als ich in einem Café saß, am Nebentisch. Sie saß dort, eingekeilt von ihren Eltern, Großeltern, Tante und Onkel. Ich spürte in einer Welle von Mitgefühl ihre Einsamkeit als Einzelkind. Zudem wurde sie von den Erwachsenen ständig mit Fragen traktiert und kritisiert. Die Familienrunde diskutierte über ihre Frisur, ihre Kleidung und ihre Schulnoten, ohne sie dabei überhaupt zu Wort kommen zu lassen. Ich tauschte einen einzigen verschwörerischen Blick mit ihr – und was geschah? Die Runde verstummte für eine Weile und wechselte das Thema.

Ein anderes Mal sah ich im Traum eine Frau, die im Wald neben einem mächtigen Hirsch stand. Als ich wieder Im Café saß, tauchte dann diese Frau auf, die sichtlich stolz und glücklich das Porträt eines majestätischen Hirschs auf ihrem T-Shirt trug – ein kraftvolles Bild der Harmonie.

Auf einem Spaziergang begegnete mir ein etwa zweijähriges Mädchen, das ihren Eltern mit glucksendem Lachen davonrannte. Als sich unsere Wege kreuzten, sprang der Funke der Freude, die sie ausstrahlte, zu mir über. Auch dieses Kind hatte ich vorher im Traum gesehen. Die Freude kam zur rechten Zeit zu mir, um meine niedergedrückte Stimmung aufzuhellen.

Wenn ich im Internet auf die Seiten zeitgenössischer spiritueller Lehrer stieß oder in einer Buchhandlung auf eine inspirierende Autorin aufmerksam wurde, kam es vor, dass diese Menschen in einem entspannten Moment eine Unterhaltung mit mir anfingen. Weil ich vorher ein Foto von ihnen gesehen hatte, konnte ich genau erkennen, wer mit mir kommunizierte. Manchmal stellten sie sich auch vor. Meistens wurden in diesen telepathischen Unterhaltungen existenzielle Lebensfragen berührt, mit denen ich mich gerade beschäftigte.

Ich profitierte sehr von diesen aufbauenden multidimensionalen Gesprächen, glaube allerdings, dass sie meinen Gesprächspartnern nicht einmal bewusst waren. Jedenfalls habe ich eine tiefe Entscheidung getroffen, anderen Menschen auch auf diese Weise zur Verfügung zu stehen, wenn sie es wählen.

Die telepathischen Erfahrungen zeigten mir, dass ich langsam begann, die Tatsache zu verkörpern, dass sich alles im Universum nach einem perfekten Plan fügt. Das Netz der Liebe und Empathie, das die Menschen verbindet, präsentierte sich mir in seiner Kraft, Schönheit und Vollendung.

4 Herzöffnung

Mit dem Lichtkörper entwickelt sich eine neue Form des Mitgefühls. Man fühlt verstärkt, was die anderen Menschen bewegt. Ich erlebe es oft, dass ich das Konglomerat von Gefühlen, das andere Menschen ausstrahlen, innerhalb von Sekunden erfassen kann, wenn ich ihnen begegne. Mit der verstärkten Wahrnehmung von Schwingungen in der Außenwelt transportiert der Lichtkörper allerdings auch einen Raum der Akzeptanz und Annahme. Im Prozess des inneren Aufstiegs verflüchtigen sich absolute Bewertungen und Verurteilungen. Ich kann die Gefühlsmischung, die ein Mensch mit sich trägt, fühlen und gleichzeitig seinem Zustand bedingungslos zustimmen, selbst wenn Traurigkeit, Tristesse oder Taubheit dominieren.

Saint Germain hat mich gelehrt, dass die auf der gesamten Erde stattfindende Veränderung der Gegenwart bei den Menschen sowohl Bewusstseinserweiterung wie Herzöffnung bewirkt. Bewusstseinserweiterung bedeutet, dass sich die Menschen ihrer selbst, ihrer Mitmenschen und ihrer Umwelt immer bewusster werden. Die Menschen begegnen ihrer Göttlichkeit.

Für strenggläubig erzogene Christen ist es schwer, die innere Göttlichkeit anzunehmen, denn sie sehen Gott eher als eine von Ihnen getrennte Persönlichkeit.[15] Die Kundalini trägt dazu bei, diese Vorstellung zu überwinden, indem sie die göttliche Liebe als im eigenen Körper wohnende Kraft erfahrbar macht. Durch die Anerkennung der eigenen Göttlichkeit kannst du auch deine

Mitmenschen als Kinder Gottes wahrnehmen. Wenn Menschen mit ihrer Göttlichkeit verbunden sind, begreifen sie ihre Verantwortung für das Schicksal der Erde, der Menschheit und aller Lebewesen. Sie erkunden den Sinn ihrer Existenz und entwickeln Schöpferqualitäten. Außerdem öffnen sie dann ihr Herz für sich selbst, für ihre Mitmenschen und die Erde.

Herzöffnung ist sehr konkret als Öffnung, Erweiterung und Energetisierung des Herz-Chakras zu verstehen. Sie findet also auch auf der körperlichen Ebene statt. Die Herzöffnung trägt dazu bei, dass Informationen, die das Herz bewegen, ungefiltert Einlass finden. Du wirst emotional stärker berührbar und automatisch zu größerer Empathie für andere befähigt. Deine Fähigkeit wächst, »immer die richtige Wahl der Methode zu treffen, um anderen behilflich zu sein«.[14]

Echtes Mitgefühl öffnet sich für den Gemütszustand des Gegenübers, ohne seine Verfassung zu bewerten, zu beurteilen oder gar zu verdammen. Echtes Mitgefühl strebt nicht einmal danach, die Situation des anderen Menschen verändern, verbessern oder heilen zu wollen. Indem Mitgefühl einen Raum absoluter Annahme, Akzeptanz und Wertschätzung schafft, passiert Heilung ganz automatisch. Wenn Mitgefühl zwei Menschen verbindet, öffnet sich ein Raum der Heilung und Transformation.[15]

Saint Germain hat mich immer wieder daran erinnert, dass die anstehende Herzöffnung nicht nur die Empathie für andere Menschen und Lebewesen verstärkt, sondern auch für sich selbst. Mit der Herzöffnung wächst die Selbstliebe.[16] Das führt dazu, dass es nicht mehr möglich ist, faule Kompromisse mit anderen Menschen einzugehen. Es wird immer schwerer, sich ohne Not zum Opfer zu machen. Menschen unter die Arme zu greifen, die nicht einmal Verantwortung für ihr Schicksal übernehmen wollen, lässt sich nicht mehr realisieren. Wenn ich etwas tun wollte, das einfach nicht nötig war, weil der andere Mensch es genauso gut selbst erledigen konnte, dann schien ich plötzlich körperlich wie gelähmt zu sein. Ich spürte oft sehr deutlich, dass meine Aktionen, mit denen ich andere unterstützen wollte, gar keinen Sinn hatten, weil sie sowieso an ihrem Opferstatus festhalten würden. Auch dann fehlte mir jegliche Energie, um in alten Bahnen zu agieren. Ein energieloser oder gelähmter Zustand überfiel mich, wenn ich gegen meine eigenen Bedürfnisse und Interessen handeln wollte. Wenn ich Gefahr lief, mich über Gebühr für andere Menschen zu verausgaben, dann konnte ich mir dessen auch dadurch bewusst werden, dass ich angespannt, übellaunig oder wütend wurde. Mit dem Lichtkörper geraten Selbstliebe und Nächstenliebe in eine gesunde Balance, gemäß dem biblischen Motto: »Liebe deinen Nächsten wie dich selbst.«[17] Auch gegenüber mir selbst kann ich Mitgefühl und Liebe walten lassen. Die Balance von Selbstliebe und Nächstenliebe versetzte mich in die Lage, mich meiner ureigenen Aufgabe zu widmen, anstatt irgendwo zu helfen, wo andere besser einspringen konnten. Mir wurde klar, dass ich meinem Umfeld am meisten diente, wenn ich mich als spirituelle Lehrerin engagierte. So kann ich mühelos dort wirken und präsent sein, wo ich gebraucht werde, aber vor allem meiner inneren Führung vertrauen und folgen.

Manchmal belastet es mich sehr, wenn ich beobachte, wie andere Menschen sich in ihrem gewohnten Muster von Leid, Drama und Illusion bewegen, ohne auf befreiende Impulse zu reagieren. Manche Menschen können gar nicht verstehen, was ich ihnen mitteile, selbst wenn ich das Gefühl habe, es wäre sehr hilfreich für sie. Sie kommunizieren weiter, als hätte ich nichts gesagt. Es bleibt mir nichts anderes übrig, als das zu akzeptieren, wenn möglich in Liebe. Ich habe gelernt, den freien Willen meines Gegenübers obenan zu stellen, auch wenn mir dabei das Herz blutet. Inzwischen vertraue ich aber auch immer stärker, dass meine Präsenz, der innere Frieden, den ich ausstrahle, und mein Mitgefühl ohne Handlungsdruck ihre Wirkung zeigen.[18]

Mit der Balance von Selbst- und Nächstenliebe geraten alle Kontakte und Beziehungen automatisch auf eine neue Ebene. Menschen, die mich nur ausnutzen wollen, verschwinden automatisch aus meinem Leben. Mir ist aufgefallen, dass ich für manche Menschen unsichtbar geworden bin, weil von mir weder Unterwürfigkeit noch Hysterie oder Drama zu erwarten sind. Meine Unsichtbarkeit hat den lästigen Effekt, dass mich der Kellner in einem Restaurant manchmal gar nicht bemerkt. Dagegen vertiefen und intensivieren sich die Beziehungen, in denen man sich gegenseitig inspiriert, bereichert und beflügelt.

5 Freude

Mit dem Lichtkörper hat sich mir eine neue Ebene der Lebensfreude eröffnet. Ich kann das Leben seitdem annehmen, wie es ist. Ich kämpfe nicht mehr gegen Windmühlenflügel. Dagegen staune ich über die unzähligen Wunder des Lebens. Bei mir ist erneut eine kindliche Neugierde für alles, was auf der Welt existiert, erwacht. Ich interessiere mich für alle mysteriösen Phänomene der Existenz.

Mit dem Erwachen der Kundalini habe ich erfahren, dass die Quelle der Freude in mir liegt und ich sie nicht in äußeren Stimulanzien suchen muss. Auch in Beziehungen erhoffen sich die meisten Menschen Anregungen und Impulse für ein glücklicheres Leben. Viele ertragen ihre Interaktionen mit anderen Menschen als notwendiges Übel oder leben in Abhängigkeitsverhältnissen. Da ich nun selbst meine beste Freundin bin, fühle ich mich unabhängig von Freundschaft und Partnerschaft. Anerkennung und Zuwendung durch andere Menschen hat für mich an Bedeutung verloren. Stattdessen muss ich mir selbst genügen und mit mir selbst im Reinen sein. Alle Begegnungen erlebe ich aber als willkommene Bereicherung meines Lebens.

Meistens durchströmt mich ein Fluss des Gleichmuts und der Zufriedenheit mit Wellen freudiger Erwartung.

Die mit dem Lichtkörperprozess einhergehende Herzöffnung fördert, dass man sich den eigenen Herzensangelegenheiten zuwendet. Das Herz folgt der Freude. Während oberflächlicher Spaß seine Anziehungskraft bald verliert, wird echte Herzensfreude kultiviert.[19] Alltägliche Anlässe der Freude lassen das Herz höherschlagen. Der Lichtkörper bahnt dir einen Weg der Freude durch deine Realität.

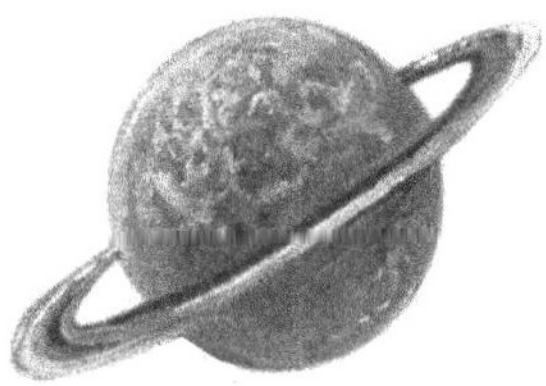

SCHLUSSWORT

Obwohl du von Erfahrungen und Ratschlägen spiritueller Lehrer profitieren kannst, ist deine mystische Entwicklung ein ganz persönlicher Weg. Mein Buch soll dazu beitragen, dass du deinen Weg noch bewusster und vertrauensvoller gehen kannst. Wenn du dich mit offenem Herzen und in Demut dem Fluss des Lebens überlässt, findest du zu den Zielen deiner Seele. Auch wenn du ungeduldig bist, weil deine Entwicklung stagniert, kannst du deinem inneren Rhythmus vertrauen.

Deine Seele gibt den Takt vor.

Jede spirituelle Herausforderung ist eine Passage, ein Durchgang auf eine höhere Ebene. Du kannst nichts anderes tun, als Schritt für Schritt weiterzugehen, um das jeweilige Portal der Verwandlung hinter dir zu lassen. Demut ist der Schlüssel, um deine spirituellen Herausforderungen zu meistern. Dann glaubst du angekommen zu sein und fühlst dich Zuhause, was du aus vollem Herzen genießen solltest. Deine Hingabe an deinen Weg trägt dich zur nächsten Passage, die du begrüßen darfst. Im Vertrauen auf die Weisheit deiner Seele und in Demut vor der göttlichen Vollkommenheit findest du deinen Platz im Paradies des Lebens.

Wenn immer mehr Menschen ihr göttliches Wesen anerkennen und dem Kompass ihres universellen Selbst folgen, verändert sich die Welt zu dem Ort, den wir alle uns so sehr von Herzen wünschen.

ANHANG

Homöopathie bei spirituellen Herausforderungen

Nach meiner Erfahrung können homöopathische Mittel den Aufstiegsprozess äußerst heilsam und wirkungsvoll unterstützen. Sie helfen bei den typischen körperlichen und seelischen Kundalini-Symptomen.

Dieses Kapitel stützt sich auf meine langjährige Erfahrung als Heilpraktikerin und Dozentin für klassische Homöopathie. Als Expertin für Homöopathie wollte ich meinen Lesern mein Wissen über die segensreiche Wirkung der Globuli nicht vorenthalten. Wenn dir die Homöopathie allerdings suspekt erscheint, kannst du den Anhang einfach ignorieren.

Ich habe in der folgenden Tabelle einige Mittel zusammengestellt, die sich besonders bewährt haben, um die Auswirkungen von spirituellen Krisen und Kundalini-Aktivität auszugleichen.[1] Die Einnahme homöopathischer Mittel sollte aber auf keinen Fall eine medizinische Diagnose und Therapie aufschieben. Sie ersetzt keine ärztliche oder psychiatrische Behandlung.

Spirituelle Symptome oder eine Kundalini-Erweckung schließen keine schwere körperliche oder seelische Erkrankung aus, die medizinischer Behandlung bedarf.

Samuel Hahnemann, der Begründer der Homöopathie, führt bei der theoretischen Begründung seiner Heilmethode wiederholt an, dass die homöopathischen Mittel die Lebenskraft stärken.[2] Mit der unsichtbaren Lebenskraft meint er das, was im Daoismus als Qi und im Hinduismus als Prana bezeichnet wird. Indem die homöopathischen Mittel die Lebenskraft aktivieren, können sich die Selbstheilungskräfte des Organismus entfalten. Aus meiner Sicht arbeiten homöopathische Mittel perfekt mit der Kundalini zusammen, die auch im noch nicht aktivierten Zustand die Selbstheilungsprozesse des Körpers unterstützt.

Als Auslöser für eine Kundalini-Erweckung wird in der Forschung auch die Einnahme eines homöopathischen Mittels angeführt.[3] Mir erscheint es völlig einleuchtend, dass die Gabe eines individuell ausgewählten homöopathischen Konstitutionsmittels in hoher Potenz eine Kundalini-Erweckung bewirken kann, vor allem, wenn diese schon vor der Tür stand.

~ Einnahme und Dosierung

Je nach Situation werden die homöopathischen Mittel unterschiedlich eingenommen. Wenn du biochemische Funktionsmittel nach Schüssler[4] in der D6 oder D12 wählst, solltest du sie als Globuli (Kügelchen) kaufen. In Tablettenform enthalten sie sehr viel Milcheiweiß, das nicht jeder gut verträgt. Außerdem werden die Globuli sparsamer verbraucht. Auch die homöopathischen Mittel sollten als Globuli verabreicht werden.

Homöopathische Mittel stehen in unterschiedlichen Potenzen zur Verfügung, wobei die niedrigeren Potenzen mehr auf der körperlichen und die höheren Potenzen auf der seelischen und geistigen Ebene wirken. Die Potenzen D6 und D12 können täglich eingenommen werden, jeweils nach Bedarf, zum

Beispiel bei starken Muskelkrämpfen, sogar mehrmals täglich. Du nimmst dann mindestens 3 bis 5 Globuli ein. Es ist empfehlenswert, die Globuli möglichst immer in Wasser aufzulösen, um ihre Wirkung zu verstärken.

Bei der Potenz D30 oder C30 reicht meistens eine einmalige Gabe. Hier musst du allerdings zwischen der akuten und chronischen Erkrankung unterscheiden.

Bei akuter Angst, zum Beispiel einer Panikattacke, oder bei akuten Krämpfen kann auch die Potenz C30 mehrmals täglich wiederholt werden. Am besten löst du dazu 3 bis 5 Globuli in einem Glas Wasser auf und verrührst sie mit einem Plastiklöffel. Metallbesteck ist nicht geeignet, weil es die Wirkung einiger homöopathischer Mittel stört. Von dem Wasser kannst du dann bei Bedarf einen Schluck trinken.

Gegebenenfalls nimmst du nach einiger Zeit einen weiteren Schluck des aufgelösten Mittels, wenn die Symptome sich nur abschwächen oder wiederauftauchen.

Wenn du einen chronischen Zustand behandeln möchtest, der schon länger andauert, reicht es oft, dass du 3 bis 5 Globuli von der Potenz C30 oder C200 einmal einnimmst. Die Potenz C30 kann dann etwa eine Woche und die C200 bis zu vier Wochen nachwirken. Du solltest die Wirkung nicht zu früh unterbrechen und daher erst eine weitere Gabe einnehmen, wenn die Symptome nach der Besserung wiedererscheinen.

Bei den hier angeführten Behandlungsvorschlägen handelt es sich um bewährte Indikationen. Vor allem bei chronischen Erkrankungen wirkt eine individuelle Behandlung bei einem ausgebildeten Homöopathen tiefer und nachhaltiger.

Mittel	Empfohlene Potenz	Bei folgenden Symptomen	Hinweis
Magnesium phosphoricum	D12	• Muskelkrämpfe • krampfartige Schmerzen • Periodenschmerzen	Alternative: Biochemisches Funktionsmittel nach Schüssler in D6 oder D12
Calcium phosphoricum	D12	• Muskelkrämpfe • Osteoporose	
Zincum phosphoricum	D12	• Krämpfe • Zuckungen • Hyperaktivität	Alternative: Zink als Nahrungsergänzungsmittel
Rhus toxicodendron (Giftsumach)	D12 C30	• Restless-Legs-Syndrom • Taubheitsgefühl von Armen und Beinen	
Zincum valerianicum	C30	• akute Schlafstörungen • Zähneknirschen • Restless-Legs-Syndrom beim Einschlafen	
Hypericum (Johanniskraut)	C30	• überreiztes Nervensystem und Gehirn • Winterdepression	Alternative: Johanniskraut als Pflanzenauszug
Aconitum napellus (Sturmhut)	C30	• Panikattacken • akute Angst	

Mittel	Empfohlene Potenz	Bei folgenden Symptomen	Hinweis
Stramonium (Stechapfel)	D30 C30	• unmotivierte Wut und Aggressivität • wahnsinnige Angst mit Wut • Angst vor der Angst • Trauma durch Gewalterfahrung	
Belladonna (Tollkirsche)	C30	• Trotz und Wut durch Reizüberflutung • Benommenheit und Halluzinationen, vor allem bei akuten grippalen Infekten oder Entzündungszuständen	
Hepar sulfuris (Kalkschwefelleber)	C30	• akute Entzündungen, zum Beispiel Nebenhöhlen oder Zahnherde • zur Ausleitung von Quecksilber	wurde von Hahnemann alchemistisch hergestellt
Sulfur (Schwefel)	C30	• Hautausschläge • chronische Durchfälle • fördert die Entgiftung	
Pulsatilla (Kuhschelle)	C30 C200	• nah am Wasser gebaut, unbegründete Weinattacken • Mittel für das Innere Kind und die ohnmächtige Frau	

Mittel	Empfohlene Potenz	Bei folgenden Symptomen	Hinweis
Lycopodium (Bärlapp)	D6 C30	• unterstützt die Leber • Leberdrainage • Mittel für den ohnmächtigen oder dominanten Mann	Alternative: Pflanzenauszüge und Tees zur Entgiftung von Leber und Niere
Solidago (Goldrute)	D6	• unterstützt die Nieren • Nierendrainage	
Sepia (Tintenfisch)	C30 C200	• Trauma-Mittel nach Missbrauch oder Vergewaltigung	bei Missbrauchserfahrungen Sepia und Natrium muriaticum abwechseln
Natrium muriaticum (= Natrium chloratum Kochsalz)	C30 C200	• chronischer Kummer • chronisches Trauma • Pessimismus • Mangel an Selbstwert	
Ignatia amara (Ignatiusbohne)	C30 C200	• akuter Liebeskummer • emotionale Turbulenzen • Hysterie	
Platinum metallicum (Platin)	C30	• Ich-Inflation, Egomanie, Arroganz, Hochmut • gepaart mit körperlicher Hypersensibilität • (»Prinzessin auf der Erbse«)	

Mittel	Empfohlene Potenz	Bei folgenden Symptomen	Hinweis
Veratrum album (Weißer Germer)	C30	• Paranoide Vorstellungen • Realitätsverlust • Halluzinationen • Wahnidee, eine hochgestellte oder erleuchtete Persönlichkeit (Jesus) zu sein	
Arsenicum album	C30 C200	• übermäßige Beschäftigung mit dem Tod und dem Jenseits • Existenzangst	
Thuja (Lebensbaum)	C30	• dunkle und bedrohliche Halluzinationen • Angst vor dunklen Energien und schwarzer Magie	
Lilium tigrinum (Tigerlilie)	C30	• Launenhaftigkeit • Verwirrung • Scham über orgiastische Erfahrungen	
Phosphor	C30	• mangelnde Erdung nach Erleuchtungserfahrungen • übermäßiges Mitgefühl • keine Abgrenzung von den Gefühlen der Mitmenschen	

Mittel	Empfohlene Potenz	Bei folgenden Symptomen	Hinweis
Silicea (Bergkristall)	C30	• geistige Erschöpfung • »Hirnmüdigkeit« • Vergesslichkeit und Zerstreutheit • Mutlosigkeit • empfindlich gegen alle Eindrücke	Alternative: Silicea als biochemisches Funktionsmittel nach Schüssler in D6 oder D12
Lac humanum (Muttermilch)	C30 C200	• nährendes Mittel für das Innere Kind • Geburtstrauma • Essstörungen, Sucht	
Luna (Mondstrahlen)	C30	• Geistesabwesenheit • Zerstreutheit • Ausleitung der Folgen von Suchterkrankungen • Verschlimmerung bei Vollmond oder Neumond	
Sol (Sonnenstrahlen)	C30	• Orientierungslosigkeit • Entscheidungsunfähigkeit • Ausbalancierung des Solarplexus und des Egos • Sonnenallergie	

Anmerkungen & Hinweise

Aufwachen

1 Es gibt eine Neuauflage des Buches von James Redfield: *Die Prophezeiungen von Celestine. Ein Abenteuer – Das spirituelle Kultbuch* (2019).

2 Vgl. Christian Meyer: *Aufwachen im 21. Jahrhundert. Die größte Herausforderung deines* Lebens (2014) Seite 11.

3 Vgl. Christian Meyer: *Aufwachen im 21. Jahrhundert. Die größte Herausforderung deines Lebens* (2014) Seite 15.

4 Vgl. Ulla Pfluger-Heist: »Roberto Assagioli als zentraler Wegbereiter der Thematik der spirituellen Krise – eine Würdigung«. In: Liane Hofmann/Patrizia Heise (Hrsg.): *Spiritualität und spirituelle Krisen. Handbuch zu Theorie, Forschung und Praxis* (2017) Seite 55f.; Bonnie Greenwell: *The Kundalini Guide. A Companion for the Inward Journey. Volume 1: Energy* (2014) Seite 55f.; Tara Springett: *Erleuchtung durch den Pfad der Kundalini. Ein Leitfaden für ein positives spirituelles Erwachen und die Überwindung des Kundalini-Syndroms* (2014) Seite 164ff.

5 Carl Gustav Jung: *Die Psychologie des Kundalini-Yoga. Nach Aufzeichnungen des Seminars von 1932.* Hrsg. von Sonu Shamdasani (2. Aufl. 2020) Seite 89.

6 »We are part of a culture that considers awakening unnatural, or even dangerous, because the results take us beyond mainstream concepts about divinity, achievement, and worldly success.« Bonnie L. Greenwell: *When Spirit leaps. Navigating the Process of Spiritual Awakening* (2018) Seite 31.

7 Sich stärker auf das Herz-Chakra als das Kronen-Chakra zu konzentrieren wird auch empfohlen in John Selby, Zachary Zelig: *Das Erwachen der Kundalini. Anleitung, Übung und Meditation* (4. Aufl. 2008) Seite 29.

8 Zum Kontakt mit den Goldenen vgl. Christine Woydt: *Saint Germain – Die Meisterschaft des Seins. Wege zur Selbstermächtigung für das Goldene Zeitalter* (Neuausgabe 2020) Seite 284ff.

9 Vgl. Michael Harner: *Der Weg des Schamanen. Das praktische Grundlagenwerk zum Schamanismus* (2013).

10 Im Englischen »core shamanism« genannt.

11 https://www.shamanicstudies.net/, zuletzt eingesehen am 12.12.2020.

12 Zum Einstieg empfehlenswert: Sandra Ingerman/Hank Wesselman: *Der schamanische Weg in die Tiefe der Seele*; inkl. CD mit Trommel-Meditation (2013); Sandra Ingerman: *Die schamanische Reise. Ein spiritueller Weg zu sich selbst*; inkl. CD mit Trommel-Meditation (2011); Sandra Ingerman: *Auf der Suche nach der verlorenen Seele. Der schamanische Weg zu innerer Ganzheit* (2010).

13 Vgl. Joe Dispenza: *Ein neues Ich. Wie Sie Ihre gewohnte Persönlichkeit in vier Wochen wandeln können* (9. Aufl. 2018) Seite 236ff.; Anna Wise: *Awakening the mind. A Guide to Mastering the Power of Your Brain Waves* (2002) Seite 9ff.; https://de.wikipedia.org/wiki/Elektroenzephalografie#Theta-Wellen, zuletzt eingesehen am 23.1.2019.

14 Matthäus 18,3.

15 Vgl. Karin Brucker: *Die Urkraft Kundalini. Phänomene erkennen, Symptome deuten, Transformation meistern* (2010) Seite 148f.

16 »The brain-wave pattern that we have found in the masters, called the **awakened mind**, is a combination of all four categories – beta, alpha, theta, and delta – in the right relationship and proportion.« Weiteres Zitat: »In other words, awakening the mind requires the ability to think and act consciously while maintaining access to the meditation state inside.« Anna Wise: *Awakening the Mind. A Guide to Mastering the Power of Your Brain Waves* (2002) Seiten 15 und 121.

17 »By presenting a perfectly unified, symmetrical field of brain-wave frequencies, it provides a tangible demonstration through the brain-wave pattern itself of non-dualistic union.« Anna Wise: *Awakening the Mind. A Guide to Mastering the Power of Your Brain Waves* (2002) Seite 244, vgl. auch S. 46ff.

18 Vgl. Anna Wise: *Awakening the Mind. A Guide to Mastering the Power of Your Brain Waves* (2002) Seite 195ff.

19 Vgl. Nana Nauwald/Felicitas Goodman: *Ekstatische Trance. Rituelle Körperhaltungen – Das Praxisbuch* (2011).

20 https://www.shamanicstudies.net/, zuletzt eingesehen am 12.12.2020.

21 Ich habe Kurse bei Helen DaVita, Sheila French, Steven Upton und Terry Tasker besucht, die mich inspiriert und bereichert haben.

22 Vgl. Sandra Ingerman: *Heilung für Mutter Erde* (2002) Seite 191.

23 Joe Dispenza: *Ein neues Ich. Wie Sie Ihre gewohnte Persönlichkeit in vier Wochen wandeln können* (9. Aufl. 2018) Seite 66.

24 Vgl. Tara Springett: Erleuchtung durch den Pfad der Kundalini. Ein Leitfaden für ein positives spirituelles Erwachen und die Überwindung des Kundalini-Syndroms (2014) Seite 169f.; Christine Woydt: *Saint Germain – Die Meisterschaft des Seins. Wege zur Selbstermächtigung für das Goldene Zeitalter* (2. Aufl. 2020) Seite 33ff.

25 Vgl. Rüdiger Dahlke: *Krankheit als Symbol. Handbuch der Psychosomatik. Symptome – Be-Deutung, Bearbeitung, Einlösung* (6. Auflage 1996) Seite 103f.

26 Vgl. Sandra Ingerman: *Heilung für Mutter Erde* (2002) Seite 191.

27 https://www.menus.kryon.com/, zuletzt eingesehen am 12.12.2020.

28 https://www.Crimson Circle.com/, zuletzt eingesehen am 12.12.2020.

29 Vgl. Christine Woydt: *Saint Germain – Die Meisterschaft des Seins. Wege zur Selbstermächtigung für das Goldene Zeitalter* (Neuausgabe 2020); Christine Woydt: *Saint Germain – Dein Aufstieg in die Meisterschaft. Ein Leitfaden von A bis Z* (2019); Christine Woydt: *Saint Germain – Der vollkommene Diamant. Spirituelle Ressourcen zur Heilung der Seele* (2013).

30 Vgl. Bonnie L. Greenwell: *When Spirit leaps. Navigating the Process of Spiritual Awakening* (2018) Seite 173.

31 Den Begriff »nicht-alltägliche Wirklichkeit« hat Michael Harner geprägt; vgl. Michael Harner: *Der Weg des Schamanen. Das praktische Grundlagenwerk zum Schamanismus* (2013).

32 Zur Schlafparalyse vgl. Niko Kohls: »Spiritualität und außergewöhnliche Erfahrungen im Kontext der akademischen Psychologie«. In: Liane Hofmann/Patrizia Heise (Hrsg.): *Spiritualität und spirituelle Krisen. Handbuch zu Theorie, Forschung und Praxis* (2017) Seiten 3-14, hier Seite 11; Wolfgang Fach: »Ein psychophysischer Modellansatz zum Verständnis außergewöhnlicher Erfahrungen«. In: Liane Hofmann/Patrizia Heise (Hrsg.): *Spiritualität und spirituelle Krisen. Handbuch zu Theorie, Forschung und Praxis* (2017) Seiten 124-138, hier Seite 134.

33 Vgl. Sandra Ingerman: *Auf der Suche nach der verlorenen Seele. Der schamanische Weg zu innerer Ganzheit* (2010).

34 Vgl. https://www.Crimson Circle.com/Events/Advanced-Studies/Advanced-Studies-Classes/Dreamwalker-Death, zuletzt eingesehen am 12.12.2020.

35 Vgl. Tara Springett: *Erleuchtung durch den Pfad der Kundalini. Ein Leitfaden für ein positives spirituelles Erwachen und die Überwindung des Kundalini-Syndroms* (2014) Seite 35.

36 Birgit Hassenkamp: *Kundalini-Erwachen. Das namenlose Kind auf dem Weg zum Ich Bin* (2006) Seite 150.

37 »Darkness cannot exist in the presence of the Light.« Yvonne Kason: *Farther Shores. Exploring How Near-Death, Kundalini and Mystical Experiences Can Transform Ordinary Lives* (2008) Seite 221.

38 John Selby/Zachary Zelig: *Das Erwachen der Kundalini. Anleitung, Übung und Meditation* (4. Aufl. 2008) Seite 219.

39 Vgl. Harald Stutte/Günter Lucks: *Hitlers vergessene Kinderarmee* (2014).

40 Die Seminare »Tod und Sterben aus schamanischer Sicht« findest du unter

https://www.shamanicstudies.net/tod-und-sterben-in-schamanischer-sicht/, zuletzt eingesehen am 17.8.2020.

41 »Die meisten Menschen verlieren als Folge einer NTE [Nahtoderfahrung – CW] ihre Todesangst und sind vom Weiterleben nach dem Tod überzeugt.« Eugenia und Wilfried Kuhn: »Nahtoderfahrungen«. In: *Spiritualität und spirituelle Krisen. Handbuch zu Theorie, Forschung und Praxis (*2017) Seiten 203-214, hier Seite 208.

42 Vgl. https://www.Crimson Circle.com/Events/Advanced-Studies/Advanced-Studies-Classes/Dreamwalker-Death, zuletzt eingesehen am 12.12.2020.

43 Vgl. Eugenia und Wilfried Kuhn: »Nahtoderfahrungen«. In: *Spiritualität und spirituelle Krisen. Handbuch zu Theorie, Forschung und Praxis* (2017) Seiten 203-214, hier Seite 204.

44 Vgl. das Stichwort »Tod« in: Christine Woydt: *Saint Germain – Dein Aufstieg in die Meisterschaft. Ein Leitfaden von A bis Z* (2019) Seite 342ff.

45 https://www.Crimson Circle.com/, zuletzt eingesehen am 12.12.2020.

46 https://www.menus.kryon.com/, zuletzt eingesehen am 12.12.2020.

47 Vgl. Christine Woydt: *Saint Germain – Der vollkommene Diamant. Spirituelle Ressourcen zur Heilung der Seele* (2013) Seite 211ff.

48 Die Seminare »Tod und Sterben aus schamanischer Sicht« findest du unter https://www.shamanicstudies.net/tod-und-sterben-in-schamanischer-sicht/, zuletzt eingesehen am 17.8.2020.

49 Vgl. zu den Auswirkungen von Nahtoderfahrungen Yvonne Kason: *Farther Shores. Exploring How Near-Death, Kundalini and Mystical Experiences Can Transform Ordinary Lives* (2008) Seite 68ff.; Eugenia und Wilfried Kuhn: »Nahtoderfahrungen«. In: *Spiritualität und spirituelle Krisen. Handbuch zu Theorie, Forschung und Praxis* (2017) Seiten 203-214.

50 John Weir Perry: »Spirituelle Krisen und Erneuerung«. In: Stanislav und Christina Grof: *Spirituelle Krisen. Chancen der Selbstfindung* (1990) Seiten 102-118, hier Seite 116.

51 »Remember that the ›me‹ cannot get enlightened, because ›me‹ is only a façade.« Bonnie L. Greenwell: *When Spirit leaps. Navigating the Process of Spiritual Awakening* (2018) Seite 172.

52 Vgl. James Redfield: *Die Prophezeiungen von Celestine. Ein Abenteuer – Das spirituelle Kultbuch* (2019); https://www.Crimson Circle.com/, zuletzt eingesehen am 12.12.2020.

53 Vgl. das Stichwort »Geld« in: Christine Woydt: *Saint Germain – Dein Aufstieg in die Meisterschaft. Ein Leitfaden von A bis Z* (2019) Seite 163ff.

54 Vgl. das Stichwort »Angst« in: Christine Woydt: *Saint Germain – Dein Aufstieg in die Meisterschaft. Ein Leitfaden von A bis Z* (2019) Seite 13.

55 Vgl. Yvonne Kason: *Farther Shores. Exploring How Near-Death, Kundalini and Mystical Experiences Can Transform Ordinary Lives* (2008) Seite 244f.

56 Vgl. zum Segen: Christine Woydt: *Saint Germain – Die Meisterschaft des Seins. Wege zur Selbstermächtigung für das Goldene Zeitalter* (2. Aufl. 2020) Seite 80ff.; Christine Woydt: *Saint Germain – Dein Aufstieg in die Meisterschaft. Ein Leitfaden von A bis Z* (2019) Seite 303; Christine Woydt: *Saint*

Germain – Der vollkommene Diamant. Spirituelle Ressourcen zur Heilung der Seele (2013) Seite 134f.

57 Vgl. das Stichwort »Retter« in: Christine Woydt: *Saint Germain – Dein Aufstieg in die Meisterschaft. Ein Leitfaden von A bis Z* (2019) Seite 286f.

58 Vgl. Christine Woydt: *Saint Germain – Der vollkommene Diamant. Spirituelle Ressourcen zur Heilung der Seele* (2013) Seite 211ff.; Christine Woydt: *Saint Germain – Die Meisterschaft des Seins. Wege zur Selbstermächtigung für das Goldene Zeitalter* (Neuausgabe 2020) Seite 260ff.

59 Vgl. Lee Carroll: *Kryon – Briefe von Zuhause* (2003) Seite 501ff.

60 Vgl. Kaia Nightingale: *Journey Through Transformation. A guide to mystical awakening, kundalini, emotional clearing and spiritual emergence* (2007) Seite XI.

61 Joe Dispenza: *Ein neues Ich. Wie Sie Ihre gewohnte Persönlichkeit in vier Wochen wandeln können* (9. Aufl. 2018) Seite 51, vgl. auch Seite 109f.

62 Jack Kornfield: »Hindernisse und Wechselfälle in der spirituellen Praxis«. In: Stanislav und Christina Grof: *Spirituelle Krisen. Chancen der Selbstfindung* (1990) Seite 160-202, hier Seite 170.

63 Jack Kornfield: »Hindernisse und Wechselfälle in der spirituellen Praxis«. In: Stanislav und Christina Grof: *Spirituelle Krisen. Chancen der Selbstfindung* (1990) Seite 160-202, hier Seite 173.

64 Vgl. das Stichwort »Innerer Konflikt« in: Christine Woydt: *Saint Germain – Dein Aufstieg in die Meisterschaft. Ein Leitfaden von A bis Z* (2019) Seite 224f.

65 Markus 10,25.

66 Markus 10,27.

67 Bonnie Greenwell: *Kundalini. Erfahrungen mit der geheimnisvollen Urkraft der Erleuchtung* (1998) Seite 118; vgl. auch das Stichwort »Göttliches Bewusstsein« in: Christine Woydt: *Saint Germain – Dein Aufstieg in die Meisterschaft. Ein Leitfaden von A bis Z* (2019) Seite 184ff.; Christine Woydt: *Saint Germain – Die Meisterschaft des Seins. Wege zur Selbstermächtigung für das Goldene Zeitalter* (Neuausgabe 2020) Seite 205ff.

68 Liane Hofmann/Patrizia Heise: »Psychotherapie und spirituelle Weganleitung«. In: Liane Hofmann/Patrizia Heise (Hrsg.): *Spiritualität und spirituelle Krisen. Handbuch zu Theorie, Forschung und Praxis* (2017) Seite 69.

69 Vgl. Christine Woydt: *Saint Germain – Der vollkommene Diamant. Spirituelle Ressourcen zur Heilung der Seele* (2013) Seite 137ff.

70 Vgl. Sandra Ingerman: *Auf der Suche nach der verlorenen Seele. Der schamanische Weg zu innerer Ganzheit* (2010).

71 Vgl. Christine Woydt: *Saint Germain – Die Meisterschaft des Seins. Wege zur Selbstermächtigung für das Goldene Zeitalter* (Neuausgabe 2020) Seite 79.

72 Vgl. Jack Kornfield: »Hindernisse und Wechselfälle in der spirituellen Praxis«. In: Stanislav und Christina Grof: *Spirituelle Krisen. Chancen der Selbstfindung* (1990) Seiten 160-202, hier Seite 185; Tara Springett: *Erleuchtung durch den Pfad der Kundalini. Ein Leitfaden für ein positives spirituelles Erwachen und die Überwindung des Kundalini-Syndroms* (2014) Seite 169f.

73 Gute Aufsteller findest du bei der Deutschen Gesellschaft für Systemaufstellungen unter https://www.systemaufstellung.com. Wenn du das Thema vertiefen möchtest, kann ich dir folgende Bücher empfehlen: John Bradshaw: *Familiengeheimnisse. Warum es sich lohnt, ihnen auf die Spur zu kommen* (2014); Anne Ancelin Schützenberger: *Oh, meine Ahnen. Wie das Leben unserer Vorfahren in uns wiederkehrt* (9. Aufl. 2018); Sabine Bode: *Kriegsenkel. Die Erben der vergessenen Generation* (Neuauflage 2013); Thomas Schäfer: *Wie die Seele uns durchs Leben führt. Die Essenz des Familien-Stellens* (2011); Pierre Frot: *Lexikon des Familienstellens und der systemischen Aufstellungsarbeit* (2012).

74 Schon die Bibel (2 Mose 20,5) verweist darauf, dass die »Missetat der Väter … bis ins dritte und vierte Glied«, also über drei bis vier Generationen wirkt. Eine wunderbare Einführung in die familiensystemische Psychologie ist das Buch von Anne Ancelin Schützenberger: *Oh, meine Ahnen! Wie das Leben unserer Vorfahren in uns wiederkehrt* (9. Aufl. 2018). Sie liefert allerdings Beispiele aus französischen Familien, die zeigen, dass transgenerationale Traumata sogar über viele Generationen lang wirken können.

75 Vgl. zum Segen: Christine Woydt: *Saint Germain – Die Meisterschaft des Seins. Wege zur Selbstermächtigung für das Goldene Zeitalter* (Neuausgabe 2020) Seite 80ff.; Christine Woydt: *Saint Germain – Dein Aufstieg in die Meisterschaft. Ein Leitfaden von A bis Z* (2019) Seite 303; Christine Woydt: *Saint Germain – Der vollkommene Diamant. Spirituelle Ressourcen zur Heilung der Seele* (2013) Seite 134f.

76 Vgl. Christine Woydt: *Saint Germain – Der vollkommene Diamant. Spirituelle Ressourcen zur Heilung der Seele* (2013) Seite 233ff.

77 Vgl. zum Segen: Christine Woydt: *Saint Germain – Die Meisterschaft des Seins. Wege zur Selbstermächtigung für das Goldene Zeitalter* (Neuausgabe 2020) Seite 80ff.; Christine Woydt: *Saint Germain – Dein Aufstieg in die Meisterschaft. Ein Leitfaden von A bis Z* (2019) Seite 303; Christine Woydt: *Saint Germain – Der vollkommene Diamant. Spirituelle Ressourcen zur Heilung der Seele* (2013) Seite 134f.

78 https://www.Crimson Circle.com/, zuletzt eingesehen am 12.12.2020.

79 Vgl. Christine Woydt: *Saint Germain – Der vollkommene Diamant. Spirituelle Ressourcen zur Heilung der Seele* (2013) Seite 144ff.

80 Vgl. Sandra Ingerman: *Auf der Suche nach der verlorenen Seele. Der schamanische Weg zu innerer Ganzheit* (2010).

81 Vgl. Geoffrey Hoppe: *Adamus Saint Germain – Act of consciousness. How your reality is created and how you can change it* (2015).

82 Vgl. auch die Stichworte »Dualität«, »Geschlecht« und »Weiblichkeit« in: Christine Woydt: *Saint Germain – Dein Aufstieg in die Meisterschaft. Ein Leitfaden von A bis Z* (2019) Seiten 81ff., 180 und 391ff.

83 Zur inneren Hochzeit vgl. Karin Brucker: *Die Urkraft Kundalini. Phänomene erkennen, Symptome deuten, Transformation meistern* (2010) Seiten 65 und 177; Stanislav und Christina Grof: »Spirituelle Krisen und Bewusstseinsentwicklung«. In: Stanislav und Christina Grof: *Spirituelle Krisen.*

Chancen der Selbstfindung (1990) Seiten 23-54, hier Seite 42f.; John Weir Perry: »Spirituelle Krisen und Erneuerung«. In: Stanislav und Christina Grof: *Spirituelle Krisen. Chancen der Selbstfindung* (1990) Seite 102-118, hier Seite 111; Jana Dixon: *Biology of Kundalini. Exploring the Fire of Life* (2008) Seite 360f.

84 Vgl. Joachim Reinelt: *Das große Kundalini-Buch* (2013) Seite 229.

85 Vgl. Christine Woydt: *Saint Germain – Die Meisterschaft des Seins. Wege zur Selbstermächtigung für das Goldene Zeitalter* (Neuausgabe 2020) Seite 415ff.; Stichwort »Traum« in: Christine Woydt: *Saint Germain – Dein Aufstieg in die Meisterschaft. Ein Leitfaden von A bis Z* (2019) Seite 356ff.; Christine Woydt: *Saint Germain – Bewusstes Träumen* (Hörbuch 2010 und eBook 2011).

86 »Through the elevation of the personal we access the transpersonal and tune into the Global Brain.« Jana Dixon: *Biology of Kundalini. Exploring the Fire of Life* (2008) Seite 285.

Kundalini

1 Vgl. Anna Wise: *Awakening the Mind. A Guide to Mastering the Power of Your Brain Waves* (2002) Seite 195.

2 Vgl. Bonnie Greenwell: *Kundalini. Erfahrungen mit der geheimnisvollen Urkraft der Erleuchtung* (1998) Seite 19.

3 Carl Friedrich von Weizsäcker/Gopi Krishna: *Die biologische Basis der religiösen Erfahrung* (1988) Seite 88f.

4 Joachim Reinelt: *Das große Kundalini-Buch* (2013) Seite 159.

5 Vgl. Bonnie Greenwell: *Kundalini. Erfahrungen mit der geheimnisvollen Urkraft der Erleuchtung* (1998) Seite 29.

6 Bonnie Greenwell: *Kundalini. Erfahrungen mit der geheimnisvollen Urkraft der Erleuchtung* (1998) Seite 90; vgl. auch Seite 380.

7 Zum Wissen über die Kundalini in verschiedenen Kulturen vgl. Joachim Reinelt: *Das große Kundalini-Buch* (2013) Seite 13ff.; Lee Sannella: *Kundalini-Erfahrung und die neuen Wissenschaften* (1994) Seite 34ff.; Bonnie Greenwell: *Kundalini. Erfahrungen mit der geheimnisvollen Urkraft der Erleuchtung* (1998) Seite 24ff.; Karin Brucker: *Die Urkraft Kundalini. Phänomene erkennen, Symptome deuten, Transformation meistern* (2010) Seite 99ff.; Tara Springett: *Erleuchtung durch den Pfad der Kundalini. Ein Leitfaden für ein positives spirituelles Erwachen und die Überwindung des Kundalini-Syndroms* (2014) Seite 12f.

8 Bonnie Greenwell: *Kundalini. Erfahrungen mit der geheimnisvollen Urkraft der Erleuchtung* (1998) Seite 14.

9 Vgl. Bonnie Greenwell: *Kundalini. Erfahrungen mit der geheimnisvollen Urkraft der Erleuchtung* (1998) Seite 30; Karin Brucker: *Die Urkraft Kundalini. Phänomene erkennen, Symptome deuten, Transformation meistern* (2010) Seite 114ff.

10 Karin Brucker: *Die Urkraft Kundalini. Phänomene erkennen, Symptome deuten, Transformation meistern* (2010) Seite 102; vgl. auch Yvonne Kason: *Farther Shores. Exploring How Near-Death, Kundalini and Mystical Experiences Can Transform Ordinary Lives* (2008) Seite 63.

11 Vgl. Philip St. Romain: *Kundalini Energy and Christian Spirituality. A Pathway to Growth and Healing* (2. Aufl. 2002); ders.: *The Kundalini Process. A Christian Perspective* (2017).

12 John Selby/Zachary Zelig: *Das Erwachen der Kundalini. Anleitung, Übung und Meditation* (4. Aufl. 2008) Seite 106.

13 Vgl. Lee Sannella: *Kundalini-Erfahrung und die neuen Wissenschaften* (1994) Seite 17; vgl. auch Joachim Reinelt: *Das große Kundalini-Buch* (2013) Seite 237; Karin Brucker: *Die Urkraft Kundalini. Phänomene erkennen, Symptome deuten, Transformation meistern* (2010) Seite 131; David Lukoff: »Kundalini Awakening«. In: Gurmukh Kaur Khalsa/Dorothy Walters/Andrew Newberg/Sivananda Radha/Ken Wilber/John Selby: *Kundalini rising. Exploring the energy of awakening* (2009) Seiten 127-140, hier Seite 140.

14 Genevieve Lewis Paulson: *Das Chakra- und Kundalini-Übungsbuch. Die Erweckung der Chakra-Energien zur Freisetzung des spirituellen Potentials* (7. Aufl. 2009) Seite 22.

15 »One of the radical surprises in the spiritual process is the fact that it begins to impact the energy in our bodies.« Bonnie Greenwell: *The Kundalini Guide. A Companion for the Inward Journey. Volume 1: Energy* (2014) Seite 11.

16 Vgl. Lilian Silburn: *Kundalini – Energy of the depths* (1988) Seite XIV.

17 Vgl. Yvonne Kason: *Farther Shores. Exploring How Near-Death, Kundalini and Mystical Experiences Can Transform Ordinary Lives* (2008) Seite 152.

18 Vgl. Sukadev Bretz: *Die Kundalini Energie erwecken. Von der göttlichen Urkraft in uns* (2. Aufl. 2016) Seite 135.

19 Drunvalo Melchizedek: *Schlange des Lichts. Jenseits von 2012. Das Erwecken der Erd-Kundalini und das Erwachen des weiblichen Lichts* (5. Auflage 2010) Seite 22.

20 Vgl. Joachim Reinelt: *Das große Kundalini-Buch* (2013) Seite 257f.; Genevieve Lewis Paulson: *Das Chakra- und Kundalini-Übungsbuch. Die Erweckung der Chakra-Energien zur Freisetzung des spirituellen Potentials* (7. Aufl. 2009) Seite 237; Yvonne Kason: *Farther Shores. Exploring How Near-Death, Kundalini and Mystical Experiences Can Transform Ordinary Lives* (2008) Seite 223.

21 Vgl. Anna Wise: *Awakening the mind. A Guide to Mastering the Power of Your Brain Waves* (2002) Seite 90.

22 Vgl. zur blauen Perle Joachim Reinelt: *Das große Kundalini-Buch* (2013) Seiten 248ff. und 362f.

23 Vgl. das Stichwort »Göttliches Bewusstsein« in: Christine Woydt: *Saint Germain – Dein Aufstieg in die Meisterschaft. Ein Leitfaden von A bis Z* (2019) Seite 184ff.

24 Lilian Silburn: *Kundalini und Tantra. Die [illegible] Menschen* (2005) Seite 208.

25 Swami Muktananda: *Kundalini – Das Geheimnis des Lebens* (2002) Seite 9, vgl. auch Seite 39.

26 Gopi Krishna: *Kundalini. Erweckung der geistigen Kraft im Menschen* (1983) Seite 205.

27 Gopi Krishna: *Kundalini. Erweckung der geistigen Kraft im Menschen* (1983) Seite 210.

28 »The process of Kundalini awakening is the process of deepening your access to the Source, the source of your strength, your creativity, your powers, your wisdom, your internal source.« Lawrence Edwards: *Awakening kundalini. The path to radical freedom* (2013) Seite 75.

29 Vgl. John Selby/Zachary Zelig: *Das Erwachen der Kundalini. Anleitung, Übung und* Meditation (4. Aufl. 2008) Seite 146.

30 Lee Sannella: *Kundalini-Erfahrung und die neuen Wissenschaften* (1994) Seite 107.

31 »All who have experienced it know it as a mystery and a profound life-altering experience.« Bonnie Greenwell: *The Kundalini Guide. A Companion for the Inward Journey. Volume 1: Energy* (2014) Seite 19.

32 Sukadev Bretz: *Die Kundalini Energie erwecken. Von der göttlichen Urkraft in uns* (2. Aufl. 2016) Seite 19; vgl. auch Anna Wise: *Awakening the Mind. A Guide to Mastering the Power of Your Brain Waves* (2002) Seite 195.

33 »Most of the people I have interviewed in this process reported having a longing and an openness to know what is true, to know God, or to understand what life is all about, as a dominant aspect of their life journey since childhood or young adulthood.« Bonnie Greenwell: *The Kundalini Guide. A Companion for the Inward Journey. Volume 1: Energy* (2014) Seite 31.

34 »Approach the Divine within you with love, cherish her gifts with love, merge in Her through love.« Lawrence Edwards: *Awakening kundalini. The path to radical freedom* (2013) Seite 46, vgl. auch Seite 20.

35 Vgl. Bonnie Greenwell: *Kundalini. Erfahrungen mit der geheimnisvollen Urkraft der* Erleuchtung (1998) Seite 33.

36 Karin Brucker: *Die Urkraft Kundalini. Phänomene erkennen, Symptome deuten, Transformation meistern* (2010) Seite 54.

37 Vgl. Yvonne Kason: *Farther Shores. Exploring How Near-Death, Kundalini and Mystical Experiences Can Transform Ordinary Lives* (2008) Seite 320.

38 Swami Muktananda: *Kundalini – Das Geheimnis dnes Lebens* (2002) Seite 17; »Shaktipat literally means ›descent of grace, descent of power‹ and refers to an influx of conscious power.« Lawrence Edwards: *Awakening kundalini. The path to radical freedom* (2013) Seite 50; vgl. auch Joachim Reinelt: *Das große Kundalini-Buch* (2013) Seite 182ff.; Liane Hofmann: »Das Kundalini-Phänomen und andere vegetativ-energetische Störungen«. In: Liane Hofmann/Patrizia Heise (Hrsg.): *Spiritualität und spirituelle Krisen. Handbuch zu Theorie, Forschung und Praxis* (2017) Seiten 215-232, hier Seite 221.

39 »In fact, anyone with heightened energy has a potential of activating it within someone else, and some of us experience intense energetic or psychic

responses to a lover, friend, or stranger.« Bonnie L. Greenwell: *When Spirit leaps. Navigating the Process of Spiritual Awakening* (2018) Seite 55.

40 Die Geburt eines Kindes als Auslöser der Kundalini wird erwähnt bei Liane Hofmann: »Das Kundalini-Phänomen und andere vegetativ-energetische Störungen«. In: Liane Hofmann/Patrizia Heise (Hrsg.): *Spiritualität und spirituelle Krisen. Handbuch zu Theorie, Forschung und Praxis* (2017) Seiten 215–232, hier Seite 221, und bei David Lukoff: »Kundalini Awakening«. In: Gurmukh Kaur Khalsa/Dorothy Walters/Andrew Newberg/Sivananda Radha/Ken Wilber/John Selby: *Kundalini rising. Exploring the energy of awakening* (2009) Seiten 127-140, hier Seite 131.

41 »Recently I was the keynote speaker at the 2007 Annual convention for Adult Children of Alcoholics. There I heard from multiple participants about Kundalini phenomena occurring in their advanced recovery while working a Twelve-Step program. Note that Step Twelve starts off with: ›Having had a spiritual awakening as the result of these Steps …‹« Barbara Harris Whitfield: »Mental and Emotional Health in the Kundalini Process«. In: Gurmukh Kaur Khalsa/Dorothy Walters/Andrew Newberg/Sivananda Radha/Ken Wilber/John Selby: *Kundalini rising. Exploring the energy of awakening* (2009) Seiten 141-160, hier Seite 147.

42 Vgl. Yvonne Kason: *Farther Shores. Exploring How Near-Death, Kundalini and Mystical Experiences Can Transform Ordinary Lives* (2008) Seite 61ff.

43 Sukadev Bretz: *Die Kundalini Energie erwecken. Von der göttlichen Urkraft in uns* (2. Aufl. 2016) Seite 17; vgl. auch Liane Hofmann: »Das Kundalini-Phänomen und andere vegetativ-energetische Störungen«. In: Liane Hofmann/Patrizia Heise (Hrsg.): *Spiritualität und spirituelle Krisen. Handbuch zu Theorie, Forschung und Praxis* (2017) Seiten 215-232, hier Seite 221.

44 Lee Sannella: *Kundalini-Erfahrung und die neuen Wissenschaften* (1994) Seite 105; vgl. auch Sukadev Bretz: *Die Kundalini Energie erwecken. Von der göttlichen Urkraft in uns* (2. Aufl. 2016) Seiten 147 und 166.

45 Bonnie Greenwell: *Kundalini. Erfahrungen mit der geheimnisvollen Urkraft der Erleuchtung* (1998) Seite 92.

46 Joachim Reinelt: *Das große Kundalini-Buch* (2013) Seite 227.

47 Vgl. Lee Sannella: *Kundalini-Erfahrung und die neuen Wissenschaften* (1994) Seite 32 und 100.

48 Vgl. Lawrence Edwards: *Awakening kundalini. The path to radical freedom* (2013) Seite 50.

49 Zu den Kundalini-Symptomen vgl. Liane Hofmann: »Das Kundalini-Phänomen und andere vegetativ-energetische Störungen«. In: Liane Hofmann/Patrizia Heise (Hrsg.): *Spiritualität und spirituelle Krisen. Handbuch zu Theorie, Forschung und Praxis* (2017) Seiten 215-232, hier Seite 217ff.; Lee Sannella: *Kundalini-Erfahrung und die neuen Wissenschaften* (1994) Seite 87ff.; Bonnie Greenwell: *Kundalini. Erfahrungen mit der geheimnisvollen Urkraft der Erleuchtung* (1998) Seite 47ff.; dies.: *The Kundalini Guide. A Companion for the Inward Journey. Volume 1: Energy* (2014) Seite 42ff.;

Yvonne Kason: *Farther Shores. Exploring How Near-Death, Kundalini and Mystical Experiences Can Transform Ordinary Lives* (2008) Seite 222ff.; Karin Brucker: *Die Urkraft Kundalini. Phänomene erkennen, Symptome deuten, Transformation meistern* (2010) Seite 215ff.; *Anna Wise: Awakening the mind. A Guide to Mastering the Power of Your Brain Waves* (2002) Seite 199ff.; Bruce Greyson: »Near-Death Experiences and the Physio-Kundalini Syndrome«. In: Gurmukh Kaur Khalsa/Dorothy Walters/Andrew Newberg/ Sivananda Radha/Ken Wilber/John Selby: *Kundalini rising. Exploring the energy of awakening* (2009) Seiten 173-183, hier Seite 178ff.

50 Yvonne Kason: *Farther Shores. Exploring How Near-Death, Kundalini and Mystical Experiences Can Transform Ordinary Lives* (2008) Seite 161.

51 Carl Gustav Jung: *Die Psychologie des Kundalini-Yoga. Nach Aufzeichnungen des Seminars von 1932.* Hrsg. von Sonu Shamdasani (2. Aufl. 2020) Seite 131; vgl. auch Bonnie Greenwell: *The Kundalini Guide. A Companion for the Inward Journey. Volume 1: Energy* (2014) Seite 43.

52 Zum Magnesiummangel vgl. Dietmar Krämer: *Der Aufstieg der Kundalini. Ein Kundalini-Ratgeber für die Praxis* (2. Aufl. 2016) Seite 77.

53 Bewusstes Atmen ist auch ein wesentliches Werkzeug des Crimson Circle (https://www.Crimson Circle.com/), das dort zunächst von Norma Delaney vermittelt wurde.

54 Vgl. Bonnie L. Greenwell: *When Spirit leaps. Navigating the Process of Spiritual Awakening* (2018) Seite 149.

55 Vgl. Lawrence Edwards: *Awakening kundalini. The path to radical freedom* (2013) Seite 219; Karin Brucker: *Die Urkraft Kundalini. Phänomene erkennen, Symptome deuten, Transformation meistern* (2010) Seite 222f.; Tara Springett: *Erleuchtung durch den Pfad der Kundalini. Ein Leitfaden für ein positives spirituelles Erwachen und die Überwindung des Kundalini-Syndroms* (2014) Seiten 32f. und 160.

56 »During the Kundalini process the entire nervous system undergoes a microbiological change and is transformed, especially the brain.« John White: »Kundalini. Sex, Evolution and Higher Consciousness«. In: Gurmukh Kaur Khalsa/Dorothy Walters/Andrew Newberg/Sivananda Radha/Ken Wilber/John Selby: *Kundalini rising. Exploring the energy of awakening* (2009) Seiten 207–224, hier Seite 217; vgl. auch Lawrence Edwards: *Awakening Kundalini. The path to radical freedom* (2013) Seite 117ff.

57 »Left-brain dominance is generally reduced during an awakening, thus we feel a new Presence (the right-brain consciousness) with its heightened emotional, sensorial und supersensory awareness.« Jana Dixon: *Biology of Kundalini. Exploring the Fire of Life* (2008) Seite 291.

58 Lee Sannella: *Kundalini-Erfahrung und die neuen Wissenschaften* (1994) Seite 77.

59 Bonnie Greenwell: *Kundalini. Erfahrungen mit der geheimnisvollen Urkraft der Erleuchtung* (1998) Seite 53.

60 Vgl. das Kapitel zur Homöopathie im Aufstiegsprozess im Anhang dieses Buches.

61 Bonnie Greenwell: *Kundalini. Erfahrungen mit der geheimnisvollen Urkraft der Erleuchtung* (1998) Seite 47f., vgl. auch Seite 298ff.; dies.: *The Kundalini Guide. A Companion for the Inward Journey. Volume 1: Energy* (2014) Seite 45; Liane Hofmann: *Spirituelle Krise und Kundalini-Erfahrung. Eine kulturübergreifende Studie* (1995) Seite 113; Tara Springett: *Erleuchtung durch den Pfad der Kundalini. Ein Leitfaden für ein positives spirituelles Erwachen und die Überwindung des Kundalini-Syndroms* (2014) Seite 175.

62 Vgl. Samuel Hahnemann: *Organon der Heilkunst* (6. Aufl. 2000) § 24ff.

63 Vgl. Bonnie Greenwell: *Kundalini. Erfahrungen mit der geheimnisvollen Urkraft der Erleuchtung* (1998) Seite 310.

64 Vgl. Yvonne Kason: *Farther Shores. Exploring How Near-Death, Kundalini and Mystical Experiences Can Transform Ordinary Lives* (2008) Seite 185ff.

65 »... health conditions associated with *kundalini awakening* tended to self-heal or present few complications or residual symptoms, while regular ›unspiritual‹ health problems – even those with the same diagnosis – commonly worsened and demanded medical treatment.« Olga Louchakova: »Kundalini and Health. Living Well with Spiritual Awakening.« In: Gurmukh Kaur Khalsa/Dorothy Walters/Andrew Newberg/Sivananda Radha/Ken Wilber/John Selby: *Kundalini rising. Exploring the energy of awakening* (2009) Seiten 97-115, hier Seite 101.

66 Zur Ausleitung von Schwermetallen findest du wertvolle Informationen bei Dietrich Klinghardt: *Lehrbuch der Psycho-Kinesiologie* (2004).

67 Vgl. das Kapitel über Homöopathie im Aufstiegsprozess im Anhang. Neben den dort erwähnten Mitteln Sulfur und Hepar sulfuris eignen sich zur Ausleitung von Schwermetallen insbesondere die Metalle. Wenn sie individuell entsprechend der persönlichen Konstitution ausgewählt werden, können die Metalle Aurum (Gold), Argentum (Silber) und Mercurius (Quecksilber) und deren Verbindungen in hoher Potenz wunderbar zur Entgiftung von Schwermetallen beitragen.

68 Vgl. Tara Springett: *Erleuchtung durch den Pfad der Kundalini. Ein Leitfaden für ein positives spirituelles Erwachen und die Überwindung des Kundalini-Syndroms* (2014) Seite 39f.

69 Vgl. Bonnie Greenwell: *The Kundalini Guide. A Companion for the Inward Journey. Volume 1: Energy* (2014) Seite 53.

70 »The feel of earth and the smell of earth can be extraordinarily grounding for individuals.« Lawrence Edwards: *Awakening kundalini. The path to radical freedom* (2013) Seite 215; zur Erdung vgl. auch Jack Kornfield: »Hindernisse und Wechselfälle in der spirituellen Praxis«. In: Stanislav und Christina Grof: *Spirituelle Krisen. Chancen der Selbstfindung* (1990) Seiten 160-202, hier Seite 193; Lawrence Edwards: *Awakening kundalini. The path to radical freedom* (2013) Seite 132; Liane Hofmann/Patrizia Heise: »Allgemeine Leitlinien im Umgang mit spirituellen Krisen«. In: Liane Hofmann/Patrizia Heise (Hrsg.): *Spiritualität und spirituelle Krisen. Handbuch zu Theorie, Forschung und Praxis* (2017) Seiten 311-[illegible]; Catherine G. Lucas: »Ein achtsamkeitsbasierter Ansatz der Begleitung von

spirituellen Krisen«. In: Liane Hofmann/Patrizia Heise (Hrsg.): *Spiritualität und spirituelle Krisen. Handbuch zu Theorie, Forschung und Praxis* (2017) Seiten 356-367, hier Seite 360f.; Christina und Stanislav Grof: »Beistand in spirituellen Krisen«. In: Stanislav und Christina Grof: *Spirituelle Krisen. Chancen der Selbstfindung* (1990) Seiten 228-235, hier Seite 234.

71 Bonnie Greenwell: *Kundalini. Erfahrungen mit der geheimnisvollen Urkraft der Erleuchtung* (1998) Seite 329; vgl. auch Yvonne Kason: *Farther Shores. Exploring How Near-Death, Kundalini and Mystical Experiences Can Transform Ordinary Lives* (2008) Seite 188.

72 Bonnie Greenwell: Kundalini. Erfahrungen mit der geheimnisvollen Urkraft der Erleuchtung. 1998, S. 336

73 Vgl. Yvonne Kason: *Farther Shores. Exploring How Near-Death, Kundalini and Mystical Experiences Can Transform Ordinary Lives* (2008) Seite 207.

74 Bonnie Greenwell: *Kundalini. Erfahrungen mit der geheimnisvollen Urkraft der Erleuchtung* (1998) Seite 331.

75 Genevieve Lewis Paulson: *Das Chakra- und Kundalini-Übungsbuch. Die Erweckung der Chakra-Energien zur Freisetzung des spirituellen Potentials* (7. Aufl. 2009) Seite 40.

76 Vgl. John White: »Kundalini. Sex, Evolution and Higher Consciousness«. In: Gurmukh Kaur Khalsa/Dorothy Walters/Andrew Newberg/Sivananda Radha/Ken Wilber/John Selby: *Kundalini rising. Exploring the energy of awakening* (2009) Seiten 207-224, hier Seite 222.

77 Vgl. die Lebensgeschichte von Irina Tweedie, beschrieben in Bonnie Greenwell: *Kundalini. Erfahrungen mit der geheimnisvollen Urkraft der Erleuchtung* (1998) Seite 195f.; Karin Brucker: *Die Urkraft Kundalini. Phänomene erkennen, Symptome deuten, Transformation meistern* (2010) Seite 126f.

78 »... kundalini energy needs to fall back into the heart, its source.« Bonnie Greenwell: »Kundalini. The role of Life-Force Energy in Self-Realization«. In: Gurmukh Kaur Khalsa/Dorothy Walters/Andrew Newberg/Sivananda Radha/Ken Wilber/John Selby: *Kundalini rising. Exploring the energy of awakening* (2009) Seiten 21-36, hier Seite 36; vgl. auch dies.: *The Kundalini Guide. A Companion for the Inward Journey. Volume 1: Energy* (2014) Seite 138. Zur Bedeutung der Chakren im Kundalini-Prozess findest du besonders wertvolle Informationen in Bonnie Greenwell: *Kundalini. Erfahrungen mit der geheimnisvollen Urkraft der Erleuchtung* (1998) Seite 108ff.; vgl. auch das Stichwort »Chakren« in: Christine Woydt: *Saint Germain – Dein Aufstieg in die Meisterschaft. Ein Leitfaden von A bis Z* (2019) Seite 61ff.

79 Vgl. Christine Woydt: *Saint Germain – Die Meisterschaft des Seins. Wege zur Selbstermächtigung für das Goldene Zeitalter* (2. Aufl. 2020) Seite 415ff.; Stichwort »Traum« in: Christine Woydt: *Saint Germain – Dein Aufstieg in die Meisterschaft. Ein Leitfaden von A bis Z* (2019) Seite 356ff.; Christine Woydt: *Saint Germain – Bewusstes Träumen.* Hörbuch (2010) und eBook (2011).

80 Vgl. Yvonne Kason: *Farther Shores. Exploring How Near-Death, Kundalini and Mystical Experiences Can Transform Ordinary Lives* (2008) Seite 188f.

81 Siehe Anmerkung 156.

82 John Selby/Zachary Zelig: *Das Erwachen der Kundalini. Anleitung, Übung und Meditation* (4. Aufl. 2008) Seite 170; vgl. zur Schlafparalyse und zum Umgang mit dunklen Energien auch das entsprechende Kapitel in diesem Buch.

83 Vgl. die Kapitel zu Nahtoderfahrungen und zur Krise der Todesnähe in diesem Buch und Eugenia und Wilfried Kuhn: »Nahtoderfahrungen«. In: Liane Hofmann/Patrizia Heise (Hrsg.): *Spiritualität und spirituelle Krisen. Handbuch zu Theorie, Forschung und Praxis* (2017) Seiten 203-214, hier Seite 208.

84 Vgl. Lawrence Edwards: *Awakening Kundalini. The path to radical freedom* (2013) Seite 229ff.

85 Vgl. Liane Hofmann/Patrizia Heise: »Spirituelle Krisen: Allgemeine Kennzeichen, Auslöser und Gefährdungsfaktoren«. In: Liane Hofmann/Patrizia Heise (Hrsg.): *Spiritualität und spirituelle Krisen. Handbuch zu Theorie, Forschung und Praxis* (2017) Seiten 141-154, hier Seite 153.

86 Der amerikanische Mythenforscher Joseph Campbell (1904–1987) hat ein Modell der Heldenreise entwickelt, das auf dem kulturübergreifenden Studium zahlreicher Mythen und Geschichten basiert. Die mythologische Heldenreise diente dem amerikanischen Psychotherapeuten Paul Rebillot auch als Vorlage für transformierende Selbsterfahrungskurse. Vgl. Paul Rebillot: »Die Heldenreise: Das Geheimnis ritualisieren«. In: Stanislav und Christina Grof: *Spirituelle Krisen. Chancen der Selbstfindung* (1990) Seiten 252-269, hier Seite 267; Lawrence Edwards: *Awakening Kundalini. The path to radical freedom* (2013) Seite 62ff.

87 Genevieve Lewis Paulson: *Das Chakra- und Kundalini-Übungsbuch. Die Erweckung der Chakra-Energien zur Freisetzung des spirituellen Potentials* (7. Aufl. 2009) Seite 75.

88 Roberto Assagioli: »Selbst-Verwirklichung und psychologische Störungen«. In: Stanislav und Christina Grof: *Spirituelle Krisen. Chancen der Selbstfindung* (1990) Seiten 55-83, hier Seite 83.

89 »At some point in awakening, we see that we are not our thoughts and not our emotions.« Bonnie L. Greenwell: *When Spirit leaps. Navigating the Process of Spiritual Awakening* (2018) Seite 92.

90 Vgl. Edgar Harnack: »Differentialdiagnose von spiritueller Krise und Psychose«. In: Liane Hofmann/Patrizia Heise (Hrsg.): *Spiritualität und spirituelle Krisen. Handbuch zu Theorie, Forschung und Praxis* (2017) Seiten 326-339, hier Seite 333; Ram Dass: »Versprechen und Fallgruben auf dem spirituellen Weg«. In: Stanislav und Christina Grof: *Spirituelle Krisen. Chancen der Selbstfindung* (1990) Seiten 204-226, hier Seite 224.

91 »Whatever has been stored in the cells, in the energy system – all the suffering, drama, pain or loss or grief – will be released in this process.« Bonnie Greenwell: *The Kundalini Guide. A Companion for the Inward Journey. Volume 1: Energy* (2014) Seite 70; vgl. auch Lee Sannella: *Kundalini-Erfahrung und die neuen Wissenschaften* (1994) Seite 93f.; Bonnie Greenwell: *Kundalini. Erfahrungen mit der geheimnisvollen Urkraft der Erleuchtung* (1998)

Seite 333f.; Tara Springett: *Erleuchtung durch den Pfad der Kundalini. Ein Leitfaden für ein positives spirituelles Erwachen und die Überwindung des Kundalini-Syndroms* (2014) Seite 43ff.

92 Genevieve Lewis Paulson: *Das Chakra- und Kundalini-Übungsbuch. Die Erweckung der Chakra-Energien zur Freisetzung des spirituellen Potentials* (7. Aufl. 2009) Seite 229.

93 Christine Woydt: *Universeller Rat der Weisen – Soluna. Werkzeuge der körperlichen Regeneration.* Hörbuch und eBook (2011).

94 Gopi Krishna: *Kundalini. Erweckung der geistigen Kraft im Menschen* (1983) Seite 122; vgl. auch Christine Woydt: *Saint Germain – Die Meisterschaft des Seins. Wege zur Selbstermächtigung für das Goldene Zeitalter* (2. Aufl. 2020) Seite 415ff.; Stichwort »Traum« in: Christine Woydt: *Saint Germain – Dein Aufstieg in die Meisterschaft. Ein Leitfaden von A bis Z* (2019) Seite 356ff.; Christine Woydt: *Saint Germain – Bewusstes Träumen.* Hörbuch (2010) und eBook (2011).

95 In seiner Beschreibung der Stufen des Aufstiegs widmet Daniel M. Ingram dem Ekel interessanterweise ein eigenes Kapitel. Auf die Phase des Ekels folgt bei ihm der Erlösungswunsch. Vgl. Daniel M. Ingram: *Die Kernlehren des Buddhas meistern. Ein Handbuch für die intensive und anspruchsvolle Meditationspraxis* (2008) Seite 133. Download des Manuskripts unter http://www.buddhistische-gesellschaft-berlin.de/downloads/mctbgerman.pdf, zuletzt eingesehen am 31.5.2020.

96 Vgl. Tara Springett: *Erleuchtung durch den Pfad der Kundalini. Ein Leitfaden für ein positives spirituelles Erwachen und die Überwindung des Kundalini-Syndroms* (2014) Seite 41.

97 Carl Gustav Jung: *Die Psychologie des Kundalini-Yoga. Nach Aufzeichnungen des Seminars von 1932.* Hrsg. von Sonu Shamdasani (2. Aufl. 2020) Seite 113.

98 Vgl. Daniel M. Ingram: *Die Kernlehren des Buddhas meistern. Ein Handbuch für die intensive und anspruchsvolle Meditationspraxis* (2008) Seite 129 und Seite 138. Download des Manuskripts unter http://www.buddhistische-gesellschaft-berlin.de/downloads/mctbgerman.pdf, zuletzt eingesehen am 31.5.2020.

99 »In my opinion, real healing of deep emotional wounds can only be done by turning our wounds over to God, by surrendering the feelings to the Higher Power and asking for help.« Yvonne Kason: *Farther Shores. Exploring How Near-Death, Kundalini and Mystical Experiences Can Transform Ordinary Lives* (2008) Seite 295, vgl. auch Seite 304.

100 »To avoid spiraling into prolonged metabolic and cognitive chaos we must accept these new levels of awareness and physiological condition as coming from ›us‹ and not from an alien entity or God. That is we must claim responsibility for our Self as it incarnates at an accelerated pace and not project the cause of our condition onto external people, entities or events, thereby giving away our power.« Jana Dixon: *Biology of Kundalini. Exploring the Fire of Life* (2008) Seite 270; vgl. auch Tara Springett: *Erleuchtung durch*

den Pfad der Kundalini. Ein Leitfaden für ein positives spirituelles Erwachen und die Überwindung des Kundalini-Syndroms (2014) Seite 66; Christine Woydt: *Universeller Rat der Weisen – Universelle Schöpferwerkzeuge.* Hörbuch (2011); Christine Woydt: *Universeller Rat der Weisen – Universelle Schöpferregeln und -werkzeuge.* eBook (2011).

101 Carl Gustav Jung: *Die Psychologie des Kundalini-Yoga. Nach Aufzeichnungen des Seminars von 1932.* Hrsg. von Sonu Shamdasani (2. Aufl. 2020) Seite 114.

102 Carl Gustav Jung: *Die Psychologie des Kundalini-Yoga. Nach Aufzeichnungen des Seminars von 1932.* Hrsg. von Sonu Shamdasani (2. Aufl. 2020) Seite 114.

103 Carl Gustav Jung: *Die Psychologie des Kundalini-Yoga. Nach Aufzeichnungen des Seminars von 1932.* Hrsg. von Sonu Shamdasani (2. Aufl. 2020) Seite 115.

104 »When we are in a deeply spiritual transition we can lose interest in work, social interactions, and other life activities.« Bonnie L. Greenwell: *When Spirit leaps. Navigating the Process of Spiritual Awakening* (2018) Seite 92; Carl Gustav Jung grenzt das »Selbst« vom durch Triebe und Instinkte geprägten Ich ab. Vgl. Carl Gustav Jung: *Die Psychologie des Kundalini-Yoga. Nach Aufzeichnungen des Seminars von 1932.* Hrsg. von Sonu Shamdasani (2. Aufl. 2020) Seite 102f.

105 Vgl. Jana Dixon: *Biology of Kundalini. Exploring the Fire of Life* (2008) Seiten 231ff. und 394.

106 »If you can stop running from both the ›loss of meaning‹ and the ›presence of meaning‹ then you are enlightened.« Jana Dixon: *Biology of Kundalini. Exploring the Fire of Life* (2008) Seite 341

107 »Sometimes awakening is followed by synchronicities, events that pull us spontaneously into a new direction – as if everything is falling into place.« Bonnie L. Greenwell: *When Spirit leaps. Navigating the Process of Spiritual Awakening* (2018) Seite 93.

108 Genevieve Lewis Paulson: *Das Chakra- und Kundalini-Übungsbuch. Die Erweckung der Chakra-Energien zur Freisetzung des spirituellen Potentials* (7. Aufl. 2009) Seite 46; vgl. auch Bonnie Greenwell: *The Kundalini Guide. A Companion for the Inward Journey. Volume 1: Energy* (2014) Seiten 14 und 55f.

109 Vgl. Johannes vom Kreuz: *Die dunkle Nacht.* Sämtliche Werke Band 1. Vollständige Neuübersetzung (11. Aufl. 2013) Seite 93ff.; Roberto Assagioli: »Selbst-Verwirklichung und psychologische Störungen«. In: Stanislav und Christina Grof: *Spirituelle Krisen. Chancen der Selbstfindung* (1990) Seiten 55–83, hier Seite 70ff.

110 Vgl. Wilfried Belschner: »Grundsätzliche Probleme bei der Erforschung spiritueller Krisen«. In: Liane Hofmann/Patrizia Heise (Hrsg.): *Spiritualität und spirituelle Krisen. Handbuch zu Theorie, Forschung und Praxis* (2017) Seiten 298–308, hier Seite 306.

111 Vgl. Susanne [illegible] »Spirituelle [illegible] terfahrungen«. In: Liane Hofmann/Patrizia Heise (Hrsg.): *Spiritualität und*

spirituelle Krisen. Handbuch zu Theorie, Forschung und Praxis (2017) Seiten 191–202, hier Seite 201.

112 Gopi Krishna: *Kundalini. Erweckung der geistigen Kraft im Menschen* (1983) Seite 40f.

113 Vgl. Bonnie Greenwell: *The Kundalini Guide. A Companion for the Inward Journey. Volume 1: Energy* (2014) Seite 78.

114 Vgl. Lee Sannella: »Kundalini: Klassisch und klinisch«. In: Stanislav und Christina Grof: *Spirituelle Krisen. Chancen der Selbstfindung* (1990) Seiten 145-157, hier Seite 156.

115 Lee Sannella: *Kundalini-Erfahrung und die neuen Wissenschaften* (1994) Seite 13f.

116 Vgl. Lee Sannella: »Kundalini: klassisch und klinisch«. In: Stanislav und Christina Grof: *Spirituelle Krisen. Chancen der Selbstfindung* (1990) Seiten 145-157, hier Seite 156.

117 Zu Wandlungskrisen als Durchgangsphasen vgl. Hartmut und Maria Kraft: »Wandlungskrisen und das Konzept der Heilung«. In: Liane Hofmann/Patrizia Heise (Hrsg.): *Spiritualität und spirituelle Krisen. Handbuch zu Theorie, Forschung und Praxis* (2017) Seiten 168-179, hier Seite 170ff.

118 Vgl. Bonnie Greenwell: *Kundalini. Erfahrungen mit der geheimnisvollen Urkraft der Erleuchtung* (1998) Seite 351; dies.: *The Kundalini Guide. A Companion for the Inward Journey. Volume 1: Energy* (2014) Seite 139; Tara Springett: *Erleuchtung durch den Pfad der Kundalini. Ein Leitfaden für ein positives spirituelles Erwachen und die Überwindung des Kundalini-Syndroms* (2014) Seite 77f.; Joe Dispenza: *Ein neues Ich. Wie Sie Ihre gewohnte Persönlichkeit in vier Wochen wandeln können* (9. Aufl. 2018) Seite 155f.

119 Vgl. Michael Utsch: »Glaubenskrisen – Veränderungen und Neuorientierungen auf einem religiösen Weg«. In: Liane Hofmann/Patrizia Heise (Hrsg.): *Spiritualität und spirituelle Krisen. Handbuch zu Theorie, Forschung und Praxis* (2017) Seiten 156-167, hier Seite 164ff.; Susanne Jakobowitz: »Spirituelle Krisen in der Gestalt seelischer Nachterfahrungen«. In: Liane Hofmann/Patrizia Heise (Hrsg.): *Spiritualität und spirituelle Krisen. Handbuch zu Theorie, Forschung und Praxis* (2017) Seiten 191-202, hier Seite 201.

120 Vgl. 2. Mose 16,1-3.

121 Bonnie Greenwell: *Kundalini. Erfahrungen mit der geheimnisvollen Urkraft der Erleuchtung* (1998) Seite 62; vgl. auch Swami Muktananda: *Kundalini – Das Geheimnis des Lebens* (2002) Seite 29.

122 »Therapists are generally so deeply trained in a black-and-white-paradigm of ›normalcy‹ and ›illness‹ that there is very little room for the anomalous experiences that can occur with spiritual awakening. Although not all anomalies are spiritual, most spiritual experiences are outside the paradigm of normalcy.« Bonnie L. Greenwell: *When Spirit leaps. Navigating the Process of Spiritual Awakening* (2018) Seite 58.

123 Vgl. Edgar Harnack: »Differentialdiagnose von spiritueller Krise und Psychose«. In: Liane Hofmann/Patrizia Heise (Hrsg.): *Spiritualität und spi-*

rituelle Krisen. Handbuch zu Theorie, Forschung und Praxis (2017) Seiten 326-339, hier Seite 329.

124 Vgl. hierzu mein Kapitel zur heilsamen Trance.

125 Dimitry Okropiridze: »Religion und Psychologie in symbolischer Interaktion. Eine kulturwissenschaftliche Deutung yogischer Kundalini-Energie und jungianischer Individuation«. In: *Wege zum Menschen.* Zeitschrift für Seelsorge und Beratung, heilendes und soziales Handeln. Jg. 69, Heft 4 (2017) Seiten 341-354, hier Seite 349.

126 Vgl. Yvonne Kason: *Farther Shores. Exploring How Near-Death, Kundalini and Mystical Experiences Can Transform Ordinary Lives* (2008) Seiten 201, 206 und 325.

127 Vgl. Jana Dixon: *Biology of Kundalini. Exploring the Fire of Life* (2008) Seite 33.

128 Vgl. Anna Wise: *Awakening the mind. A Guide to Mastering the Power of Your Brain Waves* (2002) Seite 209.

129 Vgl. zur Demut in Christine Woydt: *Saint Germain – Die Meisterschaft des Seins. Wege zur Selbstermächtigung für das Goldene Zeitalter* (2. Aufl. 2020) Seite 82ff.

130 Genevieve Lewis Paulson: *Das Chakra- und Kundalini-Übungsbuch. Die Erweckung der Chakra-Energien zur Freisetzung des spirituellen Potentials* (7. Aufl. 2009) Seite 68.

131 Vgl. Karin Brucker: *Die Urkraft Kundalini. Phänomene erkennen, Symptome deuten, Transformation meistern* (2010) Seite 99ff.; Yvonne Kason: *Farther Shores. Exploring How Near-Death, Kundalini and Mystical Experiences Can Transform Ordinary Lives* (2008) Seite 63.

132 »It's stepping back all thoughts, all sensations and all the things of the mind, and beginning to watch them from a place of clarity and freedom, with detachment and awareness, simply witnessing the flow of things through awareness.« Lawrence Edwards: *Awakening Kundalini. The path to radical freedom* (2013) Seite 53

133 Matthäus 6,22.

134 Vgl. Yvonne Kason: *Farther Shores. Exploring How Near-Death, Kundalini and Mystical Experiences Can Transform Ordinary Lives* (2008) Seite 29.

135 Vgl. Joachim Reinelt: *Das große Kundalini-Buch* (2013) Seite 159; Bonnie Greenwell: *The Kundalini Guide. A Companion for the Inward Journey. Volume 1: Energy* (2014) Seite 20.

136 Vgl. John White: »Kundalini. Sex, Evolution and Higher Consciousness«. In: Gurmukh Kaur Khalsa/Dorothy Walters/Andrew Newberg/Sivananda Radha/Ken Wilber/John Selby: *Kundalini rising. Exploring the energy of awakening* (2009) Seiten 207-224, hier Seite 212.

137 Vgl. Sukadev Bretz: *Die Kundalini Energie erwecken. Von der göttlichen Urkraft in uns* (2. Aufl. 2016) Seite 145.

138 Kundalini »can reverse order and revisit chakras repeatedly, in any order, during the process of clearing our bound patterns of energy and consciousness«. Lawrence Edwards: *Awakening Kundalini. The path to radical freedom*

(2013) Seite 43; vgl. auch Tara Springett: *Erleuchtung durch den Pfad der Kundalini. Ein Leitfaden für ein positives spirituelles Erwachen und die Überwindung des Kundalini-Syndroms* (2014) Seite 139.

139 »In reality kundalini operates simultaneously in all chakras to varying degrees.« Jana Dixon: *Biology of Kundalini. Exploring the Fire of Life* (2008) Seite 86.

140 Bonnie Greenwell: *Kundalini. Erfahrungen mit der geheimnisvollen Urkraft der Erleuchtung* (1998) Seite 59.

141 Karin Brucker: *Die Urkraft Kundalini. Phänomene erkennen, Symptome deuten, Transformation meistern* (2010) Seite 80.

142 Carl Gustav Jung: *Die Psychologie des Kundalini-Yoga. Nach Aufzeichnungen des Seminars von 1932.* Hrsg. von Sonu Shamdasani (2. Aufl. 2020) Seite 123.

143 Siehe Anmerkung 156.

144 Vgl. Gopi Krishna: *Kundalini. Erweckung der geistigen Kraft im Menschen* (1983) Seite 158f.

145 Vgl. Bonnie Greenwell: *Kundalini. Erfahrungen mit der geheimnisvollen Urkraft der Erleuchtung* (1998) Seite 309f.

146 Bewusstes Atmen ist auch ein wesentliches Werkzeug des Crimson Circle (https://www.Crimson Circle.com/), das dort zunächst von Norma Delaney vermittelt wurde.

147 Vgl. das Stichwort »Lebensalter« in: Christine Woydt: *Saint Germain – Dein Aufstieg in die Meisterschaft. Ein Leitfaden von A bis Z* (2019) Seite 244.

148 Genevieve Lewis Paulson: *Das Chakra- und Kundalini-Übungsbuch. Die Erweckung der Chakra-Energien zur Freisetzung des spirituellen Potentials* (7. Aufl. 2009) Seite 47; »To a certain extent we are all shaktipatting each other all the time … we live in a world-field of shaktipat.« Jana Dixon: *Biology of Kundalini. Exploring the Fire of Life* (2008) Seite 15.

149 Vgl. Kaia Nightingale: *Journey Through Transformation. A guide to mystical awakening, kundalini, emotional clearing and spiritual emergence* (2007) Seite 43.

150 Bonnie Greenwell: *Kundalini. Erfahrungen mit der geheimnisvollen Urkraft der Erleuchtung* (1998) Seite 74.

151 Vgl. Werner Hacke: *Neurologie* (14. Aufl. 2019) Seite 619; Karin Brucker: *Die Urkraft Kundalini. Phänomene erkennen, Symptome deuten, Transformation meistern* (2010) Seite 292ff.

152 Vgl. die Informationen zum Restless-Genital-Syndrom auf der Seite der Deutschen Hebammenzeitschrift unter https://www.dhz-online.de/news/detail/artikel/krankhafte-sexuelle-erregung/, zuletzt eingesehen am 2.2.2020.

153 Vgl. das Kapitel über sexuelle Symptome in diesem Buch.

154 Informationen zur Multiplen Sklerose findest du auf dem Portal »Neurologen und Psychiater im Netz« unter https://www.neurologen-und-psychiater-im-netz.org/neurologie/erkrankungen/multiple-sklerose-ms/

was-ist-multiple-sklerose-ms/, zuletzt eingesehen am 7.9.2019; vgl. auch Werner Hacke: *Neurologie* (14. Aufl. 2019) Seite 560ff.; Karin Brucker: *Die Urkraft Kundalini. Phänomene erkennen, Symptome deuten, Transformation meistern* (2010) Seite 295ff.

155 Das Portal »Neurologen und Psychiater im Netz« informiert auch über Morbus Parkinson unter https://www.neurologen-und-psychiater-im-netz.org/neurologie/erkrankungen/parkinson-syndrom/was-ist-das-parkinson-syndrom/, zuletzt eingesehen am 7.9.2019; vgl. auch Werner Hacke: *Neurologie* (14. Aufl. 2019) Seite 590ff.; Karin Brucker: *Die Urkraft Kundalini. Phänomene erkennen, Symptome deuten, Transformation meistern* (2010) Seite 285ff.

156 Vgl. Bonnie Greenwell: *Kundalini. Erfahrungen mit der geheimnisvollen Urkraft der Erleuchtung* (1998) Seite 117.

157 »I learned to lie down with my spine on the ground during the acute heart expansion … to ease the tension from the Heart's extreme need for grounding.« Jana Dixon: *Biology of Kundalini. Exploring the Fire of Life* (2008) Seite 101.

158 »We do not need to convert from one religion to another, but rather we have to convert the darkness held in our Hearts into the Light and vibration of love.« Swami Sivananda Radha: »Heart«. In: Gurmukh Kaur Khalsa/Dorothy Walters/Andrew Newberg/Sivananda Radha/Ken Wilber/John Selby: *Kundalini Rising. Exploring the energy of awakening* (2009) Seiten 305-311, hier Seite 308.

159 Vgl. zu den verschiedenen Formen von Depressionen Mathias Berger: *Psychische Erkrankungen: Klinik und Therapie* (6. Aufl. 2019) Seite 363ff.

160 Siehe Anmerkung 176.

161 Zu bipolaren affektiven Erkrankungen vgl., Mathias Berger: Psychische Erkrankungen: Klinik und Therapie. 6. Aufl. 2019, S. 368

162 Roberto Assagioli: Selbst-Verwirklichung und psychologische Störungen. In: Stanislav und Christina Grof: Spirituelle Krisen. Chancen der Selbstfindung. 1990, S. 55-83, hier S. 68

163 Vgl. Barbara Harris Whitfield: Mental and Emotional Health in the Kundalini Process. In: Gurmukh Kaur Khalsa/Dorothy Walters/Andrew Newberg/Sivananda Radha/Ken Wilber/John Selby: Kundalini rising. Exploring the energy of awakening. 2009, S. 141–160, hier S. 151; Bruce Greyson: Near-Death Experiences and the Physio-Kundalini Syndrome. In: Gurmukh Kaur Khalsa/Dorothy Walters/Andrew Newberg/Sivananda Radha/Ken Wilber/John Selby: Kundalini rising. Exploring the energy of awakening. 2009, S. 173-183, hier S. 176

164 S. Anm. 176.

165 Lee Sannella: »Kundalini: Klassisch und klinisch«. In: Stanislav und Christina Grof: *Spirituelle Krisen. Chancen der Selbstfindung* (1990) Seiten 145–157, hier Seite 154.

166 Bonnie Greenwell: *Kundalini. Erfahrungen mit der geheimnisvollen Urkraft der Erleuchtung* (1998) Seite 368.

167 »This moral dimension is what distinguishes seers and sages from psychics and gifted intellectuals who are otherwise quite ordinary.« John White: »Kundalini. Sex, Evolution and Higher Consciousness«. In: Gurmukh Kaur Khalsa/Dorothy Walters/Andrew Newberg/Sivananda Radha/Ken Wilber/John Selby: *Kundalini Rising. Exploring the energy of awakening* (2009) Seiten 207-224, hier Seite 218.

168 Karin Brucker: *Die Urkraft Kundalini. Phänomene erkennen, Symptome deuten, Transformation meistern* (2010) Seite 23; vgl. auch das Stichwort »Heilung« in: Christine Woydt: *Saint Germain – Dein Aufstieg in die Meisterschaft. Ein Leitfaden von A bis Z* (2019) Seite 202ff.

169 Matthäus 18,3.

170 Die schöne Formulierung, im Heilungsprozess zu werden, wie man gemeint ist, stammt von Andreas Krüger, vgl. seine Webseite unter https://andreaskruegerberlin.de/praxis/miasmen-und-prozessorientierte-homoopathie/, zuletzt eingesehen am 8.9.2019.

171 Sukadev Bretz: *Die Kundalini Energie erwecken. Von der göttlichen Urkraft in uns* (2. Aufl. 2016) Seite 41.

172 Vgl. Liane Hofmann: »Das Konzept der spirituellen Krise – Entwicklungsgeschichte und aktuelle Relevanz«. In: Liane Hofmann/Patrizia Heise (Hrsg.): *Spiritualität und spirituelle Krisen. Handbuch zu Theorie, Forschung und Praxis* (2017) Seiten 15-31, hier Seite 20.

173 Tara Springett: *Erleuchtung durch den Pfad der Kundalini. Ein Leitfaden für ein positives spirituelles Erwachen und die Überwindung des Kundalini-Syndroms* (2014) Seite 23.

174 »Western spiritual concepts have succeeded in separating most people from appreciation of the role of the body in spiritual awakening.« Bonnie Greenwell: »Kundalini. The role of Life-Force Energy in Self-Realization«. In: Gurmukh Kaur Khalsa/Dorothy Walters/Andrew Newberg/Sivananda Radha/Ken Wilber/John Selby: *Kundalini Rising. Exploring the energy of awakening* (2009) Seiten 21-36, hier Seite 23; vgl. auch Bruce Greyson: »Near-Death Experiences and the Physio-Kundalini Syndrome«. In: Gurmukh Kaur Khalsa/Dorothy Walters/Andrew Newberg/Sivananda Radha/Ken Wilber/John Selby: *Kundalini Rising. Exploring the energy of awakening* (2009) Seiten 173-183, hier Seite 176.

175 »Mystics of every tradition become mute when asked to describe union with the Absolute, or resort to poetry and symbols that point beyond themselves.« Lawrence Edwards: *Awakening Kundalini. The path to radical freedom* (2013) Seite 83; »However ›orgasm‹ in no way describes the sense of divinity and absolute unity that occurs.« Jana Dixon: *Biology of Kundalini. Exploring the Fire of Life* (2008) Seite 44; vgl. auch Tara Springett: *Erleuchtung durch den Pfad der Kundalini. Ein Leitfaden für ein positives spirituelles Erwachen und die Überwindung des Kundalini-Syndroms* (2014) Seite 54f.

176 »Once lit however Kundalini dissolves our neurosis, our pain-body, accumulated stress and trauma, and does so by essentially flooding the limbic

brain with bliss making us somatically forgetting our past.« Jana Dixon: *Biology of Kundalini. Exploring the Fire of Life* (2008) Seite 206.

177 »Ecstasy is the normal state of a human when the light of life is flowing through the cells. Bliss is the natural state.« Jana Dixon: *Biology of Kundalini. Exploring the Fire of Life* (2008) Seite 68.

178 Tara Springett: *Erleuchtung durch den Pfad der Kundalini. Ein Leitfaden für ein positives spirituelles Erwachen und die Überwindung des Kundalini-Syndroms* (2014) Seite 182 und Seite 216; »Love and human experience is more important than the pursuit of kundalini energy, spiritual philosophies and enlightenment.« Jana Dixon: *Biology of Kundalini. Exploring the Fire of Life* (2008) Seite 350; vgl. auch Swami Sivananda Radha: »Heart«. In: Gurmukh Kaur Khalsa/Dorothy Walters/Andrew Newberg/Sivananda Radha/Ken Wilber/John Selby: *Kundalini Rising. Exploring the energy of awakening* (2009) Seiten 305–311, hier Seite 308.

179 Carl Gustav Jung: *Die Psychologie des Kundalini-Yoga. Nach Aufzeichnungen des Seminars von 1932.* Hrsg. von Sonu Shamdasani (2. Aufl. 2020) Seite 136.

180 Bonnie Greenwell: Kundalini. Erfahrungen mit der geheimnisvollen Urkraft der Erleuchtung. 1998, S. 359; »… kundalini is widely understood as the biological mechanism or channel through which a person may obtain boons of every kind from the cosmic ocean of consciousness …« Gene Kiefer: »An Illuminated Channel from the Ocean of Consciousness«. In: Gurmukh Kaur Khalsa/Dorothy Walters/Andrew Newberg/Sivananda Radha/Ken Wilber/John Selby: *Kundalini rising. Exploring the energy of awakening* (2009) Seiten 269-276, hier Seite 276.

181 Karin Brucker: *Die Urkraft Kundalini. Phänomene erkennen, Symptome deuten, Transformation meistern* (2010) Seite 65 und Seite 177; siehe auch Anmerkung 83.

182 Genevieve Lewis Paulson: *Das Chakra- und Kundalini-Übungsbuch. Die Erweckung der Chakra-Energien zur Freisetzung des spirituellen Potentials* (7. Aufl. 2009) Seite 255.

183 »Is Kundalini a Divine or God Energy? Basically it is love … It is the intelligence within the atom, cell, organ, brain, organism lit up, integrated und resonant with Love energy.« Jana Dixon: *Biology of Kundalini. Exploring the Fire of Life* (2008) Seite 27; vgl. auch Tara Springett: *Erleuchtung durch den Pfad der Kundalini. Ein Leitfaden für ein positives spirituelles Erwachen und die Überwindung des Kundalini-Syndroms* (2014) Seite 25f.

184 »Mystics across traditions emphasize the role of the heart in self-realization, and the discovery that awakening itself is an experience of love.« Bonnie L. Greenwell: *When Spirit leaps. Navigating the Process of Spiritual Awakening* (2018) Seite 106.

185 Joachim Reinelt: *Das große Kundalini-Buch* (2013) Seite 300; »In Buddhism the samadhi or satori realization is seen as a half-way mark, with the true value being a return into ordinary life … It seems in Christianity if a mystic touches the awareness of his or her cosmic wholeness it is called Christ

consciousness, and the archetype of Christ as being of service to the world is used to inspire Christians to service in the world.« Bonnie Greenwell: *The Kundalini Guide. A Companion for the Inward Journey. Volume 1: Energy* (2014) Seite 111.

186 Carl Gustav Jung: *Die Psychologie des Kundalini-Yoga. Nach Aufzeichnungen des Seminars von 1932.* Hrsg. von Sonu Shamdasani (2. Aufl. 2020) Seite 123.

187 Carl Gustav Jung: *Die Psychologie des Kundalini-Yoga. Nach Aufzeichnungen des Seminars von 1932.* Hrsg. von Sonu Shamdasani (2. Aufl. 2020) Seite 83.

188 Carl Gustav Jung: *Die Psychologie des Kundalini-Yoga. Nach Aufzeichnungen des Seminars von 1932.* Hrsg. von Sonu Shamdasani (2. Aufl. 2020) Seite 86.

189 Joe Dispenza: *Ein neues Ich. Wie Sie Ihre gewohnte Persönlichkeit in vier Wochen wandeln können* (9. Aufl. 2018) Seite 231.

190 Vgl. Christine Woydt: *Saint Germain – Der vollkommene Diamant. Spirituelle Ressourcen zur Heilung der Seele* (2013) Seite 199ff.; Christine Woydt: *Saint Germain – Die Meisterschaft des Seins. Wege zur Selbstermächtigung für das Goldene Zeitalter* (Neuausgabe 2020) Seite 413.

191 Joe Dispenza: *Ein neues Ich. Wie Sie Ihre gewohnte Persönlichkeit in vier Wochen wandeln können* (9. Aufl. 2018) Seite 289.

Lichtkörper

1 Vgl. zum Lichtkörper in Christine Woydt: *Saint Germain – Die Meisterschaft des Seins. Wege zur Selbstermächtigung für das Goldene Zeitalter* (Neuausgabe 2020) Seite 96ff.; Stichwort »Lichtkörper« in: Christine Woydt: *Saint Germain – Dein Aufstieg in die Meisterschaft. Ein Leitfaden von A bis Z* (2019) Seite 256ff.

2 Vgl. das Kapitel über Homöopathie im Aufstiegsprozess im Anhang. Neben den dort erwähnten Mitteln Sulfur und Hepar sulfuris eignen sich zur Ausleitung von Schwermetallen insbesondere die Metalle. Wenn sie individuell entsprechend der persönlichen Konstitution ausgewählt werden, können die Metalle Aurum (Gold), Argentum (Silber) und Mercurius (Quecksilber) und deren Verbindungen in hoher Potenz wunderbar zur Entgiftung von Schwermetallen beitragen.

3 Joe Dispenza: *Ein neues Ich. Wie Sie Ihre gewohnte Persönlichkeit in vier Wochen wandeln können* (9. Aufl. 2018) Seite 145, Abbildung 54.

4 Vgl. Whitehawk: »Deep Light and the Great Retruthing«. In: Gurmukh Kaur Khalsa/Dorothy Walters/Andrew Newberg/Sivananda Radha/Ken Wilber/John Selby: *Kundalini Rising. Exploring the energy of awakening* (2009) Seiten 55-72, hier Seite 58f.; John Selby/Zachary Zelig: *Das Erwachen der Kundalini. Anleitung, Übung und Meditation* (4. Aufl. 2008) Seite 116f. und Seite 168.

5 Joe Dispenza: *Ein neues Ich. Wie Sie Ihre gewohnte Persönlichkeit in vier Wochen wandeln können* (9. Aufl. 2018) Seite 210.

6 Bonnie Greenwell: *Kundalini. Erfahrungen mit der geheimnisvollen Urkraft der Erleuchtung* (1998) Seite 334; »… awakened Kundalini gives us the opportunity to experience all the realms of human existence with extraordinary clarity.« Lawrence Edwards: *Awakening Kundalini. The path to radical freedom* (2013) Seite 22.

7 »Kundalini draws us into levels of absolute stillness where the mind doesn't move at all, but we can become more awake, knowing that in that profound stillness there's a whole other quality of awareness.« Lawrence Edwards: *Awakening Kundalini. The path to radical freedom* (2013) Seite 127; »When we learn to live with a quiet mind, the universe will fill us with wisdom we can use in our day-to-day lives.« Stuart Perrin: »Life, Happiness and Kundalini Yoga«. In: Gurmukh Kaur Khalsa/Dorothy Walters/Andrew Newberg/Sivananda Radha/Ken Wilber/John Selby: *Kundalini Rising. Exploring the energy of awakening* (2009) Seiten 47-54, hier Seite 52.

8 Bonnie Greenwell: *Kundalini. Erfahrungen mit der geheimnisvollen Urkraft der Erleuchtung* (1998) Seite 291, vgl. auch Seite 375; »Evolving man must now shift his attention from the outer to the inner world, make his own body the laboratory and reverently approach the Spirit within to instruct him …« Gopi Krishna: »The Goal of Consciousness Research«. In: Gurmukh Kaur Khalsa/Dorothy Walters/Andrew Newberg/Sivananda Radha/Ken Wilber/John Selby: *Kundalini Rising. Exploring the energy of awakening* (2009) Seiten 277-296, hier Seite 281.

9 Matthäus 7,7; vgl. auch Christine Woydt: *Saint Germain – Die Meisterschaft des Seins. Wege zur Selbstermächtigung für das Goldene Zeitalter* (Neuausgabe 2020) Seite 259.

10 John Selby/Zachary Zelig: *Das Erwachen der Kundalini. Anleitung, Übung und Meditation* (4. Aufl. 2008) Seite 32.

11 Vgl. Bonnie L. Greenwell: *When Spirit leaps. Navigating the Process of Spiritual Awakening* (2018) Seite 98.

12 Saint Germain beschreibt die Kristallkinder im Kapitel »Seelenfarben« in meinem Buch *Saint Germain – Der vollkommene Diamant. Spirituelle Ressourcen zur Heilung der Seele* (2013) Seite 259ff.

13 »Generally, Christians are encouraged to trust and to worship, to believe and to obey, but never to strive to become God.« Bonnie L. Greenwell: *When Spirit leaps. Navigating the Process of Spiritual Awakening* (2018) Seite 177.

14 Karin Brucker: *Die Urkraft Kundalini. Phänomene erkennen, Symptome deuten, Transformation meistern* (2010) Seite 89.

15 »With compassion … we are stepping aside selflessly and allowing energy from a higher source to flow through us.« Barbara Harris Whitfield: »Mental and Emotional Health in the Kundalini Process«. In: Gurmukh Kaur Khalsa/Dorothy Walters/Andrew Newberg/Sivananda Radha/Ken Wilber/John Selby: *Kundalini Rising. Exploring the energy of awakening* (2009) Seiten 141-160, hier Seite 152.

16 Vgl. das Stichwort »Selbstliebe« in Christine Woydt: *Saint Germain – Dein Aufstieg in die Meisterschaft. Ein Leitfaden von A bis Z* (2019) Seite 313ff.

17 Galater 5,14; Jakobus 2,8.

18 Vgl. Tara Springett: *Erleuchtung durch den Pfad der Kundalini. Ein Leitfaden für ein positives spirituelles Erwachen und die Überwindung des Kundalini-Syndroms* (2014) Seite 142.

19 Vgl. Jana Dixon: *Biology of Kundalini. Exploring the Fire of Life* (2008) Seite 381f.

Anhang

1 Wenn du dich weiter informieren möchtest, eignet sich zum Einstieg in die Homöopathie Ravi Roy/Carola Lage-Roy: *Selbstheilung durch Homöopathie: Homöopathische Selbsthilfe* (2014). Eine Übersicht über die wichtigsten homöopathischen Mittel und ihre Wirkung bietet William Boericke: *Handbuch der homöopathischen Arzneimittellehre* (2013). Zur psychologischen Homöopathie kann ich empfehlen Philip M. Bailey: *Psychologische Homöopathie: Die Persönlichkeitsprofile der 35 wichtigsten homöopathischen Mittel* (2015), Judyth Reichenberg-Ullman/Robert Ullman: *Homöopathie bei Depressionen und Angststörungen* (2010) und Martin Bomhardt: *Symbolische Materia Medica* (2014). Sehr inspirierend und heilsam zum Thema Sexualität ist Peter Raba: *Eros und sexuelle Energie durch Homöopathie* (2001). Vom selben Autor: *Schlank und Suchtfrei durch Homöopathie: Ursachenbehandlung für Körper, Geist und Seele* (2005). Bei der Ausbalancierung von gesteigerter Sensitivität und Hellsichtigkeit hilft Rosina Sonnenschmidt: *Mediale Mittel in der Homöopathie* (2003).

2 »Im gesunden Zustande des Menschen waltet die geistartige, als Dynamis den materiellen Körper (Organism) belebende Lebenskraft (Autocratie) unumschränkt und hält alle seine Theile in bewundernswürdig harmonischem Lebensgange in Gefühlen und Thätigkeiten, so daß unser inwohnende, vernünftige Geist sich dieses lebendigen, gesunden Werkzeugs frei zu dem höhern Zwecke unsers Daseins bedienen kann.« Samuel Hahnemann: *Organon der Heilkunst* (2000) § 9.

3 Vgl. Bonnie Greenwell: *The Kundalini Guide. A Companion for the Inward Journey. Volume 1: Energy* (2014) Seite 33; Tara Springett: *Erleuchtung durch den Pfad der Kundalini. Ein Leitfaden für ein positives spirituelles Erwachen und die Überwindung des Kundalini-Syndroms* (2014) Seite 138.

4 Informationen zur Wirkung der Schüsslersalze bietet Monika Helmke Hausen: *Lebensquell Schüßlersalze. Die zwölf bewährten Selbstheilungsmittel* (2003).

Verwendete Literatur

Assagioli, Roberto: »Selbst-Verwirklichung und psychologische Störungen«. In: Grof, Stanislav und Christina: *Spirituelle Krisen. Chancen der Selbstfindung* (1990) Seiten 55-83

Bailey, Philip M.: *Psychologische Homöopathie: Die Persönlichkeitsprofile der 35 wichtigsten homöopathischen Mittel* (2015)

Belschner, Wilfried: »Grundsätzliche Probleme bei der Erforschung spiritueller Krisen«. In: Hofmann, Liane/Heise, Patrizia (Hrsg.): *Spiritualität und spirituelle Krisen. Handbuch zu Theorie, Forschung und Praxis* (2017) Seiten 298-308

Berger, Mathias: *Psychische Erkrankungen: Klinik und Therapie* (6. Auflage 2019)

Bode, Sabine: *Kriegsenkel: Die Erben der vergessenen Generation* (Neuauflage 2013)

Boericke, William: *Handbuch der homöopathischen Arzneimittellehre* (2013)

Bomhardt, Martin: *Symbolische Materia Medica* (2014)

Bradshaw, John: *Familiengeheimnisse. Warum es sich lohnt, ihnen auf die Spur zu kommen* (2014)

Bretz, Sukadev: *Die Kundalini Energie erwecken. Von der göttlichen Urkraft in uns* (2. Auflage 2016)

Brucker, Karin: *Die Urkraft Kundalini. Phänomene erkennen, Symptome deuten, Transformation meistern* (2010)

Carroll, Lee: *Kryon – Briefe von Zuhause* (2003)

Dahlke, Rüdiger: *Krankheit als Symbol. Handbuch der Psychosomatik. Symptome, Be-Deutung, Bearbeitung, Einlösung* (6. Auflage 1996)

Dass, Ram: »Versprechen und Fallgruben auf dem spirituellen Weg«. In: Grof, Stanislav und Christina: *Spirituelle Krisen. Chancen der Selbstfindung* (1990) Seiten 204-226

Dispenza, Joe: *Ein neues Ich. Wie Sie Ihre gewohnte Persönlichkeit in vier Wochen wandeln können* (9. Auflage 2018)

Dixon, Jana: *Biology of Kundalini. Exploring the Fire of Life* (2008)

Edwards, Lawrence: *Awakening kundalini. The path to radical freedom* (2013)

Fach, Wolfgang: Ein psychophysischer Modellansatz zum Verständnis außergewöhnlicher Erfahrungen. In: Hofmann, Liane/Heise, Patrizia (Hrsg.): *Spiritualität und spirituelle Krisen. Handbuch zu Theorie, Forschung und Praxis* (2017) Seiten 124-138

Frot, Pierre: *Lexikon des Familienstellens und der systemischen Aufstellungsarbeit* (2012)

Greenwell, Bonnie: *Kundalini. Erfahrungen mit der geheimnisvollen Urkraft der Erleuchtung* (1998)

Greenwell, Bonnie: »Kundalini. The role of Life-Force Energy in Self-Realization«. In: Gurmukh Kaur Khalsa/Dorothy Walters/Andrew Newberg/Sivananda Radha/Ken Wilber/John Selby: *Kundalini rising. Exploring the energy of awakening* (2009) Seiten 21-36

Greenwell, Bonnie: *The Kundalini Guide. A Companion for the Inward Journey. Volume 1: Energy* (2014)

Greenwell, Bonnie L.: *When Spirit leaps. Navigating the Process of Spiritual Awakening* (2018)

Greyson, Bruce: »Near-Death Experiences and the Physio-Kundalini Syndrome«. In: Gurmukh Kaur Khalsa/Dorothy Walters/Andrew Newberg/Sivananda Radha/Ken Wilber/John Selby: *Kundalini rising. Exploring the energy of awakening* (2009) Seiten 173-183

Grof, Christina und Stanislav: »Beistand in spirituellen Krisen«. In: Grof, Stanislav und Christina: *Spirituelle Krisen. Chancen der Selbstfindung* (1990) Seiten 228-235

Grof, Stanislav und Christina: *Spirituelle Krisen. Chancen der Selbstfindung* (1990)

Grof, Stanislav und Christina: »Spirituelle Krisen und Bewusstseinsentwicklung«. In: Stanislav und Christina Grof: *Spirituelle Krisen. Chancen der Selbstfindung* (1990) Seiten 23-54

Gurmukh Kaur Khalsa/Dorothy Walters/Andrew Newberg/Sivananda Radha/Ken Wilber/John Selby: *Kundalini rising. Exploring the energy of awakening* (2009)

Hacke, Werner: *Neurologie* (14. Auflage 2019)

Hahnemann, Samuel: *Organon der Heilkunst* (6. Auflage 2000)

Harnack, Edgar: »Differentialdiagnose von spiritueller Krise und Psychose«. In: Hofmann, Liane/Heise, Patrizia (Hrsg.): *Spiritualität und spirituelle Krisen. Handbuch zu Theorie, Forschung und Praxis* (2017) Seiten 326-339

Harner, Michael: *Der Weg des Schamanen. Das praktische Grundlagenwerk zum Schamanismus* (2013)

Harris Whitfield, Barbara: Mental and Emotional Health in the Kundalini Process. In: Gurmukh Kaur Khalsa/Dorothy Walters/Andrew Newberg/ Sivananda Radha/Ken Wilber/John Selby: *Kundalini rising. Exploring the energy of awakening* (2009) Seiten 141-160

Hassenkamp, Birgit: *Kundalini-Erwachen. Das namenlose Kind auf dem Weg zum Ich Bin* (2006)

Helmke Hausen, Monika: *Lebensquell Schüßlersalze. Die zwölf bewährten Selbstheilungsmittel* (2003)

Hofmann, Liane: »Das Konzept der spirituellen Krise – Entwicklungsgeschichte und aktuelle Relevanz«. In: Hofmann, Liane/Heise, Patrizia (Hrsg.): *Spiritualität und spirituelle Krisen. Handbuch zu Theorie, Forschung und Praxis* (2017) Seiten 15-31

Hofmann, Liane: *Spirituelle Krise und Kundalini-Erfahrung. Eine kulturübergreifende Studie* (1995)

Hofmann, Liane/Heise, Patrizia: »Allgemeine Leitlinien im Umgang mit spirituellen Krisen«. In: Hofmann, Liane/Heise, Patrizia (Hrsg.): *Spiritualität und spirituelle Krisen. Handbuch zu Theorie, Forschung und Praxis* (2017) Seiten 311-325

Hofmann, Liane: »Das Kundalini-Phänomen und andere vegetativ-energetische Störungen«. In: Hofmann, Liane/Heise, Patrizia (Hrsg.): *Spiritualität und spirituelle Krisen. Handbuch zu Theorie, Forschung und Praxis* (2017) Seiten 215-232

Hofmann, Liane/Heise, Patrizia: »Psychotherapie und spirituelle Weganleitung«. In: Hofmann, Liane/Heise, Patrizia (Hrsg.): *Spiritualität und spirituelle Krisen. Handbuch zu Theorie, Forschung und Praxis* (2017) Seiten 61–77

Hofmann, Liane/Heise, Patrizia (Hrsg.): *Spiritualität und spirituelle Krisen. Handbuch zu Theorie, Forschung und Praxis* (2017)

Hofmann, Liane/Heise, Patrizia: »Spirituelle Krisen: Allgemeine Kennzeichen, Auslöser und Gefährdungsfaktoren«. In: Hofmann, Liane/Heise, Patrizia (Hrsg.): *Spiritualität und spirituelle Krisen. Handbuch zu Theorie, Forschung und Praxis* (2017) Seiten 141-154

Hoppe, Geoffrey: *Adamus Saint Germain – Act of consciousness. How your reality is created and how you can change it* (2015)

Ingerman, Sandra: *Auf der Suche nach der verlorenen Seele. Der schamanische Weg zu innerer Ganzheit* (2010)

Ingerman, Sandra: *Die schamanische Reise. Ein spiritueller Weg zu sich selbst*; inkl. CD mit Trommel-Meditation (2011)

Ingerman, Sandra: *Heilung für Mutter Erde* (2002)

Ingerman, Sandra/Wesselman, Hank: *Der schamanische Weg in die Tiefe der Seele*; inkl. CD mit Trommel-Meditation (2013)

Ingram, Daniel M.: *Die Kernlehren des Buddhas meistern. Ein Handbuch für die intensive und anspruchsvolle Meditationspraxis* (2008)

Jakobowitz, Susanne: »Spirituelle Krisen in der Gestalt seelischer Nachterfahrungen«. In: Hofmann, Liane/Heise, Patrizia (Hrsg.): *Spiritualität und spirituelle Krisen. Handbuch zu Theorie, Forschung und Praxis* (2017) Seiten 191-202

Johannes vom Kreuz: *Die dunkle Nacht.* Sämtliche Werke Band 1. Vollständige Neuübersetzung (11. Auflage 2013)

Jung, Carl Gustav: *Die Psychologie des Kundalini-Yoga.* Nach Aufzeichnungen des Seminars von 1932, hrsg. von Sonu Shamdasani (2. Auflage 2020)

Kason, Yvonne: *Farther Shores. Exploring How Near-Death, Kundalini and Mystical Experiences Can Transform Ordinary Lives* (2008)

Kiefer, Gene: »An Illuminated Channel from the Ocean of Consciousness«. In: Gurmukh Kaur Khalsa/Dorothy Walters/Andrew Newberg/Sivananda Radha/Ken Wilber/John Selby: *Kundalini rising. Exploring the energy of awakening* (2009) Seiten 269–276

Klinghardt, Dietrich: *Lehrbuch der Psycho-Kinesiologie* (2004)

Kohls, Niko: »Spiritualität und außergewöhnliche Erfahrungen im Kontext der akademischen Psychologie«. In: Hofmann, Liane/Heise, Patrizia (Hrsg.): *Spiritualität und spirituelle Krisen. Handbuch zu Theorie, Forschung und Praxis* (2017) Seiten 3-14

Kornfield, Jack: »Hindernisse und Wechselfälle in der spirituellen Praxis«. In: Grof, Stanislav und Christina: *Spirituelle Krisen. Chancen der Selbstfindung* (1990) Seiten 160-202

Krämer, Dietmar: *Der Aufstieg der Kundalini. Ein Kundalini-Ratgeber für die Praxis* (2. Auflage 2016)

Krishna, Gopi: *Kundalini. Erweckung der geistigen Kraft im Menschen* (1983)

Krishna, Gopi: »The Goal of Consciousness Research«. In: Gurmukh Kaur Khalsa/Dorothy Walters/Andrew Newberg/Sivananda Radha/Ken Wilber/John Selby: *Kundalini rising. Exploring the energy of awakening* (2009) Seiten 277-296

Kuhn, Eugenia und Wilfried: »Nahtoderfahrungen«. In: Hofmann, Liane/Heise, Patrizia (Hrsg.): *Spiritualität und spirituelle Krisen. Handbuch zu Theorie, Forschung und Praxis* (2017) Seiten 203-214

Lewis Paulson, Genevieve: *Das Chakra- und Kundalini-Übungsbuch. Die Erweckung der Chakra-Energien zur Freisetzung des spirituellen Potentials* (7. Auflage 2009)

Louchakova, Olga: »Kundalini and Health. Living Well with Spiritual Awakening«. In: Gurmukh Kaur Khalsa/Dorothy Walters/Andrew Newberg/Sivananda Radha/Ken Wilber/John Selby: *Kundalini rising. Exploring the energy of awakening* (2009) Seiten 97-115

Lucas, Catherine G.: »Ein achtsamkeitsbasierter Ansatz der Begleitung von spirituellen Krisen«. In: Hofmann, Liane/Heise, Patrizia (Hrsg.): *Spiritualität und spirituelle Krisen. Handbuch zu Theorie, Forschung und Praxis* (2017) Seiten 356-367

Lukoff, David: »Kundalini Awakening«. In: Gurmukh Kaur Khalsa/Dorothy Walters/Andrew Newberg/Sivananda Radha/Ken Wilber/John Selby: *Kundalini rising. Exploring the energy of awakening* (2009) Seiten 127-140

Melchizedek, Drunvalo: *Schlange des Lichts. Jenseits von 2012 – Das Erwecken der Erd-Kundalini und das Erwachen des weiblichen Lichts* (5. Auflage 2010)

Meyer, Christian: *Aufwachen im 21. Jahrhundert: Die größte Herausforderung deines Lebens* (2014)

Muktananda, Swami: *Kundalini – Das Geheimnis des Lebens* (2002)

Nauwald, Nana/Goodman, Felicitas: *Ekstatische Trance. Rituelle Körperhaltungen – Das Praxisbuch* (2011)

Nightingale, Kaia: *Journey Through Transformation. A guide to mystical awakening, kundalini, emotional clearing and spiritual emergence* (2007)

Okropiridze, Dimitry: »Religion und Psychologie in symbolischer Interaktion. Eine kulturwissenschaftliche Deutung yogischer Kundalini-Energie und jungianischer Individuation«. In: *Wege zum Menschen.* Zeitschrift für Seelsorge und Beratung, heilendes und soziales Handeln. Jg. 69, Heft 4 (2017) Seiten 341-354

Perrin, Stuart: »Life, Happiness and Kundalini Yoga«. In: Gurmukh Kaur Khalsa/Dorothy Walters/Andrew Newberg/Sivananda Radha/Ken Wilber/John Selby: *Kundalini rising. Exploring the energy of awakening* (2009) Seiten 47-54

Perry, John Weir: »Spirituelle Krisen und Erneuerung«. In: Grof, Stanislav und Christina: *Spirituelle Krisen. Chancen der Selbstfindung* (1990) Seiten 102-118

Pfluger-Heist, Ulla: »Roberto Assagioli als zentraler Wegbereiter der Thematik der spirituellen Krise – eine Würdigung«. In: Hofmann, Liane/Heise, Patrizia (Hrsg.): *Spiritualität und spirituelle Krisen. Handbuch zu Theorie, Forschung und Praxis* (2017) Seiten 47-60

Raba, Peter: *Eros und sexuelle Energie durch Homöopathie* (2001)

Raba, Peter: *Schlank und Suchtfrei durch Homöopathie: Ursachenbehandlung für Körper, Geist und Seele* (2005)

Radha, Swami Sivananda: »Heart«. In: Gurmukh Kaur Khalsa/Dorothy Walters/Andrew Newberg/Sivananda Radha/Ken Wilber/John Selby: *Kundalini rising. Exploring the energy of awakening* (2009) Seiten 305-311

Rebillot, Paul: »Die Heldenreise. Das Geheimnis ritualisieren«. In: Grof, Stanislav und Christina: *Spirituelle Krisen. Chancen der Selbstfindung* (1990) Seiten 252-269

Redfield, James: *Die Prophezeiungen von Celestine. Ein Abenteuer – das spirituelle Kultbuch* (2019)

Reichenberg-Ullman, Judyth/Ullman, Robert: *Homöopathie bei Depressionen und Angststörungen* (2010)

Reinelt, Joachim: *Das große Kundalini-Buch* (2013)

Roy, Ravi/Lage-Roy, Carola: *Selbstheilung durch Homöopathie. Homöopathische Selbsthilfe* (2014)

Sannella, Lee: »Kundalini: klassisch und klinisch«. In: Grof, Stanislav und Christina: *Spirituelle Krisen. Chancen der Selbstfindung* (1990) Seiten 145-157

Sannella, Lee: *Kundalini-Erfahrung und die neuen Wissenschaften* (1994)

Schäfer, Thomas: *Wie die Seele uns durchs Leben führt. Die Essenz des Familien-Stellens.* (2011)

Schützenberger, Anne Ancelin: *Oh, meine Ahnen. Wie das Leben unserer Vorfahren in uns wiederkehrt* (9. Auflage 2018)

Selby, John/Zelig, Zachary: *Das Erwachen der Kundalini. Anleitung, Übung und Meditation* (4. Auflage 2008)

Silburn, Lilian: *Kundalini – Energy of the depths* (1988)

Silburn, Lilian: *Kundalini und Tantra. Die geheimnisvolle Lebenskraft des Menschen.* (2005)

Sonnenschmidt, Rosina: *Mediale Mittel in der Homöopathie* (2003)

Springett, Tara: *Erleuchtung durch den Pfad der Kundalini. Ein Leitfaden für ein positives spirituelles Erwachen und die Überwindung des Kundalini-Syndroms* (2014)

St. Romain, Philip: *Kundalini Energy and Christian Spirituality. A Pathway to Growth and Healing* (2. Auflage 2002)

St. Romain, Philip: *The Kundalini Process. A Christian Perspective* (2017)

Stutte, Harald/Lucks, Günter: *Hitlers vergessene Kinderarmee* (2014)

Utsch, Michael: »Glaubenskrisen – Veränderungen und Neuorientierungen auf einem religiösen Weg«. In: Hofmann, Liane/Heise, Patrizia (Hrsg.): *Spiritualität und spirituelle Krisen. Handbuch zu Theorie, Forschung und Praxis* (2017) Seiten 156-167

Weizsäcker, Carl Friedrich von/Krishna, Gopi: *Die biologische Basis der religiösen Erfahrung* (1988)

White, John: »Kundalini. Sex, Evolution and Higher Consciousness«. In: Gurmukh Kaur Khalsa/Dorothy Walters/Andrew Newberg/Sivananda Radha/Ken Wilber/John Selby: *Kundalini rising. Exploring the energy of awakening* (2009) Seiten 207-224

Whitehawk: »Deep Light and the Great Retruthing«. In: Gurmukh Kaur Khalsa/Dorothy Walters/Andrew Newberg/Sivananda Radha/Ken Wilber/John Selby: *Kundalini rising. Exploring the energy of awakening* (2009) Seiten 55-72

Wise, Anna: *Awakening the mind. A Guide to Mastering the Power of Your Brain Waves* (2002)

Woydt, Christine: *Saint Germain – Bewusstes Träumen.* Hörbuch (2010) und eBook (2011)

Woydt, Christine: *Saint Germain – Dein Aufstieg in die Meisterschaft. Ein Leitfaden von A bis Z* (2019)

Woydt, Christine: *Saint Germain – Die Meisterschaft des Seins. Wege zur Selbstermächtigung für das Goldene Zeitalter* (Neuausgabe 2020)

Woydt, Christine: *Saint Germain – Der vollkommene Diamant. Spirituelle Ressourcen zur Heilung der Seele* (2013)

Woydt, Christine: *Universeller Rat der Weisen – Soluna. Werkzeuge der körperlichen Regeneration.* Hörbuch und eBook (2011)

Woydt, Christine: *Universeller Rat der Weisen – Universelle Schöpferregeln und -werkzeuge.* eBook (2011)

Woydt, Christine: *Universeller Rat der Weisen – Universelle Schöpferwerkzeuge.* Hörbuch (2011)

Christine Woydt

ist Autorin und spirituelle Lehrerin. Seit vielen Jahren channelt sie den Aufgestiegenen Meister Saint Germain und andere Lichtwesen. In Zusammenarbeit mit dem Hüter der Violetten Flamme hat sie zahlreiche Bücher und Hörbücher veröffentlicht und bietet live gechannelte Webinare an.

Mehr als achtzehn Jahre lang hat sie als Heilpraktikerin und Dozentin mit den Schwerpunkten spirituelle Beratung, systemische Therapie und Homöopathie gearbeitet. Nach dem Studium der Germanistik, Geschichte und Pädagogik unterrichtete sie einige Jahre in Schulen und der Erwachsenenbildung, bevor sie eine Praxis als Heilpraktikerin eröffnete.

Während eines längeren Aufenthalts in den USA kam sie mit schamanischen Methoden der Bewusstseinserweiterung in Kontakt. Bei der amerikanischen Psychotherapeutin und schamanischen Lehrerin Sandra Ingerman absolvierte sie über mehrere Jahre hinweg eine Fortbildung im spirituellen Heilen. Außerdem wurde sie von Dozenten des Arthur Findlay Colleges in Methoden der englischen Medialschulung eingewiesen. Besondere Inspiration verdankt sie auch den Kryon-Channelings von Lee Carroll und den Materialien des Crimson Circle.

Seit Jahren arbeitet sie intensiv mit Aufgestiegenen Meistern und Engeln zusammen, die ihren Alltag und ihre Arbeit bereichern. Sie freut sich über alle, die mit ihr auf die Forschungsreise in neue Dimensionen des Bewusstseins, der Heilung und der freien und bewussten Schöpferkraft gehen möchten.

www.christine-woydt.de